ソ連のコメコン政策と冷戦

エネルギー資源問題とグローバル化

藤澤 潤

東京大学出版会

Soviet CMEA Policy and the Cold War:
The Energy Resource Problem and Globalization

Jun FUJISAWA

University of Tokyo Press, 2019
ISBN 978-4-13-026163-0

ソ連のコメコン政策と冷戦／目次

序章　資源・エネルギー問題から見るソ連・コメコン関係 ………… 1
第一節　問題の所在　1
第二節　背景説明　5
第三節　研究史　10
第四節　本書の構成　21

第一章　ソ連の対ドイツ経済政策と体制間競争の論理
——スターリンからフルシチョフへ ………… 25
第一節　ソ連のドイツ占領政策の転換
——経済的非武装化から経済水準をめぐる競争へ　26
第二節　フルシチョフの対東ドイツ政策と体制間競争　43
第三節　天然資源の供給をめぐるソ連・東ドイツ関係とアルジェリア　65
小　括　74

第二章　コメコン経済改革の試みとその限界 ………… 77
第一節　対東欧戦略の模索とコメコン改革　79
第二節　「総合計画」に向けたコメコン内の交渉　94
小　括　101

第三章　ソ連の対イラン・アフガニスタン政策と天然ガス……103
第一節　一九六〇年代後半のソ連の対途上国政策の特徴　106
第二節　アフガニスタンとの経済協力　109
第三節　対イラン政策　114
小　括　135
第四章　イラク石油をめぐるコメコン協調の試み……139
第一節　イラクとの経済関係の模索　141
第二節　ＩＰＣの国有化とコメコン石油ビューローの設立　151
小　括　168
第五章　石油危機への対応……171
第一節　ソ連のシベリア開発政策と石油危機　173
第二節　コメコン域内価格制度の変更　180
第三節　途上国における経済協力の失敗　184
小　括　195
第六章　資源超大国構想とその限界……199
第一節　コメコン経済統合と一九七三年四月ソ連共産党中央委員会総会　202

第二節　コメコン諸国による共同投資の実施過程　209
第三節　ソ連の「エネルギー危機」と経済改革の模索　222
小　括　241
終章　グローバルな資源・エネルギー史のなかのソ連・コメコン関係………245
あとがき　253
文献目録　39
注　5
索　引　1

序章　資源・エネルギー問題から見るソ連・コメコン関係

第一節　問題の所在

冷戦は、安全保障をめぐる米ソ間の地政学的な対立であると同時に、アメリカのリベラルな資本主義体制とソ連の社会主義体制のいずれがより優れているかをめぐるイデオロギー的な戦いであった。第二次世界大戦後のほぼ半世紀にわたって、アメリカとソ連は自国の政治経済体制こそが人類にとってより良い未来を提供できるというイデオロギー的な確信に基づいて、国の内外に自国が奉じる政治経済体制の魅力をアピールし続けた。その過程で、冷戦は軍事のみならず政治、社会、経済、文化などのあらゆる領域を巻き込んで展開されることになり、米ソ間の全面的な軍事衝突以外のあらゆる手段を用いて遂行された、ある種の「総力戦」の様相を帯びることになった(1)。

この特異な「総力戦」でも、当事者である米ソ両超大国は「戦争」に勝利するために莫大な量のリソースを投入し続けた。その結果、冷戦を遂行するために必要な経済力をどのようにして強化し続けるかが、冷戦の帰趨に重大な影響を及ぼすようになった。しかも、冷戦が人間活動のあらゆる領域を包摂しながら展開されたため、経済水準や経済的魅力などの経済的要素が重要な政治的・イデオロギー的意味を持つようになった。このように、経済は冷戦と密接に関連していたのである。本書の目的は、エネルギー資源問題を軸に、この冷戦と経済の関係を、これまで十分に注目されてこなかった東側の視点から検討し、その特質の一端を解明することにある。

経済をめぐる冷戦では、二七〇〇万もの死者を出しながら第二次世界大戦に辛勝したソ連は当初より圧倒的に不利な立場に置かれていた(2)。ソ連の指導者ヨシフ・スターリンは、壊滅的な被害を受けたソ連西部の復興を進めながらアメリカに対抗できるだけの軍事力を確保するために、国内の生活水準を犠牲にしつつ重工業中心の経済政策を強行した(3)。しかし、重工業中心の復興のために陣営内で利用可能なあらゆる資源を動員するという方針には限界があった。冷戦が社会のあらゆる領域に影響を及ぼし始めるなかで、経済水準や生活水準が自陣営の安定を維持すると同時に相手陣営に影響力を及ぼすための重要な要素になっていったからである。特にヨーロッパでは戦後復興と冷戦は結びつきながら展開された。経済復興の遅れが社会主義勢力の影響力拡大につながることを恐れたジョージ・マーシャル米国務長官は、一九四七年六月に、アメリカの目的は「自由な制度が存在できるような政治社会的条件の出現を可能にするように」経済を復興することにあると宣言し、アメリカにはヨーロッパ全体に経済援助を提供する用意があると述べた。そして、このマーシャル演説通り、アメリカは一九四八年から一九五一年にかけて一二三億ドルの支援を西ヨーロッパに提供した(4)。このように、住民の生活水準を向上させると同時に社会制度を充実させることで、体制に対する民衆の支持をつなぎとめることが、冷戦との関連で次第に重視されるようになっていったのである(5)。

ソ連指導部も、冷戦との関連のなかで、自らの対東欧経済政策やコメコン政策を展開した。自国の戦後復興とアメリカに対抗するための軍事力の強化を並行して進めていたソ連には、かつての敵国ドイツにおける経済水準の向上のために賠償の徴収を断念し経済支援を提供することは経済的に不可能であった。それでも、冷徹な現実主義者であったスターリンはドイツ占領政策を進めるなかで、占領地域の生活水準が持つ政治的意味を徐々に意識するようになった。彼の死後、東欧諸国で劣悪な生活水準に抗議するデモやストライキが相次ぐと、ソ連指導部は東欧諸国における経済水準の向上がソ連の安全保障に直結する重要な課題であることをはっきりと認識するようになった。特に一九五六年のハンガリー事件の衝撃は大きく、この事件後、ソ連指導部はそれまでの東欧諸国に対する不平等な経済政策を改めた。そして、これ以降、ソ連は東欧諸国で不足する石油などの天然資源を安定的に供給することでこの事件の再発を防ごうとした。このようにして、石油などの天然資源の供給がソ連軍のプレゼンスとともに東欧圏の安定を支える「支配の両輪」となったのである。

もっとも、指導部内の権力闘争に勝利したニキータ・フルシチョフ第一書記は、経済を単に安全保障の手段として利用するだけでは満足しなかった。彼は、経済成長という点でも社会主義体制が資本主義体制に勝っているとの確信に基づき、冷戦を体制間の経済競争と規定し、経済水準でアメリカに「追いつき、追い越す」ことを目標に掲げた。同時に彼は、東欧諸国で不足する石油などの天然資源の供給を拡大し、コメコン域内分業と生産の専門化を進めることで、社会主義圏全体の経済水準を向上させ、陣営間の経済競争としての冷戦で勝利を収めようとした。しかし、東欧経済の重化学工業化が進み、ソ連の天然資源に対する東欧諸国の需要が急速に拡大すると、フルシチョフは東欧諸国に天然資源の供給を拡大し続けることに次第に消極的になった。その代わりに彼がますます注目するようになったのが、コメコン経済統合による域内分業体制の強化であった。明らかに彼はヨーロッパ経済共同体（ＥＥＣ）に触発されて、域内経済統合という点でも西側よりも優れた制度を創り出そうとしたのである。さらに、一九五〇年代後半以降、アジア、アフリカ、ラテンアメリカの新興独立国との関係をめぐって東西間の競争が始まると、フルシチョフは東欧諸国と途上国との経済関係を強化することで、東欧諸国による途上国資源の輸入拡大を促そうとした。冷戦がグローバル化するなかで、ソ連の対東欧経済政策もグローバルに展開し始めたのである。

一九六四年にソ連共産党第一書記（一九六六年以降は書記長）の座についたレオニード・ブレジネフは、体制間経済競争に勝利するというフルシチョフの方針は放棄した一方で、天然資源の供給によって東欧圏の安定を維持するという方針は堅持した。同時に、この時期、冷戦の変容が進み、コメコン域内では経済問題が深刻化していたことから、ブレジネフ指導部はこの新たな情勢を踏まえたコメコン政策を策定する必要に迫られた。当時、ヨーロッパではデタントが進展し、それに伴って東西間の経済交流も拡大していた。ソ連もこの東西間経済関係の拡大から大きな恩恵を得ていたが、同時に東欧諸国も西側諸国との貿易を拡大していたため、ソ連指導部はこれが東欧諸国の経済的なソ連離れを引き起こすのではないかと懸念するようになった。しかもこの時期、一部の東欧諸国は経済改革の一貫としてコメコン域内経済に市場主義的要素を導入するよう求めていたが、このような改革の動きもソ連の経済機関の懸念を煽る結果につながった。そこで、この状況に対処するために、ソ連の経済機関はコメコン加盟国の部門別共同計画を作成することで域内経済統合を強化しようとした。しかし、この共同計画は準備段階で東欧諸国によって事実上骨抜きにされ、ほとんど成果をあげることなく終わった。その結果、ブレジネフ時代のコメコン経済統合の成果は、ソ連の天然資源部門や資源集約産業に対する共同投資に限定されることになった。

こうしたコメコン域内の経済統合と並行して、ブレジネフ指導部は、東欧諸国における資源需要の拡大に対処するために、コメコン諸国の経済協調に基づいて途上国から天然資源を輸入するという方針を本格的に実現しようとした。その際、特に重視されたのが中東地域の石油であった。しかし、一九七〇年までに世界的に石油の需給バランスが逼迫し、石油をめぐる競争が次第に激化していたため、ソ連・東欧諸国が有利な条件で産油国と貿易協定を締結するのは難しくなっていった。そうしたなかでも、ソ連・東欧諸国は国際石油資本との対決姿勢を鮮明にしていたイラクとの経済関係の拡大に大きな期待を抱いていたが、第一次石油危機を受けて原油価格が高騰し、産油国市場における競争が激化すると、中東から原油を大量に輸入するという方針は事実上破綻した。

その一方でソ連は、石油危機を受けてますます西シベリアの石油や天然ガスへの依存を深めていった。それどころか、ブレジネフは、西シベリアの天然資源を軍事力の強化、住民の生活水準の維持・向上、西側との関係改善、ソ連圏の安定などのソ連の主要課題を解決するための「万能薬」と見なすようになった。このような西シベリアの天然資源に依存した冷戦戦略は一定の成果をあげたものの、一九七〇年代末までにソ連の原油生産の成長率が鈍化したことで限界を迎えた。

このように、ソ連の対東欧経済政策、特に石油や天然ガスなどのエネルギー資源の供給に関する政策は、一方では冷戦の動向やソ連の全般的な対外戦略、他方ではグローバルな経済情勢やソ連の経済的な限界に強く影響されながら形成されたのである。

第二節　背景説明

一　西欧諸国とエネルギー資源問題

研究史の整理に入る前に、エネルギー資源問題をめぐる西欧諸国の動向を簡単に確認したうえで、ソ連圏の特徴を西側との対比のなかで整理しておきたい。戦後世界史は、しばしば、一九七三年の第一次石油危機を分水嶺として、それまでの「黄金時代」とそれ以後の「危機の時代」という二つの時期に分類される(6)。第二次世界大戦後、西欧諸国は、政治的に不安定で経済水準でも西欧に劣る東欧地域から「解放」され、NATOを通じたアメリカの軍事的庇護を受けながら経済問題に専念することができた(7)。その結果、西欧諸国では、一九七三年の石油危機まで、いわゆる「黄金時代」が続いた。経済が急速に発展するのに伴い失業率は大幅に低下し、実質所得は上昇した。税収も増加し、各国政府は、この収入を元手に社会保障や教育などへの支出を拡大した。このように、経済水準の急速な上昇と福祉国家体制の整備が同時並行的に進行し、西欧諸国の人々はかつて経験したことのないほどの繁栄を享受するようになった(8)。

この「黄金時代」を支えたのが、当時、安価に調達可能で無尽蔵に埋蔵されていると考えられていた石油をはじめとするエネルギー資源であった。一九五〇年代から一九六〇年代にかけて、西欧諸国で主要エネルギー源が石炭から石油にシフトすると、エネルギー集約的な産業は原油価格の下落に支えられて急速に発展し、「成長のエンジン」役を担った。(9) 経済発展が加速し、それとともに社会福祉制度が整備されたことで、戦後民主主義体制に対する支持も強化された。このように、中近東の「無尽蔵な」エネルギー資源は西側における自由民主主義体制の定着に重要な貢献をしたのである。逆にいえば、十分な石油が確保できなくなると、経済が崩壊するだけではなく、西側民主主義の正当性も揺らぐ恐れがあった。そして実際、一九七三年の第一次石油危機は西側諸国の経済のみならず政治や社会にも大きな影響を与えたのである。(10)

もはや一国のみでは石油危機に対処できないと認識した西側先進工業国は、国際石油市場の安定化を目指して、二国間協議と並んで消費国間協調を推進し、国際協調を通じて危機からの脱却を図った。(11) 一九七〇年代には、経済成長の鈍化を受けて、EC加盟国がECレベルではなく各国個別に経済成長戦略を追求したため、欧州統合プロセスは停滞したといわれているが、同時に先進国首脳会議（サミット）などの国際協調の試みも進められていった。(12)

このように、西側先進工業国が、エネルギー資源の安定的確保という一国では対応しきれないグローバルな経済問題を前にして、消費国間の国際協調を促進しようとしたのに対して、コメコン諸国はグローバルな経済戦略の強化によってこの問題に対処するという道を選べなかった。その意思がなかったからではない。コメコン諸国は、協力して中近東の石油をはじめとする天然資源を調達しようとして、イラクなどの産油国に接近した。しかし、西側の巨大エネルギー企業が資源の獲得に狂奔するなか、コメコン諸国にはこれに対抗できるだけの資本も技術もなかった。しかも、コメコン諸国間の政策協調には時間がかかりすぎた。その結果、グローバルな対応を必要とするはずの石油危機を受けて、少なくともエネルギー問題との関連では、コメコン諸国はグローバル経済から後退したのである。この後退を可能にしたのは、第一にソ連の天然資源であり、第二に東欧諸国における非合理的な石炭・褐炭生産の強行であった。そこで、次にソ連における石油開発や輸出の動向について概観しておこう。

二　ソ連の石油開発

図1からも明らかなように、戦後ソ連の原油生産量は一九七〇年代後半まで一貫して急速に増加し続けた。産地で見ると、一九五〇年代から一九六〇年代末まではウラル・ヴォルガ地域がソ連の石油産業を牽引した。その後、一九六〇年代後半にこの地域における原油生産の成長率が鈍化し始めると、ほぼ同時期に西シベリアで本格的な石油資源開発が始まり、この地域がウラル・ヴォルガ地域に代わってソ連の石油産業を支えた。[13]

しかし、ソ連の石油産業の成長は一九七〇年代末に限界を迎え、成長率が急速に鈍化した。そこで、ソ連指導部はこの問題に対処するために、西シベリアの石油・ガス産業に対する投資を拡大した。その結果、エネルギー資源部門への投資増加に圧迫される形で高付加価値産業への新規投資は抑制された。ある試算によれば、一九七五年から一九八〇年の工業部門全体に対する投資増加分の最低でも三分の二がエネルギー部門に向けられた。[14]特に一九八一年から一九八五年にはエネルギー部門への投資が強化されたため、工業投資増加分の実に九割がエネルギー部門に割かれることになった。エネルギー以外の工業部門への新規投資を犠牲にすることで、西シベリアの開発費用が捻出されたのである。[15]クリフォード・ガディなどの経済学者が指摘するように、ソ連は石油資源「中毒」の状態に陥っていた。[16]

とはいえ、今日のロシア連邦とは異なり、ソ連では生産された原油の七割前後は国内の非効率な産業や軍需産業を維持するために使用され、輸出に回されたのは生産量の三割前後であった。[17]ソ連では、西シベリアの石油や天然ガスのおかげで、石油危機後も西側先進国のような経済危機を経験することなく、それまで通りに資源・エネルギーを大量に消費する重化学工業を維持することができたのである。しかし、この経済政策の代償は大きかった。石油危機後も従来通りの経済運営を行った結果、ソ連は「世界で最も先進的な一九世紀末の経済、世界で最大・最良にして最も柔軟性を欠くラストベルト」を擁する「ラストベルト国家」に変貌した[18]。

　同様の状況は、ソ連から石油などの天然資源を輸入し続けた東欧諸国でも生じた。そこで次に、戦後ソ連の原油・石油製品輸出の動向を概観しておこう。ソ連は戦後賠償の一環としてルーマニアから原油および石油製品を徴収し続けたため、一九五〇年まで原油の純輸入国であり、石油製品も含めると一九五三年まで輸出量よりも輸入量のほうが多い状態が続いた[19]。その後、ソ連の原油・石油製品の輸出量は一九七〇年代後半まで一貫して増加し続け、一九五五年に八四〇万トンにすぎなかった輸出量は一九七七年には一億六〇〇〇万トン以上に増加した（表1）。その後、一九七〇年代末に原油生産の成長が鈍化したことから、一九七九年から一九八〇年にかけて石油輸出量は減少に転じたものの、一九八一年の記録的な不作に対処するために西側諸国に対する原油・石油製品の輸出を拡大したため、輸出量は再び増加に転じた[20]。東欧との関係では、一九六四年にソ連と東欧諸国を結ぶドルージバ・石油パイプラインが完成したこともあり、ソ連の原油・石油製品輸出量に占める東欧六カ国の割合は一九六〇年代に増加し、一九七〇年代には概ね五割弱で推移したが、一九八二年にソ連が西側向けの原油・石油製品輸出を増やすために東欧諸国に対する輸出を一割削減すると、この割合は四割程度まで減少した[21]。

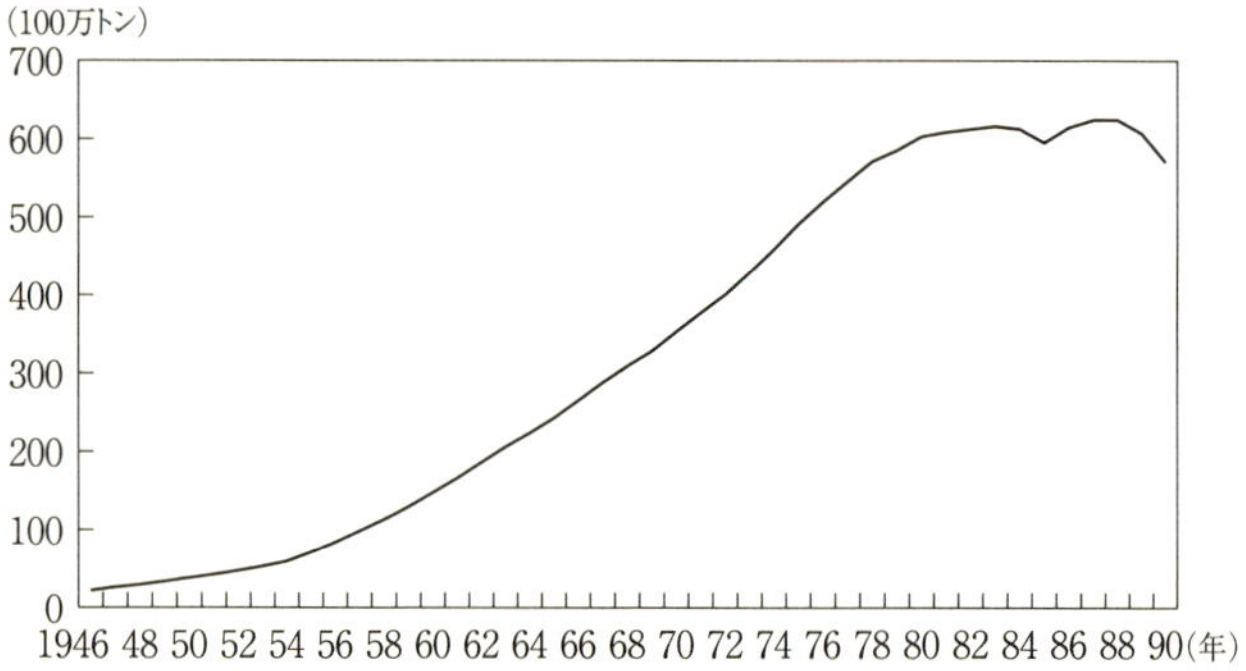

図1　ソ連の原油生産量（100万トン）

出所：ロバート・イーベル著，奥田英雄訳『ソビエト圏の石油と天然ガス――その将来の輸出能力を予測する』石油評論社，1971年，29，37頁，*М. Славкина.* Нефтегазовый фактор отечественной модернизации. 1939–2008. Москва. 2015. С. 291 より作成.

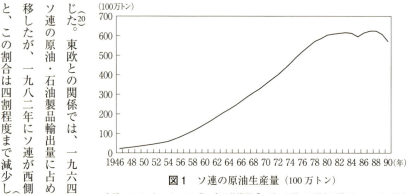

このように、一九八一年まではソ連は東欧諸国に安定的に石油を供給し続けた。しかし、ソ連からの石油の供給量は東欧諸国のエネルギー需要を十分に満たすものではなかったため、東欧諸国では西側先進工業国ほど急速に石炭から石油へのエネルギー源の転換が進まなかった。そのため、一九七〇年になっても、東欧六カ国の第一次エネルギー供給に占める石炭および褐炭の比率は七割近かった。それでも、一九七〇年代に石炭・褐炭の比率は減少を続け、一九八〇年には五六・三%にまで減少した。これに対して、石油とガスの比率は合計で約四〇%にまで上昇した。しかし、その後、第一次エネルギー供給に占める石油の比率は減少し褐炭の比率が逆に上昇した。(22) これには、二つの要因が存在した。第一に、西側への累積債務を抱えていた東欧諸国、とくに東ドイツは、ソ連から輸入した原油を精製したうえで西側市場に輸出し、その利益を債務返済にあてていたため、国内で利用できる石油資源は減少していた。第二に、一九八二年以降、ソ連は東欧諸国向けの石油輸出量を一割削減したため、東欧諸国が消費できる石油はさらに減少した。危機的なエネルギー状況を前に、東ドイツ指導部は石油や石油製品を可能な限り自国産の褐炭に置き換えるという措置をとった。(23) このように、一九八〇年代初頭までにソ連・東欧諸国の資源・エネルギー供給政策は限界を迎えていた。

表1　ソ連の原油・石油製品の輸出量（100万トン）

年	輸出量	年	輸出量
1955	8.4	1978	168.4
1960	34.5	1979	164.6
1965	66.2	1980	161.9
1970	98.3	1981	163.7
1975	133.6	1982	174.7
1976	151.8	1983	187.8
1977	164.4	1984	191.6

出所：イーベル，前掲書，37 頁，Margaret Chadwick, David Long, and Machiko Nissanke, *Soviet Oil Exports. Trade Adjustments, Refining Constraints and Market Behaviour*（Oxford: Oxford University Press, 1987），p. 32 より計算.

ただし、このような東欧諸国の「エネルギー危機」は、同時期の世界的な文脈のなかで理解する必要がある。一九七九年の第二次石油危機以降、西側先進工業国でも石油消費は減少した。例えば、西ドイツでは、一九八〇年から一九八八年に原油輸入量は三四%も減少した。(24) これは、エネルギー資源の節約の結果であると同時に、一九七〇年代から八〇年代にかけて生じた産業構造の転換の結果でもあった。この時期、西ドイツなどの先進工業国では、鉄鋼業をはじめとするエネルギー集約的な産業は経済のグローバル化や資源価格の高騰の影響で後退し、その代りにサーヴィス産業が台頭した。[25] これに対して、東ドイツやソ連では、非効率な工場を閉鎖し重工業労働者を犠牲にしながらサーヴィス産業中心の経済に転換することは難しかった。それどころか、東ドイツでは一九七〇年代から一九八〇年代に鉄鋼業部門の労働者は増加した。[26] こうした東西間の環境の違いを受けて、一九八〇年代半ばには、東ドイツは住民一人当たりの石油輸入量で西ドイツを抜いた。しかも、社会不安を恐れた東ドイツ指導部は、第二次石油危機中もガソリン等の販売価格を据え置き、これによって国民生活の維持を図った。[27] このように、ソ連からのエネルギー資源の供給に支えられて、東ドイツは累積債務が危機的な水準に達するなかでも、国民の消費生活に最大限配慮した政策を続け、それによって政治体制の安定を維持しようとしたのである。

以上の背景をふまえたうえで、本書では、一九七三年の第一次石油危機前後の時期に特に注目しながら、エネルギー資源問題をめぐるソ連・東欧諸国間の対立と協調について、中東・北アフリカ諸国における資源開発との関係にも目を配りながら、主にコメコン内の議論を中心に検討したい。

第三節　研　究　史

本論に入るまえに研究史を整理しておこう。本書で扱う論点は多岐にわたるため、個々の論点に関する研究史は各章の冒頭で触れることにして、ここではコメコンおよびソ連・東欧経済関係、ソ連のエネルギー資源産業、対外政策の三つの分野について、ブレジネフ期を中心にこれまでの研究を整理したい。いずれの分野でも、一九七〇年代から一九八〇年代に出された同時代的な研究が分析の手掛かりを与えてくれる一方で、ソ連・東欧諸国の内部史料に基づいた実証的な研究は非常に少ない。

一　コメコンおよびソ連・東欧経済関係に関する研究

コメコン域内の経済関係を扱った研究で特に大きなウェイトを占めているのが、ソ連・東欧間の貿易に関する分析である。なかでも、ソ連は東欧諸国との貿易価格を操作することで東欧諸国を経済的に搾取したのか、それとも東欧諸国との貿易はソ連にとって負担であったのかという問題をめぐって、多くの議論がなされてきた[28]。この点で非常に論争的なテーゼを打ち出したのが、マイケル・マレーズとヤン・ヴァヌスである。彼らによれば、ソ連は貿易価格を東欧諸国に有利に設定することで東欧諸国に対して事実上の「補助金」を与え、その代わりにソ連に対する政治的な「忠誠」を確保しようとしたという[29]。彼らの研究を受け、ソ連による「補助金」の存在の有無をめぐって活発な議論が展開された[30]。

ソ連崩壊後も、この問題をめぐる議論は続けられた。マーク・トーマスはこの問題に関する博士論文のなかで「補助金」の存在を認め、ソ連の東欧経済支援は慈善的性格を持つものであったが、このような方針の背景には社会主義世界の正統な指導者としてのソ連の正当性を示すという目標が存在したと指摘した[31]。これに対して、ディナ・シュペヒラーとマーチン・シュペヒラーは大規模な「補助金」は存在しなかったと主張した[32]。このように、今日でもソ連による東欧諸国向けの「補助金」は存在したのか、また存在したとしてその額はどれくらいであったかという問題をめぐる議論は続けられている。

その一方で、体制転換後に旧ソ連・東欧諸国の公文書が公開され、また当事者に対するインタビューが可能になると、ソ連と東欧諸国の実際の交渉について分析した研究も現れた。これらの研究のほとんどは経済関係を中心に扱ったものではないが、スターリンの死後、ソ連に対する東欧諸国の「自由裁量の余地」が次第に拡大していったことを明らかにした[33]。

東欧諸国のソ連に対する「自由裁量の余地」という点で特に注目に値するのが、ワルシャワ条約機構やコメコンにおけるソ連・東欧関係を分析した研究である。ローリアン・クランプは、一九五〇年代後半から一九六〇年代にかけてのワルシャワ条約機構における加盟国間の交渉を分析した研究のなかで、当初はソ連の「伝動ベルト」にすぎなかったワルシャワ条約機構が加盟国間の対立を経るなかで徐々に「多国間の政策決定機構」へと変貌していったと指摘する[34]。コメコンについても、ランダル・ストーンが旧ソ連・東欧諸国の経済官僚に対するインタビューをもとにコメコン内の政治力学について分析し、ソ連は一九六〇年代末以降、一貫して「補助金」の削減やコメコン経済統合に努めたが東欧諸国の抵抗に遭いほとんど成功しなかったと指摘した。彼によれば、このソ連の対東欧政策の「驚くべき失敗」の原因はソ連官僚機構の構造的欠陥にあった。つまり、ソ連の経済官僚には指導部の意図を実現しようとするインセンティヴが欠けており、個々の官僚が能力を発揮できるような制度が存在しなかったという[35]。しかし、そのような官僚機構の欠陥はソ連に限られた話ではない。そもそも東欧諸国は政治制度や官僚機構を整備する際にソ連を模倣していたため、ある程度はソ連と同様の構造的欠陥を抱えていたと考えるほうが自然であろう。したがって、このソ連の「失敗」を官僚機構の問題に還元するのはやや短絡的であろう。

また、ストーンは旧ソ連・東欧諸国の経済官僚に対するインタビューをもとに双方の利害対立を分析している一方で、ソ連・東欧諸国の政治指導部の動向を検討していない。しかし、本書でも指摘するように、ソ連のコメコン政策や対東欧経済政策を検討するうえで重要なのが、ソ連政治指導部とソ連の経済機関の方針の違いである。ブレジネフをはじめとするソ連の政治指導者は東欧諸国の政治的安定を対東欧政策の最重要課題と見なしていたため、経済機関ほど東欧諸国との個々の取引の経済的な損得にこだわらなかった。そのため、全体としてソ連政治指導部は経済機関よりも東欧諸国指導部からの経済的要請に応じる姿勢を示すことが多かった。この点については、具体的に検討する必要があろう。

ストーンがコメコン経済統合の進まない理由をソ連の官僚機構の欠陥に求めたのに対して、国際機関としてのコメコンの構造的問題に焦点をあてた研究も存在する。ハインリヒ・マホフスキによれば、「超国家的な」ＥＥＣと異なり、コメコンは国際法的に見て国家の伝統的な連合にすぎず、コメコン自身には調整機能しか存在しなかった。そのため、歴代ソ連指導部の政治的意図とは無関係に、そもそも統合の進展を著しく困難にするような制度が出来上がっていた(36)。これに対してハリエット・マテイカは、中央集権的な経済計画の調整はそもそも難しいと指摘した。彼によれば、コメコンで鉱業以外の分野で共同企業の設立が進まなかったのは、共同企業を設立すると関係各国の国民経済計画を調整する必要があったからであった(37)。

コメコンで改革が進まない構造的要因を、スターリンによるコメコン設立の際に用いられた原理にさかのぼって検討したのが、リー・メトコーフである。彼によれば、第一に、コメコン域内経済協力は、そもそもの始まりから各国のアウタルキー的な原則の上に成り立っていた。そして第二に、コメコンは欧州統合とは異なり各国の国家主権を制限せずに経済協力を推進しようとした。これら二つの要因が、一九五〇年代後半以降のソ連の選択肢を狭めることになったとメトコーフは指摘する(38)。このメトコーフの指摘は重要である。明らかに、コメコンの編成原理はソ連の連邦制原理に類似していた。ソ連が原理上は主権国家から構成される連邦であったのと同様に、コメコンもまた、少なくとも建前の上では加盟国の主権を絶対的なものと見なしていた。そして、ソ連が推進するコメコン経済統合に反対するルーマニアのような国は、この主権の尊重という建前を盾にソ連の試みに抵抗することができたのである。

コメコンの構造的問題に関するこれらの研究は重要であるが、実際の交渉過程を史料に基づいて分析したわけではない。これに対してラルフ・アーレンスは、豊富な東ドイツ史料をもとに、東ドイツの経済発展に有利な形でコメコン内経済関係を構築しようとする東ドイツの政策とその限界を包括的に検討した[39]。しかし、彼の分析の中心は東ドイツの経済政策であり、コメコンにおける東ドイツの位置づけやソ連のコメコン政策については、東ドイツ史料から読み取れる範囲内でしか言及していない。

このように、コメコンやソ連・東欧経済関係に関するこれまでの研究では、ソ連・東欧諸国の公文書をもとにソ連・東欧諸国指導部の動向や交渉の実際のプロセスを検討した研究はほとんど存在しない。そこで、本書ではゴスプランなどの経済関係機関とソ連指導部の方針の違いにも注目しながら、ソ連のコメコン政策やソ連・東欧間の実際の交渉について旧ソ連・東ドイツのアーカイヴ史料をもとに具体的に検討する。

二　ソ連のエネルギー産業に関する研究

ソ連におけるエネルギー資源開発を分析した研究でも、東欧諸国への石油や天然ガスの供給に関する問題は検討されてきた。そこで、次にこの問題に関する研究史を整理しておきたい。ほとんどすべての研究で、ソ連の資源・エネルギー産業は、超大国としてのソ連のパワーの主要な源泉の一つであると理解されてきた。エドワード・ヒューイットは、ソ連経済システムを「高い国民所得の成長率を達成するために、安価な天然資源と安価な労働力を組み合わせるよう設計された成長マシーン」と定義し、エネルギー資源はソ連の経済・政治・軍事力の重要な基盤であったと指摘した[40]。クリフォード・ガディやバリー・アイクスも、近現代史を通じて、ロシアの政治経済は、資源部門で創出された価値を経済のそれ以外の部門に移転させることに集中してきたと主張する[41]。彼らによると、ソ連には豊富な地下資源が存在したが、その多くは経済的には採算のとれるものではなかった。しかし、ソ連では資源開発の真の機会費用は認識されず、強制労働によって労働力を確保できたことから、合理性を欠く資源開発が進められた。そして、ひとたび資源が莫大な富を生み出すと、この採算のとれない状態を維持するために、恒常的に資源からの収入が必要となり、さらなる資源開発の強行につながった。一九七〇年代の石油危機の結果としてエネルギー価格が高騰すると、ソ連はさらに莫大な富を獲得し、この資源収入を元手に軍需産業の拡大、コメコン諸国への補助金、アフガニスタン戦争などの大型プロジェクトにますます資金をつぎ込むようになった。これは一種の「中毒」であったという[42]。このテーゼには説得力があるが、ガディらはソ連の天然資源への依存について簡単に概観するだけで、資源開発をめぐるソ連指導部内の動向を史料に基づいて検討したわけではない[43]。

ソ連崩壊後、ソ連の内部史料が利用できるようになると、これらの新史料をもとにしたソ連のエネルギー産業やシベリア開発に関する博士論文や博士候補論文が相次いで出され、研究は新たな段階に入った。しかし、アレクサンドル・イゴルキンやアンドレイ・ソコロフが一九四〇年代までのソ連石油産業についてソ連中央の動向を詳細に検討したのに対して、シベリア開発が本格化するブレジネフ期の研究は遅れている[44]。それでも、マリヤ・スラフキナは関係者の回想録や一部のアーカイヴ史料をもとに、戦後ソ連の石油ガス産業を分析し、西シベリア開発をめぐって経済機関や地方党幹部などの間で路線対立が存在したことを明らかにしている[45]。スラフキナが主に回想録をもとに分析を進めたのに対して、ヴィクトル・カルポフ、ガリーナ・コレヴァ、セルゲイ・ルキヤネンコフらシベリアの研究者は、チュメニ州やソ連科学アカデミーなどの史料を丹念に渉猟し、戦後西シベリア開発全体の歴史を分析した。彼らの研究により、戦後西シベリア地域史に関する詳細な情報がもたらされた一方で、依然としてソ連中央の動向や特にソ連対外経済政策との関係はほとんど解明されていない[46]。これに対してペア・ヘグセリウスは、新たに公開されたソ連・ドイツの公文書をもとに、冷戦期にすでにソ連のガス開発をめぐって、西欧諸国とソ連の間に緊密な協力関係が存在したことを解明した[47]。しかし、彼の研究は、ソ連・西欧関係に詳しい一方で、コメコン諸国との石油・ガス取引についてはほとんど言及していない。

このように、ソ連のエネルギー資源政策と対外経済政策の関係に関する実証的な研究が不足するなかで刊行されたのが、ジェロニム・ペロヴィチが編集した論文集『冷戦期のエネルギー』である。[48] 同書に収録された論文のなかで、ヴャチェスラフ・ネクラーソフはフルシチョフ期のエネルギー資源開発を分析し、フルシチョフは化学工業の発展を最優先課題にかかげ、石油を西側諸国に輸出して鋼管を得るという単純な貿易政策に反対したが、省庁間の利害対立もあり彼の方針は失敗に終わったと指摘した。彼によれば、フルシチョフの失脚後、アレクセイ・コスイギン首相は化学工業よりも石油・ガス工業を優先し、その発展のために鋼管などの生産および輸入を拡大したという。[49] 同書には、ネクラーソフ論文以外にもエネルギーをめぐるソ連・コメコン関係に関するローレンツ・リューティとスヴィ・カンシカスの論文が収録されている。両者ともに、ソ連のエネルギー供給がコメコンの安定を維持していた点を指摘する。特にリューティは、東ドイツの史料をもとに、ソユーズ・ガスパイプラインやミール送電網の建設について実証的な分析を行っている。しかし、彼はエネルギー問題をめぐるコメコン内の動向の輪郭を描くにとどまり、交渉や政策形成過程を具体的に検討していない。さらに、中近東地域からの資源輸入政策とコメコン域内の資源・エネルギー政策との関連性についてもほとんど言及していない。[50] カンシカスはコメコン域内の資源取引価格をめぐる交渉に言及しているが、この交渉の具体的な経緯に関する史料をほとんどフォローしていない。[51]

このように、ブレジネフ期の資源・エネルギー政策と対外経済政策の関連をめぐる実証的な研究は始まったばかりであり、特にソ連側史料をもとにした研究が全体的に不足している。

三　ブレジネフ期の対外政策に関する研究

最後に、ソ連の対外経済政策は対外政策全般とも連動していたことから、ブレジネフ期ソ連の対外政策全般に関する研究動向を確認したい。一九六〇年代末から一九七〇年代にかけて、ソ連指導部は、一方で西側とのデタントを推し進めながら、他方で軍備拡張や第三世界に対する介入を強化した。そのため、長い間、この「共存」と「膨張」を並行して追い求めるソ連外交の「矛盾」をどう理解するかが、この時期のソ連外交史研究における重要な論点とされてきた。従来の研究では、この「矛盾」の原因として、デタントに対するソ連指導部の失望、ヴェトナム戦争終結後の第三世界におけるアメリカの消極性、ソ連の対外政策機関の相互調整の欠如、ブレジネフ書記長の健康悪化、ソ連の輸送能力や軍事力の向上など、多様なファクターが指摘されてきた(52)。しかし、これら一連の外交史研究では、冷戦期ソ連の対外政策が経済問題やエネルギー資源問題とどのように関連していたかについてはほとんど分析されてこなかった(53)。

これに対して、ソ連の対外経済政策をグローバル経済の動向と関連づけながら捉えようとしたのが、オスカー・サンチェス＝シボニーの論争的な研究である。彼によれば、ソ連は他の国と同様にグローバルな経済構造の一部であり、その対外経済政策はイデオロギーや政治的な目標を追求したというよりも世界経済情勢に対する状況対応的な反応にすぎなかった。第三世界との関係でも、ソ連は政治的影響力の拡大を狙ったわけではなく、明確な目標も利害もないままに途上国からの要請に応える形で経済援助を実施したという(54)。

たしかに、サンチェス＝シボニーが主張するように、ソ連経済はグローバルな経済構造と連動していた。そもそも、一九二〇年代から一九三〇年代に強行された「上からの」工業化自体、「国内資源動員の巨大なプロセス」であると同時に、「最も大規模な技術・テクノロジー移転の一つ」であった(55)。ソ連は、資本主義文明に対抗する独自の「文明」を作り出すために、グローバルな資本主義経済と関係を持ち続けなければならなかったのである(56)。

しかし、冷戦期のソ連の対外経済政策をもっぱらグローバル経済に対する状況対応的反応と捉えるサンチェス＝シボニーの解釈は極端すぎると言わざるをえない(57)。彼が主に使用している史料は、ロシア国立経済文書館所蔵のゴスプラン、対外貿易省や国家対外経済関係委員会（ＧＫＥＳ）などの文書である。これらの文書は主に個別具体的な取引や交渉などを記録したものであり、ソ連の対外経済政策の構想に関する言及は少ない。そのため、これらの史料を中心にソ連の対外経済政策を再構成すると、ソ連の受動性や構想のなさが強調される結果に陥りやすいが、サンチェス＝シボニーはこうした史料の性格に十分な注意を払っていないように見える。したがって、経済関係省庁の文書をソ連共産党中央委員会などの文書と照らし合わせることで、ソ連の対外経済政策の全体像を描く必要があろう。

この点で、ブレジネフ期ソ連における国際主義的イデオロギーと経済的関心との関係を描いたエリザベス・ヴァルケニアの先駆的な業績は注目に値する。彼女は、国際政治経済や第三世界に関するソ連国内の専門家の議論を整理したうえで、経済のグローバル化が進み発展途上国間の経済格差が拡大するなかで、世界経済や途上国に関するソ連の認識が次第に変化していったと指摘する。つまり、発展途上国を資本主義諸国の経済的支配から解放するために積極的に援助すべきだというイデオロギー的な主張は、ソ連の援助プロジェクトが成果をあげず、ソ連の経済状況が悪化するなかで次第に後退していき、代わりに第三世界政策においても経済的な観点を重視すべきだという見解が強くなっていったという(58)。

二一世紀にはいると、オッド・ウェスタッドの『グローバル冷戦史』の影響もあり、ソ連の対途上国政策に対する研究者の関心は急速に増大し、インド、エジプト、アフガニスタンなどの途上国に対する近代化支援を軸にソ連や東欧諸国と途上国との経済関係について分析した研究が増えている(59)。しかし、これらの研究では途上国における開発支援政策が論じられている一方で、エネルギー資源開発についてはアフガニスタンに関するポール・ロビンソンとジェイ・ディクソンの研究を除き、ほとんど分析されていない(60)。サラ・ロレンツィニは、コメコン諸国の途上国に対する経済政策を分析し、当初コメコンでは途上国に対する工業化支援が重視されていたが、ソ連が東欧諸国に対して第三世界で必要な天然資源を調達するよう求めるようになると、工業化支援よりも天然資源の確保が優先されるようになったと指摘した。しかし、彼女は資源・エネルギー問題をめぐるソ連・東欧間の交渉を具体的に分析しているわけではないため、コメコン域内の経済関係と途上国からの資源調達をめぐるコメコン諸国の政策が相互に連動しながら展開されていた点を見落としている。[61]

発展途上国のうち、ソ連・コメコン諸国のエネルギー資源政策との関係で特に重要視されていたのがイランとイラクであったことから、この両国との政治・経済関係について具体的に分析する必要がある。ソ連とイランおよびイラクとの関係については一九八〇年代に一定の研究蓄積が存在するものの、ソ連・東欧諸国・イランおよびイラクの三者関係を描いた研究は非常に少ないうえ、それらの研究も貿易統計の分析の域を出るものではない。[62] この傾向は冷戦終焉後も変わらず、実証的研究としては、わずかに、石油問題を軸にルーマニア・イラン関係を分析したロハム・アルマンディとエリザ・ゲオルゲの研究が存在するだけである。彼らは、ルーマニアの文書館史料をもとに、デタントが進展するなか、ルーマニアとイランが超大国からの一定の自立性を得ようとして経済的に接近していった様子を描いている。[63] しかし、彼らが注目するのはあくまでルーマニアであり、他のコメコン諸国やソ連がイランの石油・ガス資源獲得のためにどのような政策を展開しようとしたのかについては未解明のままである。

以上の研究史の整理からも明らかなように、コメコン史、ソ連・東欧関係史、ソ連・東欧諸国のエネルギー政策史、ソ連の対外政策史に関する従来の研究でも、エネルギー資源をめぐるソ連・東欧関係は分析されてきたが、その多くは同時代的な政治経済学的分析であり、アーカイヴ史料に基づいてソ連・東欧諸国の政策や交渉を実証的に解明した研究は少ない。そのため、冷戦やグローバル経済の変化のなかで、天然資源をめぐるソ連・東欧間の経済関係、途上国との関係、ソ連の資源開発政策などがどのようにして相互に関連しながら展開されていたかについてはほとんど検討されてこなかった。そこで本書はソ連指導部の全般的な対外政策方針にも目を配りながら、シベリア開発政策、コメコン域内経済関係、コメコン諸国の中東政策という従来は別個に検討されてきた三つの問題の相互関係性に注目し、一九六〇年代から一九七〇年代にかけてのグローバルな経済構造や冷戦の変容のなかで、ソ連・東欧関係がどのように形成されていったかについて実証的に検討する。その際、東ドイツが分断国家としての性格のために東欧諸国のなかでも冷戦の展開から特に強く影響を受けていたことから、ソ連・東ドイツ関係に特に注目する。

史料としては、各種史料集や回想録に加えて、旧ソ連・東ドイツの文書館史料を用いた。近年、ロシアの文書館はブレジネフ期についても史料の公開を始めているが、依然として非常に不十分な状態にある。このうち、ブレジネフ期の対外政策、対外経済政策、資源問題などを分析するうえで最も重要なのが、ロシア国立現代史文書館である。[64]二〇一四年以降、断片的ではあるものの徐々にブレジネフ期に関する史料の公開が始まったことから、本書では、ソ連共産党中央委員会総会、政治局、中央委員会部局、ブレジネフ個人ファイルの史料を分析することで、ソ連内の政策形成過程を史料的に可能な限り検討した。同時に、ロシア国立経済文書館では、ソ連国家計画委員会（ゴスプラン）、ＧＫＥＳなどの経済官庁の史料に加えて、コメコン関係の史料を収集した。[65]国家機関の文書を保管しているロシア連邦国立文書館では、ブレジネフ期に関する史料の公開が遅れていることから十分な調査を行うことができなかったが、それでも閣僚会議の各種小委員会の史料を一部参照した。[66]

ドイツでは旧東ドイツに関する主要史料はほぼすべて公開されていることから、ロシアよりもはるかに網羅的に史料を調査することができた。このうち、東ドイツの政策決定を分析するうえで最も重要であったのが、ドイツ連邦文書館付属ドイツ民主共和国政党・大衆組織文書館財団のドイツ社会主義統一党（ＳＥＤ）関連文書である。[67]党中央委員会政治局や中央委員会部局に加えて、ヴァルター・ウルブリヒト、エーリヒ・ホーネッカーらの個人ファイルを体系的に調査した。そのうえで、ドイツ連邦文書館では、閣僚会議、国家計画委員会、対外貿易省などの文書を分析した。[68]そのほかに、ドイツ外務省政治文書館に所蔵されているドイツ民主共和国外務省の史料を補足的に利用した。[69]

第四節　本書の構成

本書が主に対象とする時期は、一九六〇年代後半から一九八〇年代初頭にかけての時期であり、これはブレジネフがソ連共産党書記長（一九六六年までは第一書記）として次第にソ連の内政・外交の両面で権力を掌握していった時期に重なる。

第一章では、ブレジネフ期に関する分析に先立ち、スターリン期からフルシチョフ期にかけてのソ連の対東ドイツ経済政策とコメコン政策を検討する。その際、体制間経済競争の論理がスターリン時代に萌芽的に見受けられたことを確認したうえで、この論理を全面的に展開しようとしたフルシチョフの東ドイツ政策とコメコン政策を対途上国政策とも関連付けながら検討していく。

第二章では、一九六〇年代後半に、どのようにしてソ連指導部や経済機関が市場主義的なコメコン改革を求めるポーランドやハンガリーなどの要求に対処しつつコメコン経済統合を実現しようとしたかについて、当時のソ連指導部の全般的な対外政策構想とも関連付けながら検討する。コメコン内の協議のなかで、ソ連の経済機関は市場主義的な改革に関するポーランドなどの提案を退け、部門別共同計画や共同投資を中心とするコメコン「総合計画」の調印に漕ぎつけた。しかし、この「総合計画」の実施過程では、東欧諸国はこれらのソ連の提案の多くを骨抜きにすることに成功した。そのため、コメコン経済統合に関するプロジェクトのうち最後まで残ったのは、ソ連の天然資源部門に対する共同投資プロジェクトであった。

第三章では、増大し続ける東欧諸国からのエネルギー資源需要に対処するために、ソ連やコメコン諸国がイランとどのような経済関係を構築しようとしたのかを検討する。コメコンでイランとの経済協力を調整することはできなかったものの、ソ連は天然ガスの供給をめぐりイランとの関係をある程度発展させることができた。

第四章では、コメコン諸国がもっとも期待していたイラクとの関係を扱う。イラク政府は自国内の石油開発や販売に関する決定権を国際石油資本の手から取り戻すことを長年の悲願としており、この目標を達成するために、ソ連の経済技術支援のもとで国営石油産業の発展に努めた。ソ連はイラクの要求に積極的に応じると同時に、東欧諸国をイラクにおける経済開発に参加させることで、東欧諸国にイラクからの石油輸入を拡大させようとした。一九七二年六月にイラク政府がイラク石油会社（ＩＰＣ）を国有化すると、ソ連はコメコン内でイラクからの石油輸入をめぐる政策協調を進めようとしたが、コメコン内の協議が遅れたうえ、イラクが徐々にコメコン諸国による石油輸入政策の調整に反対するようになったために、このソ連の政策は十分な成果をあげることができなかった。

第五章では、第一次石油危機がソ連や東欧の経済、コメコン域内経済関係、さらにはコメコン諸国とイラクとの関係に及ぼした影響を検討する。石油危機を受けて、コメコン諸国はイラク市場から後退していったが、この後退を可能にしたのが、ソ連からの石油供給であった。ソ連は産油国として石油危機から大きな利益を得て、ますます西シベリアの天然資源を国内外の政策課題を解決するための手段と見なすようになっていった。

最後に第六章では、天然資源に依存することで超大国としての地位を維持するという政策が一九七〇年代末から一九八〇年代初頭に限界を迎える過程を検討する。当初、ソ連指導部から大いに期待されたコメコンの共同投資プロジェクトであったが、ソユーズ・ガスパイプラインを建設するなかで、この経済統合政策がかえって西側への経済的依存を生み出すことが明らかになった。同時に、各国の経済をより緊密に協調させようとしたことで、労働力不足などの計画経済体制の構造的な問題が域内経済協力の成否に大きな影響を及ぼすようになった。このように天然資源開発をめぐる共同投資も限界を迎えるなか、ソ連の経済機関ではエネルギー資源不足に対する懸念が強まっていた。そして、一九八一年に石油の需給バランスが危機的な状況に陥ると、ソ連指導部は東欧諸国向けの石油輸出を削減することを決定した。しかし、東ドイツ指導部がこのソ連の決定に強く反発したことから、ブレジネフはこの方針を修正し、ハードカレンシーによる支払いを条件に石油の追加輸出に同意した。このように、一九八〇年代初頭までに、天然資源の供給を軸にソ連圏の安定を維持するというソ連指導部の方針は綻び始めていたのである。

第一章　ソ連の対ドイツ経済政策と体制間競争の論理

――スターリンからフルシチョフへ

本章では、スターリン期からフルシチョフ期にかけてのソ連の対東ドイツ経済政策とコメコン統合政策に注目しながら、ソ連の対東欧経済政策が体制間経済競争という冷戦の論理に影響されながら形成されていく過程を分析する。従来の研究では、スターリンが体制間経済競争に関心を持っていたという点については、ほとんど指摘されてこなかった。しかし、東西関係が急速に悪化し、ドイツ人に対する影響力をめぐる主要占領国間の競争が激化するなか、スターリンといえどもドイツ占領地域間の生活水準の格差に無頓着ではいられなくなった。このように、スターリン時代にも体制間経済競争の場としてのドイツという認識が萌芽的に見受けられたのである。

フルシチョフは、社会主義体制がこの経済競争に勝利できるとの確信に基づいて、体制間競争の重要性を繰り返し強調し、経済競争の主戦場となった東ドイツに対する経済支援を積極的に行った。しかし、ソ連国内の経済情勢が悪化すると、東ドイツの経済発展を支援するために、天然資源の供給を拡大し続けるという方針を維持することは次第に困難になっていった。そこでフルシチョフは、ドイツ社会主義統一党（SED）第一書記ヴァルター・ウルブリヒトに、中近東・北アフリカ諸国から資源を輸入するよう求めるようになった。このように、一九六〇年代初頭には、第三世界での影響力拡大を目指す冷戦戦略と、東ドイツの増大し続ける資源需要に対処するためにアルジェリアの石油資源に注目するというグローバルな資源戦略が、相互に結びつきながらソ連指導部内で胎動していたのである。

このような対東ドイツ政策と並行して、フルシチョフは、ソ連や東ドイツのみならず社会主義圏全体が資本主義世界に対して勝利できるようにするために、コメコンにおける経済統合を強化しようとした。そのため、一九六〇年代前半には、コメコン経済統合に向けた試みが本格的に始められた。そこで、本章では、これらの諸点について、ソ連指導部の動向を中心に検討していきたい。

第一節　ソ連のドイツ占領政策の転換——経済的非武装化から経済水準をめぐる競争へ

本節では、第二次世界大戦中から終戦直後にかけての時期のソ連の対ドイツ経済政策の変化について、賠償政策を中心に分析する。そのうえで、一九四八年から一九四九年にかけて起こったベルリン封鎖を契機として、スターリンがドイツにおける経済競争に注目するようになり、これに勝利するためにソ連占領地域（SBZ）の経済水準を引き上げる必要があると認識するようになるプロセスを確認したい。ソ連の対ドイツ占領政策を扱った研究は膨大な数にのぼるが、ソ連占領地域の経済的魅力をアピールすることでドイツ人を引きつけるという方針が萌芽する過程については、従来、ほとんど注目されてこなかった。(1) ヴィルフリート・ロートは、一九四六年の賠償政策の転換以降、SEDおよび在独ソ連軍政部がソ連占領地域の経済的魅力に訴えようとしたと言及しているが、具体的な分析は行っていない。(2) ベルリン封鎖中に関しては、フォルカー・コープ、ウィリアム・スタイヴァース、ゲアハルト・カイダーリングらが、スターリンは西ベルリンにも食糧および燃料を供給することで、西ベルリン市民からソ連への支持を獲得しようとしたと指摘している。(3) ドイツ民主共和国成立直後に関しては、モニカ・カイザーが、ソ連および東ドイツ指導部は東ドイツの経済発展により西ドイツ市民の統一への関心を引き出そうとしていたと指摘している。(4) しかし、これらの研究は、基本的にドイツ側の史料をもとにＳＥＤの政策を分析したものである。そこで、本節では、ソ連側の史料をもとに、ソ連指導部の動向にも着目しながらこの問題を具体的に検討したい。

一　ソ連の対ドイツ賠償政策の展開

第二次世界大戦中から戦後にかけての時期に、ソ連指導部が対ドイツ経済政策上最も重視したのが賠償問題であった。ソ連指導部にとって、自国の経済復興とドイツの脅威の排除は戦後の主要政治外交課題であったため、この二つの課題を達成するための手段としてドイツに対する賠償政策は極めて重視されていたのである。当初、ソ連は工業設備の撤去（デモンタージュ）を中心とした賠償政策によりドイツの経済水準をできる限り低く抑えようとしたが、占領地域を運営するためには、ドイツの経済復興がある程度必要であることはすぐに明らかになった。これを受けて、ソ連の賠償政策も、デモンタージュを中心としたものから、ドイツにおける生産物から賠償を取り立てる方針に転換した。本項では、この転換過程を概観する(5)。

スターリンは、独ソ戦開始から間もない一九四一年一二月半ばに、英外相アンソニー・イーデンとの会談のなかで、ドイツからの賠償について協議した。イーデンが戦間期の経験を踏まえて貨幣ではなく現物による賠償を提案すると、スターリンもこれに同意し、「最良なのは、被占領国ないし被害国のために、ドイツおよびイタリアから最新の工作機械を奪うことである」と述べた(6)。

このような戦後賠償に関する方針のもと、すでに大戦中から賠償調達に向けた準備が進められていた。一九四三年一一月の政治局決定により、元駐英大使イヴァン・マイスキーを議長とする賠償委員会が設置された。マイスキーは直ちに行動を開始し、一九四四年一月には、ゴスプランおよび関連する人民委員部に経済復興のために撤去したい工場、施設等をリストアップするよう求めた。それから一カ月後の二月末にマイスキーは外務人民委員ヴャチェスラフ・モロトフに対して、戦争終結後の賠償徴収のためにドイツに人民委員部等の代表五五〇〇人を派遣することを提案した。(7)また、これとほぼ同時期に、国家防衛委員会はドイツにおける賠償徴収を調整するために特別委員会の設置を決定した。議長には首相代理のゲオルギー・マレンコフが就任し、ゴスプラン議長ニコライ・ヴォズネセンスキーらがメンバーとして参加するなど、マイスキー委員会よりもはるかに高レベルな委員会となった。ドイツに対する勝利を目前に控え、ソ連指導部も本格的に賠償徴収の実施に向けて動き始めたのである。

しかし、ドイツにおけるデモンタージュは、他の連合国はおろかソ連内部でも十分に調整されないまま、場当たり的に実施された。特別委員会および各人民委員部は自らの全権をドイツに派遣したが、彼らは自分が担当する経済分野での経済復興を優先するあまり、相互に調整することなくデモンタージュの対象を無計画に決定していった。この結果、デモンタージュの対象をめぐる人民委員部間の競争が生じ、デモンタージュはますます経済的な合理性を無視して進められた。(8)

このようなソ連経済機関の活動は、ドイツ人の最低限の生活の維持を図る在独ソ連軍政部との対立を招いた。早くも一九四五年六月に、在独ソ連軍政部長官のゲオルギー・ジューコフ元帥は、特別委員会全権代理コンスタンチン・コヴァリに対して、「これ〔デモンタージュ〕が、ヒトラーの軍隊によって破壊されたソ連とポーランドの地域の復興に最大限役立つと同時に、その結果ソ連軍によって占領された地域で経済的真空が形成されることのないようにするには、何をする必要があるのか」、と述べ、ドイツの「経済的真空」化への懸念を表明した。(9)

しかし、実際の現場では、デモンタージュは無計画に進められた。ソ連兵は、デモンタージュの際、設備や機械を無造作に解体したため、これらが使い物にならなくなる場合もあった。(10)さらに、鉄道での輸送は滞り、ブレスト駅前には一〇〇キロに及ぶ貨車がせき止められていたという。(11)

このようなデモンタージュによる混乱を受け、スターリンは賠償政策の転換に踏み切った。一九四五年一一月のポーランド共産党書記長ヴワディスワフ・ゴムウカとの会談のなかで、彼は次のように述べ、生産物からの賠償への方針転換を伝えた。

「彼〔スターリン〕は、彼らが新しい賠償システムの導入を始めていると述べた。すなわち、彼らは、一年後にならないと操業を開始しない機械を持ち込むかわりに、ここ数週間のうちにドイツにおける生産を開始することを計画している、という。ドイツには専門家、技術者がおり、多くのものが生産されうるし、賠償は完成品として受け取ることができる。輸送の関係で機械を持ち込むことが非常に困難であるので、この措置は一層必要である。ドイツ人はこれを大変喜んでいる(12)」。

このように、スターリンは、ドイツで生産された物品を賠償として徴収するほうが、ドイツから工業設備を撤去してソ連国内で使用するよりもソ連にとって有益であると考え、賠償政策の方針を転換したのである。この方針のもと、一九四六年一月には、ソ連占領地域の企業二〇〇社がソ連所有株式会社（SAG）としてソ連占領地域内で操業を続けることが決定された(13)。一九四六年末までに、SAGによる生産はソ連占領地域内の生産の三〇％近くを占めるようになった(14)。ソ連指導部が生産物からの賠償調達を重視する方針に転換した結果、デモンタージュの件数は一九四六年四月を境に減少に転じた(15)。

このような賠償政策の転換は、ドイツの工業水準に関するソ連の方針にも影響を与えた。ヤルタ会談以来、ソ連はドイツの工業水準を極めて低い状態に抑制することを主張してきた。ヤルタ会談で賠償問題に関するソ連の主張を述べたマイスキーによれば、ドイツの経済的非武装化とは、重工業設備の八〇％の撤去を意味した。「ソヴィエト政府の見解によれば、ドイツに残された重工業は戦前の二〇％であるが、これはドイツ国内の真に経済的な必要を満たすのに全く十分なものである」という[16]。このような主張は、一九四五年一二月の管理理事会の工業水準委員会においても繰り返された。ソ連は、ドイツは「高度工業化」されるべきではなく、「農業国」にされるべきであると主張したのである[17]。

しかし、ドイツの工業水準を低く抑えるという方針は、生産物から賠償を徴収するという新たな賠償政策とは相容れなかった。生産物から賠償を多く徴収するためには、ソ連占領地域の工業生産を拡大させる必要があったからである。そのため、賠償政策の転換に伴い、ドイツの工業水準に関しても見直しが必要となった[18]。そこで、一九四六年六月一三日に採択された政治局決定「ドイツに関して」では、初めてドイツの「平和産業の発展」が一定の枠内で容認された。決定の文面は次のようなものである。

「五．ドイツにおける平和産業の発展が、ドイツの石炭、金属そして製品を必要とするほかの諸国民にも役立つようにするために、ドイツに輸出入の権利を保障する必要がある。さらに、このような対外貿易の権利が実現される場合には、ドイツにおける鉄、石炭および他の平和的性格の製品の生産増加に障害を設けるべきではない。もちろん、これは一定の限度内においてのことであり、ドイツの、特にルール地方の工業への連合国の共同管理が確立された場合の話である[19]」。

このように、賠償政策の方針転換に伴い、占領開始から一年後には、ソ連の対ドイツ経済政策はドイツの工業発展を条件付きで容認する方向に舵を切った。七月一〇日のモロトフ外相の演説では、政治局決定のこの箇所がほとんどそのまま使用された[20]。

二　ソ連占領地域における食糧難と在独ソ連軍政部長官命令第二三四号

このように、ソ連の対ドイツ賠償政策は徐々に変化していたが、ソ連の厳しい賠償徴収に加えて一九四六年から一九四七年にかけての厳冬のために、ソ連占領地域の経済情勢は著しく悪化した(21)。ソ連占領地域の農業生産高は、一九三五年から一九三九年の平均を一〇〇とすると、一九四六年には六〇、一九四七年には四七にまで落ち込んだ(22)。これに燃料難が加わった結果、一九四七年前半の工業生産高は急落した。信頼できる統計はないものの、ヴォルフガング・ツァンクによれば、一九三六年の生産高を一〇〇とした場合、一九四六年末に五五にまで回復した工業生産高は、四七年初頭には三九にまで落ち込んだ(23)。

ソ連占領地域のこのような経済情勢はソ連側も認識していた。すでに一九四六年一二月に対外貿易省特別全権のボリス・コルパコフは、ソ連占領地域の生産の五〇％から六〇％がソ連への賠償および占領軍への供給にあてられていることに警鐘を鳴らした。この報告を受けて、ソ連政府は賠償およびソ連軍への物資供給量を三〇％から三五％削減することを決定した(24)。一九四七年一月に在独ソ連軍政部長官のヴァシリー・ソコロフスキー元帥はSED指導部に対して生産物からの賠償を「著しく」削減することを伝えた(25)。

また、ソコロフスキーと在独ソ連軍政部政治顧問ウラジーミル・セミョーノフは、SED指導部が一九四七年一月末のスターリンとの会談の際にソ連から物資を調達することを検討しているとして、一月二八日にモロトフに次のように報告した。

「ドイツ、特にソ連地域への原料の供給。特に、シュレージエンの石炭、金属、圧延鋼材、綿花の受け取りの展望。〔ヴィルヘルム・ピークSED議長、オットー・グローテヴォールSED議長、ヴァルター・ウルブリヒト中央書記局員、マックス・フェヒナー中央書記局員の〕四人は、もしかしたら、ドイツ人住民の必要のために、ソ連からの綿花の多少の輸入を求めるかもしれない。我々は、二万トンの綿花の支給に関するSEDの依頼を支持したい」[26]。

このように、SED指導部はソ連占領地域における経済難に対処するために、ソ連からの天然資源の供給などを要求する方針であり、在独ソ連軍政部も占領地域の運営のためにこの要求を支持していた。しかし、理由は不明ながらも、実際にはSED指導部は、一月末のスターリンとの会談ではこの問題を取り上げなかった。スターリン自身は、デモンタージュの中止によって経済は改善するはずであると主張し、原料の供給に関心を示さなかった。

「同志スターリンの見解によれば、ソ連地域における状況は改善するであろう。デモンタージュは中止された。我が軍は削減された、つまり、食べさせなければならない人の数が減った。食糧資源は〔ソ連占領〕地域に残っている。我々は賠償を強化するつもりはない。必要なら、賠償の支払い期限を延長してもよい。同志スターリンの考えでは、このように状況改善のためのすべての前提が存在しているのである」[27]。

このように、スターリンには敗戦国ドイツのためにソ連の乏しい資源を分け与える意思はなかった。それどころか、スターリンは別の機会に、占領軍の削減後に生じる余剰食糧はドイツ人に供給すべきではなく、ソ連に輸送すべきであると述べていた[28]。

しかし、ソ連占領地域の経済状況は改善するはずだというスターリンの予想とは裏腹に、一九四七年春以降、在独ソ連軍政部からはソ連占領地域の食糧難や民衆の反ソ感情の悪化に関する報告が相次いだ。一九四七年三月一七日に、在独ソ連軍政部プロパガンダ局長セルゲイ・チュルパーノフは、ベルリンにおける状況について在独ソ連軍政部政治顧問代理ニコライ・イヴァノフに次のように指摘した。

「食糧難はいつも、そして絶えず会話のテーマであったが、いまやこれに『ドイツにはもはや何もない』、ドイツでは『すべてが奪い取られ、ドイツはもはや決して立ち上がることはできないであろう』といった発言が付け加わった……。長引いた厳しい冬、燃料と電気の不足がベルリン市民の雰囲気に大きな影響を与えた。アメリカ軍大佐ハウリーが、ベルリンの燃料状況は、ソ連占領当局がベルリンに石炭を運搬するという自らの約束を実行していないために悪化したと述べたが、この発言はドイツの有名な新聞各紙に取り上げられ、住民の一部に反ソ的言動の増加をもたらした。全体として、『この冬のベルリン市民の非常に厳しい状況』に関するテーマは、ベルリンの住民の会話や発言において支配的である[29]」。

一九四七年春には、食糧を求めるデモやストが発生し、ソ連占領地域内の情勢はさらに悪化した。四月二二日に、在独ソ連軍政部プロパガンダ局は、配給への不満から反ソ的デモがザクセンで発生したと報告している[30]。六月九日の報告の中でも、チュルパーノフはこの問題に触れ、「食糧難および日常生活用品の住民への供給に関する在独ソ連軍政部のいくつかの約束の不履行のせいで、一層住民の反ソ的ムードがかきたてられている。また、この結果、労働者階級にさえも動揺が生じ、SED党員にも影響が及んでいる」と報告した。さらに彼は、犯罪の増加、ソ連に賠償を供給している工場やSAGに属する工場への放火の増大にも言及した[31]。

食糧難は、労働規律および労働生産性にも深刻な影響を与えた。八月一日の「ドイツのソ連占領地域の各企業における労働規律の状況に関する報告」のなかで、外務省第三ヨーロッパ部長アンドレイ・スミルノフはモロトフ外相にこの問題について報告した。それによると、チューリンゲンの一七の主要工業部門における欠勤は、一九四七年上半期に一二%以上であり、三月に限ると二六%にのぼった。いくつかの企業では、毎日の欠勤は四〇%に達した。ザクセン・アンハルト、ブランデンブルク、メクレンブルクにおいても状況は同様であった[32]。この報告を受けたモロトフは、直ちに在独ソ連軍政部長官のソコロフスキーらに対して、「欠勤とずる休みの状況は許しがたい」と述べ、「秩序をもたらすためにいかなる措置がとられているのか。改善への変化はあるのか。これらすべてに関して報告せよ」と命じた。[33]

このモロトフの命令を受け、在独ソ連軍政部は八月初頭に大規模な労働規律に関する調査を行ったうえで、一〇月九日に在独ソ連軍政部長官命令第二三四号「労働生産性の向上および工業と輸送業の労働者と従業員の物的状況のさらなる改善のための措置に関して」を布告した。この命令では、労働規律と労働生産性向上のために、給食の支給、労働者向け医療の拡充、出来高払い賃金制の導入、重要産業労働者への製品販売での優遇措置などの一連の措置をとることが定められた。[34]

この命令第二三四号は同年六月に発表されたマーシャル・プランを強く意識したものであった。当時、東西関係は急速に悪化し、冷戦が始まりつつあった。戦後ヨーロッパ秩序をめぐって競合関係にあった米ソは、一九四七年六月のマーシャル・プラン発表を契機として、急速に対立を深めていった。スターリンは、九月に東欧諸国およびフランスとイタリアの共産党を招集して共産党情報局（コミンフォルム）を設立し、ヨーロッパ諸国の共産党に対するイデオロギー的統制を強化すると同時に、東欧諸国に対する政治的締めつけを強めていった。

マーシャル・プランとの関係でソ連の軍政当局が特に重視したのが、住民の生活にかかわる問題であった。七月二二日に、チュルパーノフはセミョーノフ宛報告の中で、「もしかしたら、本当に工業復興のためにアメリカ人から借款を得て、その後これに基づいて賠償を支払うことができるかもしれない」などといった話がなされていると述べて、マーシャル・プランのソ連占領地域への影響について懸念を表明した。[35]その一方で彼は、九月二七日にＳＥＤ指導部を前に、西側地域ではマーシャル・プランによるドル流入が当てにされ、労働者は無関心になっているが、ソ連占領地域では命令第二三四号によりドイツ人民は経済発展に関心を持つであろうと述べ、命令第二三四号の効果に期待を示した[36]。このように、ドイツでは、冷戦は当初より経済問題と密接に結びついていた。

しかし、この命令は期待された効果をもたらさなかった。労働者は賃金の出来高払いに反発し、生産物からの賠償徴収の継続は労働意欲を削いだ[37]。しかも、より根本的な問題として、燃料、原料の不足があった。一九四八年三月二六日のスターリンとの会談の際、SED議長のグローテヴォールは次のように述べた。

「グローテヴォールがさらに述べるには、反動勢力は自らのプロパガンダにおいて、主な攻撃をボリシェヴィズム、ロシア、SEDに向けており、SEDをロシアと同一視している。SEDはこのような状況から脱出する道を探している。この戦いにおいて最も有効な方策はある程度の経済的土台をソ連地域において組織することにあるように思われる。そのため、今日、ソ連地域の経済問題は最重要視されている……。グローテヴォールが述べるには、一九四八年の計画では、一九四七年と比較してソ連地域の工業生産の五％の上昇が予見されている。彼が言うには、我々〔SED指導部〕は一〇％の生産上昇を望んでいるが、ここで我々だけでは克服できない困難が生じている。グローテヴォールが述べるには、一〇％の工業生産増大のためには、輸入により以下に述べる分だけ原料の追加が必要である。二五万トンの圧延鋼材と鉄鋼、三〇万トンの石炭、二・二万トンの綿花、一七〇〇トンの羊毛、三〇〇〇トンの亜麻、一二〇〇トンの麻である[38]」。

このように、グローテヴォールは、西側のプロパガンダに対抗するためにソ連占領地域の経済をより急速に復興させる必要があると主張し、明言は避けつつもソ連からの原料輸入の可能性を探った。

スターリンはこれに直接返答せず、グローテヴォールが述べた油粕の量について、「これは誤りではないか」、「グローテヴォールはあまりにも大きな額をあげている」と述べた。明らかにこの時点では、スターリンには、占領地域の経済水準を引き上げるために石炭や鉄鋼などの重要な原料や工業製品を供給する用意はなかったのである。このスターリンの反応を受けて、グローテヴォールは、「あげられた数字はすべて正確ではないかもしれない、というのも〔占領〕地域の経済問題では、彼らは〔SED指導部は〕まだ完全に自分の家にいるとは感じていない」と応じた(39)。このグローテヴォールの発言からは、ソ連による賠償徴収や経済政策に関する在独ソ連軍政部の介入のために、SEDやドイツ行政機関がソ連占領地域の経済を把握しきれていないことに対する苛立ちを読み取ることができよう。

同時に、SED指導部は、西側占領地域との経済的な分断が進むなか、ソ連以外の社会主義諸国との経済関係の拡大も模索していた。一九四七年以降、西側諸国は西ドイツ国家の建国に向けて動き出し、通貨改革の準備を始めていた。東西間の経済的分断が進むなか、グローテヴォールはソ連・東欧諸国との貿易を拡大することで、経済に必要な天然資源などを確保しようとした。そのため、このスターリンとの会談でも、彼は東欧諸国と貿易をするために委員会を設立したいとスターリンに提案し、彼の支持を取り付けた(40)。ソ連・東欧諸国との貿易を拡大するという方針の結果、一九四八年の第一・四半期から第二・四半期にかけて、ソ連占領地域の東側諸国との貿易は八割以上成長した(41)。

三　ベルリン封鎖と対ドイツ「経済支援」の起源

ベルリン封鎖が始まると、この傾向は決定的なものとなった。一九四八年六月に、ソ連は翌年五月まで空路を除く西ベルリン・西側占領地域間の通行を遮断した。それと同時に、ソ連は、西ベルリン市民の支持を獲得すべくベルリンへの「食糧支援」を行った。これは、多分にプロパガンダのための「支援」にすぎなかったが、それでもこの「支援」には東西両ドイツ間の体制間競争のために東ドイツを「支援」するというフルシチョフ期の論理が萌芽的に現れていた。

封鎖開始一カ月後の七月二〇日に、在独ソ連軍政部は以下のような声明を出し、ソ連からベルリン全土に食糧を

「支援」することを発表した。

「西側諸国の単独行動および分離を目指す行動の結果生じたドイツの首都――ベルリン――の住民の状況を緩和することを望み、ソ連政府は、在独ソ連軍政部に、現在の〔配給〕ノルマに従って全必需品を全ベルリンの市民に供給できるよう保証することを命じた。この目的のために、ソ連政府は、当面全ベルリン市民への供給のために一〇万トンのパン用穀物およびその他の食糧をソ連の備蓄から用意し、ソ連軍政部が使用できるようにドイツに輸送することを決定した。

同時に、在独ソ連軍政当局により、ベルリン市民の供給のために、ポーランド、チェコスロヴァキアそのほかの国から食糧を購入するために必要な措置がとられた。

ベルリンの全住民は、どの地区に住んでいようと、無条件に自らの食糧配給券でパンやそのほかの食糧を現在の配給ノルマに従って、ソ連占領地域で流通している通貨と交換で入手することができる」(42)。

東ベルリンのみならず、西ベルリンの食糧を賄うと表明していることから、これは明らかに「西ベルリン住民の心」をつかもうとする試みであった。現に、七月二二日には、八月一日から西ベルリン住民に対する配給を実施することが通達された(43)。しかし、七月二六日から八月三日までの最初の配給登録期間に登録を行った西ベルリン市民は、全体の一％強の二万二〇〇〇人にすぎなかった。一〇月には、四週間にわたって大々的な登録キャンペーンが展開されたものの、登録した西ベルリン市民は、最も多い一九四九年三月でさえも、全体の約五％の一〇万人にすぎなかった(44)。こうした状況を受け、在独ソ連軍政部もSEDも食糧供給を通じた西ベルリン市民の支持獲得政策を放棄せざるをえなくなった。四九年五月のベルリン封鎖終了と前後して、東ベルリンに配給登録していた西ベルリン市民は、再び西ベルリンで配給物資を受け取るよう促された[45]。ベルリン封鎖を契機に西ベルリン市民の「心」をつかもうとしたソ連の試みは、完全に失敗したのである。

同時に、より重要なこととして、ベルリン封鎖はソ連の対ドイツ経済政策の見直しをもたらした。ベルリン封鎖中の一九四八年一二月一八日に行われたスターリンとの会談の際に、SED議長のヴィルヘルム・ピークは次のように述べて、経済に対する統制を強化するよう提案した。

「反動も活気づき始めており、このことはサボタージュおよび投機行動に現れている。私企業経営者は国家から原料を入手するが、製品は闇市で売っている。私的資本分子を徹底的なコントロールのもとにおく必要がある。サボタージュおよび投機の可能性を予防するために、彼らに対して強い圧力をかける必要がある[46]」。

私企業に対する管理の強化とは、当時のソ連・東欧圏諸国の文脈では、企業の国有化と計画経済化につながる措置であった。

これに対して、ドイツ人民衆の「心」をめぐる競争を重視していたスターリンは、この提案がもたらす悪影響を恐れてこれを一蹴した。

「現在、ドイツ人民の注意を集中させる必要があるのは、人民民主主義諸国において提起されているような問題ではなく、ドイツ統一、平和条約、価格下落、賃金上昇、より良い栄養に関する問題である。これが全ドイツを統合するのであり、最も重要なことはこの点にある。まさにこれらの問題に関してあらゆる活動をする必要があり、これに関してしかるべく騒ぎ立てる必要がある[47]」。

このように、スターリンにとって「価格下落、賃金上昇、より良い栄養」などの現地住民の生活水準にかかわる問題は、ドイツ統一、平和条約締結に関するプロパガンダと並ぶほどの優先順位を持つものになっていた。だからこそ、スターリンは、これらが「ドイツを統合」すると述べたのである。

さらにスターリンは、同年三月の会談とは異なり、ドイツ人住民の生活水準に強い関心を示したうえで、「ウルブリヒトに原料問題について尋ね、我々はできる限りあなた方を支援したいと付け加えた」[48]。ウルブリヒトが食糧不足について言及すると、スターリンは「ソヴィエト政府にはチェコスロヴァキアとポーランドからも脂肪の要求がきた。この注文も検討しなければならない。必要ならば、穀物も与えることができる」と応じた。さらに、ウルブリヒトが鋼板の不足を訴えると、スターリンは「これについても検討する必要がある」と回答した[49]。この新たな方針の結果、東西間の貿易が停滞しつつあったこともあり、ソ連占領地域の対外貿易に占める東側諸国の割合は、一九四八年の四七%から一九四九年には五六%に拡大した[50]。

ソ連占領地域（一九四九年以降はドイツ民主共和国）の経済発展を通じてドイツ全土で民衆の支持を獲得するという方針は、ベルリン封鎖後も維持された。一九五〇年五月四日のスターリンとの会談の際に、ウルブリヒトは五カ年計画について、「ドイツ民主共和国は、五カ年計画作成の際に、ドイツ民主共和国の社会体制の西ドイツに対する優位を示す必要を前提としている」と述べ、ソ連からの鉄鋼供給を求めた。これに対して、スターリンは、「ドイツ民主共和国の財政と五カ年計画の負担を軽減し、その住民の生活水準を一層向上させることを可能にする」として、東ドイツが今後ソ連に支払う賠償額の半額を免除すると述べた[51]。また、彼は鉄鋼の供給に関しては述べなかったものの、「鉄鋼よりも鉱石を与えるほうが我々には容易である」と述べた[52]。しかも、グローテヴォールが、「ドイツ民主共和国は西ドイツに対する自らの社会システムの優位を示すであろう」という「確信」を表明したうえで、「ドイツ民主共和国における国民戦線のさらなる発展のための障害の一つ」は「労働者の賃金の十分な上昇がないこと」であると指摘するると、スターリンは「あなた方は一〇％賃金を上昇させた場合、何を失うのか。何が起こるというのか。破局か」と尋ね、賃金上昇を強く求めた[53]。なお、国民戦線とは、ドイツ統一等を訴えるために一九四九年一〇月に創設されたもので、人民会議の延長としての側面を強く持っていた[54]。以上のスターリンの発言からも分かるように、一九四九年の東ドイツ建国後も、スターリンは、西ドイツに対する東ドイツの優越性を示すために経済発展が必要だとして天然資源などの供給を求める東ドイツ指導部に対して、原料の供給を検討することを約束したのである。

このように、スターリンは、ベルリン封鎖後、西ドイツに影響を及ぼすという政治的な目的のために、東ドイツの経済的魅力を増大させるという方針にコミットし始めた。この時期には東ドイツから大量の工業製品が賠償として納入されていたため、ソ連が実際に東ドイツを経済的に「支援」していたわけではない。スターリンにも、本気で東ドイツを「支援」する意図などなかったであろう。そもそも、東ドイツに対する資源供給などの拡大は、冷戦の勃発に伴って東西間の経済的分断が進むなかで必要な措置であった。それでも、一連のスターリンの発言からは、こうした政策の裏で、一九四〇年代末という早い時期にソ連指導部内で体制間経済競争という論理が冷戦との関係のなかで萌芽的に生まれつつあったことが読み取れるのである。

四　コメコンの設立と天然資源

同時に、この時期にはソ連の対東欧経済政策でも変化が見られた。スターリンは、ソ連圏の経済を西側経済から切り離し、陣営内の経済関係を強化するために、一九四九年一月初頭にルーマニア、ハンガリー、ブルガリア、ポーランド、チェコスロヴァキアの東欧五カ国代表を集め、コメコンの設立を決定した。

その際、資源・エネルギー問題は、冷戦とも関係しながらコメコン経済協力において重要な役割を演じることとなった。この会合に参加したチェコスロヴァキア共産党書記長ルドルフ・スランスキーは、チェコスロヴァキアには天然資源があまりないので、「天然資源の輸入は、資本主義諸国への依存という点で我々の最大の弱点である」と述べ、社会主義諸国間の緊密な協力によってこの依存がなくなることに期待を示した。コメコン設立のためにモスクワに集まった東欧諸国の指導者を前に、スターリンも天然資源をめぐる東欧諸国間の協力に賛成したうえで、西欧に対する影響力を強化するためにも天然資源基盤の拡大は重要であると指摘し、次のように続けた。

「もし我々が我々自身の天然資源を生産すれば、ヨーロッパが我々に従うだろう。我々はイタリアに石炭を与えなければならない。我々は綿花をイタリアとフランスに供給しなければならない。もし我々が全ヨーロッパ諸国に天然資源を供給すれば、ヨーロッパにおけるアメリカの支配は崩壊するだろう。我々はフランスを助けなければならない。我々は、今後一〇年間の計画や展望を持たなければならない。自らの国が合衆国から自由になった場合、その国の労働者たちが石炭、綿花やそのほかの天然資源なしで取り残されることを恐れなければならないとしたら、西欧では革命運動は決して起こりえない。この恐怖は取り除かれなければならないし、もしそうなれば彼らはより勇敢に前へ進むだろう……。イタリアは石炭を必要としている。我々はこれを供給できるか。我々はできる。ヨーロッパは七〇〇万から八〇〇万トンの穀物を必要としている。我々はこれを供給できるか。我々はできる。十分な原油もあるだろう。ヨーロッパ全土のための天然資源の基盤を作ることは、〔一九四三年に解散した〕コミンテルンよりも重要だろう[55]」。

現実には、第二次世界大戦で甚大な損害を被ったソ連には、西欧諸国の労働者に供給できる食料や資源などはほとんどなかった。それでも、スターリンの考えでは、ヨーロッパの経済復興のために必要な天然資源を供給できるか否かが、コミンテルンのような共産党の連絡組織やプロパガンダよりも、ヨーロッパ全土への影響力をめぐる米ソ間の競争に勝利し、究極的にはヨーロッパで社会主義革命を生じさせるために重要だったのである。ここに、対ドイツ経済政策の場合と同様に、冷戦に勝利するために経済問題を重視するスターリンの考えを読み取ることができる。

このような構想に基づき、スターリンは一九四九年一月にコメコンの設立に踏み切った。一月二五日のコメコン設立に関する声明文のなかでも、マーシャル・プランの存在が強く意識されていた。それによると、マーシャル・プランは「諸国の主権やその国民経済の利害を侵害している」ので、ソ連・東欧諸国はマーシャル・プランの「強制」に従うことはできない。「経済的経験の交換、相互技術支援の提供、原料、食料、機械、設備等の面での相互支援の提供」などの課題を達成するために、「平等の代表権の基礎のもとに」経済相互援助会議を設立する必要があるという。なお、重要なこととして、コメコンでは、「関心を有する国の合意があった場合にのみ決定を採択する」と明記されていた。(56)

このように、少なくとも建前の上では、マーシャル・プランと異なりコメコンは加盟各国の主権や経済決定権を尊重すると強調されていたし、加盟各国にはコメコンにおける協議で事実上の拒否権が与えられていた。もともとソ連では、民族自決は最も基本的な国家の編成原理の一つと見なされており、連邦を構成する各共和国の主権を尊重していると主張されていた。したがって、平等な主権国家によって構成される経済共同体というコメコンの建前は、ソ連の国家編成原理と親和的であった。(57)

もちろん、現実には、ソ連と東欧諸国との関係は平等とは程遠いものであったし、ソ連が全ヨーロッパに資源を供給できたわけでもなかった。スターリンは、東欧諸国首脳との会談のほかに、東欧諸国に派遣されていたソ連内務人民委員部の職員や顧問団などを通じて、東欧諸国の政治に深く関与していた。経済面でも、スターリンは、地域経済の実情を無視して、重工業化路線をとるよう東欧諸国指導部に求めた。また、彼は、ドイツをはじめとする敗戦国から賠償を厳しく取り立てると同時に、ポーランド産石炭やルーマニア産原油を非常に安い価格で輸入したほか、ソ連に有利な条件で東欧諸国に合弁会社を設立するなど、自国の戦後復興のために東欧諸国を徹底的に搾取した。このように、東欧諸国に対する強い影響力を保持していたからこそ、スターリンは東欧諸国にコメコンの政策決定に関する拒否権を認めることができたのである。(58)

一九五〇年に朝鮮戦争が始まると、スターリンの関心はコメコンから離れたが、経済問題や天然資源の供給を冷戦に勝利するための重要な手段と捉える考え方は、スターリンの死後に権力闘争を勝ち抜いたフルシチョフのもとで全面的に展開されることになった。そこで、次にフルシチョフが強調した体制間経済競争について、ソ連の対東ドイツ経済政策とコメコン政策に注目しながら検討したい。

第二節　フルシチョフの対東ドイツ政策と体制間競争

スターリンがヨーロッパの住民に影響を及ぼすための手段として経済を捉えていたのに対して、フルシチョフは経済水準を冷戦の主戦場と見なした。しかも、フルシチョフは第三世界諸国に対する影響力の拡大を目指して積極的に経済支援を行ったため、体制間経済競争に勝利するという彼の方針は、ソ連の第三世界政策とも結びつきながらグローバルに展開されることになった。(59)そこで、本節では経済競争をめぐるソ連・東ドイツ指導部間の駆け引きを分析したうえで、フルシチョフのコメコン改革について分析していこう。

一　体制間経済競争と冷戦

一九五六年二月に開かれたソ連共産党第二〇回大会で、フルシチョフは次のように述べて、社会主義体制と資本主義体制の競争の場として経済を重視する姿勢を鮮明にした。

「資本主義体制と社会主義体制という二つの体制の競争において社会主義体制が勝利すると我々が言うとき、勝利は社会主義諸国による資本主義諸国の国内問題への軍事的介入によって達成されるということを意味するわけでは全くない。共産主義が勝利するという我々の確信は、社会主義的生産様式が資本主義的生産様式に対して決定的な優位を持っているという点に依っている(60)」。

この党大会を受けて、同年七月に、ソ連共産党指導部は、党組織向けの書簡のなかで、「ソヴィエト人民の物質的文化的生活水準向上」の重要性を強調し、これは単なる国内問題ではなく、兄弟党の前での国際的責務でもあると指摘した。経済的課題をどれだけ成功裏に達成できるかが「資本主義との競争……の成否を決める」とされたのである(61)。一九六一年一〇月には、スプートニク打ち上げ成功後の楽観的な雰囲気のなか、新しい党綱領は一〇年間でソ連は一人当たり生産高でアメリカを追い越すとまで宣言したが、このような宣言を行う背景にも体制間経済競争として冷戦を捉える見方が存在した(62)。

フルシチョフの理解では、この経済競争は米ソ間のみならず、二つの体制間で戦われるべきものであったことから、ソ連以外の社会主義諸国もこの競争に参加するものと見なされた。なかでも、ドイツでは資本主義の西ドイツと社会主義の東ドイツが競争関係にあったことから、フルシチョフから特に重要視された。そうであればこそ、ソ連指導部はソ連よりも高い経済水準を誇る東ドイツに対して経済的な梃子入れを行ったのである。この点について、フルシチョフ自身、次のように回想している。

「多くの様々な問題が、社会主義諸国間の関係で生じている。これらを提起して解決しなければ、仲たがいすることさえありうる。我々にとって腹立たしいことに、他の社会主義諸国はソ連を大きな乳牛と見なしている。だが、我々の生活は、我々が援助している国々の大部分よりも悪いのだ。生活水準は、住民一人当たりの消費で決まる。例えば、肉の消費を例にとろう。一九六四年に、ドイツ民主共和国では一年に一人当たり七五キログラムまで、チェコ人たちのところでは六五キログラムまで、ポーランド人のところでは年五〇〔キログラム〕、その次がハンガリー人で、その次にやっとソ連だが、肉について我々よりも悪いのはブルガリア人と二六キログラムのルーマニア人だけだ。私はいつだったかウルブリヒトに次のように言った。『ヴァルター、私は平等主義を求めるわけではないが、我々の状況を理解してくれ。我々は勝利者であり、我々はヒトラーのドイツを撃破した。なのに、君たちが国外で売却して肉を買い、住民一人当たり七五キログラムの年間消費量を確保するために、我々はドイツ民主共和国に穀物と外貨獲得用商品を与えている。だが、君たちは我々のことをどう配慮しているのか』。政治的考慮もこのような問題に本質的な影響を及ぼしており、とりわけ東ドイツではそうである。そこでは、生活水準はドイツ連邦共和国よりも高くなければならない。そうしてのみ、我々の側に全ドイツ人を引きつけることができるのである。だが、今のところ成功していない(64)」。[63]

このように、フルシチョフは「全ドイツ人」を東ドイツに引きつけるための主戦場として生活水準をめぐる競争を位置づけ、経済面で西ドイツよりも劣る東ドイツを支援しなければならないと考えたのである。

同時に彼は、世界中の民衆の「心」を社会主義体制の側に引きつけようとして、自国の経済発展モデルの普遍性をアピールし、多くの社会主義諸国やアジア・アフリカの新興独立国に「支援」を行った(65)。その際、フルシチョフが近代化のモデルとして特に重視したのが、ソ連や多くの途上国の地下に眠る天然資源を活用した国家主導の資源開発および重化学工業化であった。彼は、合成肥料、人工皮革、人工繊維などの化学製品の生産拡大について述べた際に、「我々は、ガスと石油の膨大な鉱床を持つ我が国は、この原料を利用して、これを我が国の富の源泉とする必要がある」と主張した。ここでフルシチョフは、ブレジネフ期に典型的なように、石油や天然ガスをそのまま輸出することで利益を得ようとしていたのではない。彼が注目したのは、石油やガスを原料とする化学工業製品の輸出であった。彼によれば、「我々は、アジア諸国は言うまでもなく、多くのヨーロッパ諸国に対して、ガスや石油を原料とする合成肥料や他の化学製品の大輸出国になることさえできる。それゆえ、我々は、もしかすると、西側の競争相手になることができるかもしれない(66)」。フルシチョフは、この目的を達成するために、西側から最新設備を購入することをためらってはならないが、いずれはこうした輸入機械を自国で生産できるようにならなければならないと主張した。これは、単にそのほうが経済的だからというだけではなかった。フルシチョフは続けて述べた。

「我々は最も強大な工業大国であり、社会主義的な〔大国である〕。我々は、これ〔設備〕を我々自身が作らずに購入しているために、経済的に低開発な国々を資本主義の側に追いやることのないよう、彼らにとっての吸引力を今後も強化しなければならない(67)」。

つまり、フルシチョフがソ連企業に対して西側の最新技術を習得するよう求めた背景には、発展途上国が経済の近代化のためにこれらの技術を必要とするようになったときに、ソ連から関連技術を提供することで発展途上国に対するソ連の「吸引力」を高めるという狙いもあったのである。

ただし、ソ連の経済力や技術力はアメリカに大きく劣っていたことから、ソ連一国の力で自国のみならず社会主義圏全体の経済水準を向上させながら、同時に第三世界を経済的に支援し続けることは不可能であった。そこで、ソ連の経済的負担を軽減すると同時に、社会主義圏全体の経済競争力を向上させることを目的として、フルシチョフはコメコン加盟諸国間の経済協力を強化することを目指した。すでにソ連共産党第二〇回大会において、彼はこの点について次のように述べた。

「緊密な経済協力は、生産資源および原料の最良の利用のための素晴らしい可能性を開き、各国の利害を社会主義陣営全体の利益とうまく調和させている。その際、最も重要なのは専門化と協力である。今日、各社会主義国には、長い間唯一の社会主義国であり、資本主義諸国に包囲されていたソ連が行わなければならなかったような、全重工業部門を必ず発展させなければならないという必要性はない。今や社会主義諸国の強力な共同体があり、その防衛力と安全は社会主義陣営全体の工業力に基づいているので、ヨーロッパの各人民民主主義国は、自国に最も有利な自然条件や経済条件があるような工業部門の発展や、そのような種類の製品の生産に専門化することができる。同時に、これによって農業や軽工業のためにかなりの手段を開放し、それによって各国民の物的・文化的需要をより完全に満たすために必要な前提条件が形成されている(68)」。

ここでフルシチョフが重要視したのは、コメコン域内の経済分業を推進することでコメコン加盟国全体の経済競争力を強化することであった。同時に彼は、分業や生産の専門化によって節約した投資手段を市民生活に直結する農業や軽工業部門に投下すれば、域内の生活水準向上につながるとも期待していた。このように、コメコン経済統合は、経済水準をめぐる冷戦を勝ち抜くための重要な手段と見なされていたのである。

二　東欧圏安定化政策と経済

同時に、フルシチョフが東欧諸国に対する経済政策を見直した背景には、スターリン死後の東欧諸国の不安定な情勢への対応という側面もあった。強引な重工業化の結果、一九五〇年代半ばまでに東欧諸国の経済は危機的な状態に陥っていた。一九五三年春以降、各地で劣悪な経済状態に抗議するストライキやデモが起こり、六月には東ドイツで大規模な蜂起にまで発展した。東欧諸国の政治的不安定化を恐れたソ連指導部は、極端な重工業優先の経済政策を見直すよう東欧諸国首脳に促した。クレムリン内の権力闘争に勝利したフルシチョフは、一九五六年二月のソ連共産党第二〇回大会の秘密報告でスターリン批判を行ったが、これは社会主義諸国にさらなる動揺と混乱をもたらした。六月末にポーランドのポズナンで発生した大規模デモは政治改革を掲げて急進化し、流血の事態へといたった。一〇月に、ソ連指導部の了承なしにゴムウカがポーランド統一労働者党の第一書記に就任したことで、ポーランドにおける危機はピークに達した。ポーランドの東側陣営からの離脱を恐れたフルシチョフは、ポーランドへの軍事介入の可能性すら検討し、ポーランド駐留ソ連軍部隊のワルシャワへの移動を指示すると同時に、ワルシャワでゴムウカと直接交渉した。最終的に、ポーランドは社会主義陣営内にとどまり続けるとのゴムウカの約束をフルシチョフが受け入れたことで、ポーランドへの軍事介入は回避された。しかし、ハンガリーでは、ソ連指導部は危機管理に成功しなかった。一〇月にハンガリーの首都ブダペストで学生らによるデモが急進化すると、ソ連指導部は軍事介入に踏み切った。この事件以後、ソ連指導部は、東欧諸国の政治的不安定化を非常に恐れるようになり、同地域の政治的安定を維持するために様々な経済的譲歩を行うようになった(69)。

このような対東欧経済政策は、ハンガリー事件の翌年六月に起こった「反党グループ事件」の際に争点の一つとなった。フルシチョフ派と反フルシチョフ派の双方が、主に相手方を貶めるという権力闘争の文脈でこの問題について論じた。そして、この過程で東欧諸国に対するより積極的な支援を主張するフルシチョフの主張が強化されることになったのである。

ことの発端は、一九五七年六月一五日の党中央委員会幹部会における議論であった。このとき、翌一九五八年分の東欧諸国への設備や機械の発注に関する提案が審議されたが、慎重論が相次いだために決定は見送りとなった。この幹部会の席上、モロトフ外相は、「これらすべてがどう一致され、我々がどれくらいしっかりした根拠のもとに計画をしているのかについて、疑いを表明」した。マレンコフ首相代理も、東欧諸国の「設備の品質について綿密に調べるべきだ」と提案に消極的であり、ラザリ・カガノヴィチ第一首相代理も、計画のバランスがとれないことへの懸念から、「バランスがない。なぜ我々は工作機械を注文しているのか」と反対意見を表明した。幹部会員が次々に発注に対する反対を表明するなか、フルシチョフは、「延期は何を意味するのか。これは注文を断ることだ。そうなったら、〔彼らは〕借款を求めてやってくるだろう」と述べた。つまりフルシチョフは、ソ連が東欧諸国に工業製品を発注しない場合、東欧諸国はソ連から資源を輸入するために借款の供与を要求するのではないかと懸念したのである。これに対して、ミハイル・ペルヴーヒン第一首相代理は、「果たして我々は〔それを〕真に受けなければならないのか」と反論し、クリメント・ヴォロシーロフ最高会議議長も「閣僚会議で検討する必要がある」と述べ、フルシチョフの提案に反対した。このように発注反対論が相次いだため、この議題に関する採決は延期された(70)。

ここで、モロトフ、マレンコフ、カガノヴィチらが東欧諸国に対する経済支援の一環としてこれらの国々に大量の設備・機械製品を発注することに反対したのは、彼らがこの方針そのものに反対だったからではないであろう。彼らの主な狙いは、このような問題でフルシチョフの政策遂行を妨害しつつ、フルシチョフの追い落としを準備することにあったと見られる。現に、三日後の六月一八日の幹部会会議で、彼らはフルシチョフの退陣を要求した。このクーデタは成功するかに見えたが、フルシチョフが退陣を拒否している間に、ジューコフ国防相らが軍用機で中央委員をモスクワに集めたため、形勢が逆転した。モスクワに集まった中央委員は中央委員会総会の開催を要求し、孤立無援となったモロトフら反フルシチョフ派は、この要求を受け入れざるをえなかった。フルシチョフは、間一髪のところで危機を脱出したのである[71]。

二二日から開催された中央委員会総会では、フルシチョフ派が反フルシチョフ派を徹底的に攻撃した。その際、対東欧・東ドイツ経済政策をめぐる反フルシチョフ派の姿勢がやり玉に挙げられた。アナスタス・ミコヤン第一首相代理は、この問題が孕む政治的なニュアンスに聴衆の注意を向けようとした。

「設備をくれるのは、主にドイツ民主共和国とチェコスロヴァキアだ。もし我々が、労働者が自らの共産党政府を支持している東ドイツ[72]内の体制を強化しなかったら、我が軍は炎に包まれることになるだろう。だが、あそこには五〇万の軍が駐留している。我々はドイツの住民の好意的な態度を失うことはできない。もし我々が好意的な態度と信頼を失ったら、これは東ドイツを失うことを意味する。では、東ドイツを失うとは何を意味するのか。我々はこれがどういうことか知っているし、だからこそ東ドイツの工業をフル稼働させる必要があるということを前提としている。そうすれば、ドイツ民主共和国の労働者たちには仕事があるだろうし、我々が必要とするものを与えてくれるだろう。さもないと、我々は設備を交換にもらうことなく、ドイツ民主共和国に商品も食料も与えなければならないだろう。私は、我々のこのような立場は絶対的に正しいと考える[73]」。

ここでミコヤンが繰り返し指摘したのは、東ドイツやチェコスロヴァキアなどに工業製品を発注し、それと引き換えに資源や食料などを供給するという経済政策を実施することの政治的意味であった。東ドイツ工業をフル稼働させ続けることで、東ドイツ経済を維持しない限り、ソ連は東ドイツ市民の「信頼」を失うことになり、最終的には東ドイツを「失う」ことになる、と彼は主張した。つまり、ソ連の対外経済政策の最高責任者であったミコヤンにとって、東ドイツとの経済関係は経済問題というよりも政治問題だったのである。

同時に確認しておきたいのは、ミコヤンがこの東ドイツとの経済関係について、あえて一九五七年六月の中央委員会総会で触れたことの意味である。この総会は、党指導部内の権力闘争の行方を決定づける重大な総会であり、党幹部から非常に注目されていた。その場で、彼は東ドイツやチェコスロヴァキアの経済に梃入れをすることの重要性を説き、聴衆から「正しい」という承認の言葉を得たのである。この聴衆の賛同に力を得て、ミコヤンは続けた。

「社会主義陣営は作られたのだから、これを強化し、動揺させないことが重要だ。もし今日注文なしで東ドイツとチェコスロヴァキアをそのままにしたら、社会主義陣営全体が軋むだろう。もし我々が注文を与えることができないのなら、そのような陣営は誰にとって必要だというのだ。というのも、問題は次のようなものだ。ドイツ民主共和国の労働者を無料で食べさせるか、それとも発注をするか。あるいは、さもなければ、ドイツ民主共和国を完全に失うか」〔傍線は原文〕[74]。

つまり彼は、ソ連が東ドイツやチェコスロヴァキアなどの工業製品を購入し続けることで、これらの国々の工業製品の販売市場となり続けない限り、社会主義陣営は誰からも必要とされなくなると主張したのであった。一九五六年のハンガリー事件を繰り返さないために、ソ連指導部にはそれ以外の選択肢は考えられなかったのであろう。

三　体制間経済競争の場としてのドイツ

このように、フルシチョフの対東欧経済政策は、体制間経済競争と東欧圏の安定という二つの動機に基づいて進められた。そして、この二つの点でフルシチョフにとって最も重要であったのが東ドイツであった。彼は、一九五六年七月一〇日にイタリア共産党の代表に次のように述べた。

「我々はドイツ民主共和国の同志たちのすべての願いを完全にかなえたが、このことは彼らが西ドイツとうまく戦いを行うことを可能にするだろう。人民民主主義諸国の指導者たちもまた、ドイツ民主共和国への共同支援が必要であると同意した。今日、ドイツの二つの部分で繰り広げられている戦いに勝利することは、全ドイツをめぐる戦いに勝利することを意味する。ドイツの労働者や住民に、社会主義システムの目に見える優越性を示す必要があるが、ベーコン、肉、靴こそがこの根本的な優越性なのだ。我々はドイツ民主共和国への援助において過大な分担を引き受けた(75)」。

一九六一年にベルリンの壁が建設されるまでは、フルシチョフは東ドイツを経済的に支援することで、西ドイツとの経済競争に勝利させようとしていたのである。

このような東ドイツ経済への梃子入れは、東ドイツから西ドイツへの人口流出が続いていたために、特に必要とされていた。一九五五年から一九五七年にかけて毎年二五万人以上の東ドイツ市民が西ドイツに流出したため、東ドイツ当局は一九五七年秋に西ドイツへの旅行許可証の発行を大幅に減らした。この結果、一九五八年の許可証の発行件数は一九五七年の約二八〇万件から六〇万件に減少した。また、一九五七年一二月には旅券法が変更され、西ドイツが外国になり、西ドイツへの不法出国は三年以下の禁固刑の対象になった(76)。しかし、なおも西ドイツへの移住を目指すものは、ベルリンが四カ国占領下にあり、東西ベルリン間の行き来が自由であることを利用し、西ベルリン経由で西ドイツへの脱出を図った。この結果、西ドイツへの逃亡者のうち、西ベルリンを経由するものの割合は一九五七年の六〇％から一九五八年には九〇％以上に増加した(77)。さらに、同年には逃亡者の全体数は減少したものの、高学歴者の数が増加した[78]。高学歴者の東ドイツからの流出を受けて、当時、ソ連共産党中央委員会社会主義国共産党・労働党連絡部〔以下、社会主義諸国部〕長であったユーリー・アンドロポフは、一九五八年八月二八日に党中央委員会宛の手紙のなかで、「ドイツ民主共和国からのインテリゲンツィアの逃亡は特に危機的な状態になった」ので、この問題についてウルブリヒトと協議するように勧めた[79]。

フルシチョフ自身、早くから東ドイツ国民の西ドイツへの流出問題に関心を持ち、一九五六年七月には、東ドイツ指導部に対し、「共和国逃亡、特に若者と知識人の逃亡を止め」るために努力するよう促していた[80]。また、一九五八年五月のコメコン総会の席上、彼は、「共和国逃亡は経済状況により規定される。もし我々がドイツ民主共和国を放置したら、ドイツ民主共和国はいかなる成果も収めることはできない」と述べて、ソ連のみならず他のコメコン諸国も東ドイツを経済的に支援するよう要請した[81]。

東ドイツ指導部も手をこまねいていたわけではない。東ドイツ政府は食料配給制を廃止するなど、市民に生活水準の向上を実感させるような政策を強化していった。同時に、東ドイツ指導部は、生活水準の向上のためにはソ連のさらなる支援が不可欠であると認識していた。東ドイツ首相グローテヴォールは、一九五八年春にフルシチョフ宛書簡のなかで、東ドイツの一九五六年以降の経済成長率は社会主義国中で最低であり、主な物資の一人当たり消費量で東ドイツは西ドイツよりも著しく低く、「現在の前提のもとでは西ドイツに追いつき、追い越すのは不可能である」と述べた。さらに、同年五月二〇から二三日にかけてモスクワで開かれたコメコン総会において、東ドイツ国家計画委員会議長のブルーノ・ロイシュナーは、両ドイツ問題は「平和問題および社会主義世界システムのさらなる発展の問題」にとり決定的に重要であるので、「これまで以上にドイツ民主共和国における経済成長を支援する必要がある」と述べ、コメコン諸国の支援を要求した。このような東ドイツの要求を受け、この会議に参加していた東ドイツ外務次官オットー・ヴィンツァーの報告によれば、「同志フルシチョフは、もし必要ならば、東ドイツを助けるためにソ連はその出費を切り詰めるだろうと強調した」[82]。

このようなソ連からの経済的な支援を当てにして、東ドイツ指導部は一九五八年七月の第五回ＳＥＤ党大会の決定で、非常に野心的な「経済の主要課題」を採択した。

「経済の主要課題は、社会主義的社会秩序の資本主義的支配に対する優越が包括的に示されるよう、短い期間のうちに国民経済を発展させることにある。それゆえ、すべての重要な生活物資や消費財に関して、勤労住民一人当たりの消費が、西ドイツ住民全体の一人当たりの消費よりも高くならなければならない。この課題は、社会主義的社会秩序と資本主義的社会秩序の間の平和共存と平和競争をめぐる世界規模での戦いにおける我々の共和国の割り当てであり、この戦いで我々の社会主義的秩序の優越性が証明されるのである。すなわち、経済の主要課題には深い政治・社会的内容があり、この解決は、ドイツ民主共和国における労農権力と社会主義陣営の強化に貢献するのである」[83]。

この表現には、東ドイツ指導部が考え出した表現上のレトリックが存在する。就労者一人当たりの消費水準と国民一人当たりの消費水準を比較した場合、普通は前者のほうが数値が高くなる。つまり、短期間で西ドイツの消費水準に追いつくことが不可能であることをよく承知していた東ドイツ指導部は、東ドイツの就労者一人当たりの消費量が西ドイツ国民全体の平均値を上回るという目標であれば達成可能であると判断し、これを目標として設定したのである。フルシチョフは東ドイツ指導部の方針を後押しすべく、一九五九年以降東ドイツに駐留するソ連軍の駐留費を全額免除すると宣言した[84]。

しかし、ソ連・東ドイツ指導部の努力にもかかわらず、状況は改善しなかった。「経済の主要課題」採択のわずか二カ月後の九月に、ハーバート・グリューンシュタイン東ドイツ内務次官は、ソ連側に、「主要課題」は住民流出の問題にとりむしろ逆効果であったと認めた(85)。フルシチョフ自身、彼の通訳によれば、一九五八年のウルブリヒト訪ソの際に、「東ドイツを社会主義のショーウィンドーに変えなければならない」と述べる一方で、「ヴァルター、このことを理解してほしい。開かれた国境では我々は資本主義と競争できない」と述べた(86)。フルシチョフも、何らかの抜本的な措置をとる必要があると認識していたのである。

しかも、この時期、フルシチョフが頭を悩ませていたのは、東ドイツの国内情勢だけではなかった。当時、ＮＡＴＯ内で加盟国へのアメリカの核兵器配備が検討されていたことから、ソ連指導部はこの問題にも対処する必要に迫られていた。すでに一九五七年末に、アメリカはＮＡＴＯ加盟国への核兵器配備を提案し、北大西洋理事会の閣僚級会議で承認されていた。ただしその際、ミサイルなどの核兵器運搬システムに関しては基地が置かれた国が、核弾頭はアメリカ軍が管理し、有事の際にはＮＡＴＯ軍に渡されるという条件が付されていた。各国が独自の判断でこの核兵器を使用する可能性を排除するための措置であった(87)。フルシチョフは、この措置を、西ドイツ「核武装」につながる動きと捉えて強く警戒し、西側諸国を交渉のテーブルにつかせるための方策を検討していたのである。

その方策こそが、一九五八年一一月二七日付の「最後通牒」であった。フルシチョフは、米・英・仏三国および東西両ドイツ政府に、ベルリンに関する覚書を手交した。そのなかで、フルシチョフは、連合国による占領体制終了後の西ベルリンを、非武装化された「自由都市」とすることを提案した。米・英・仏三国が西ベルリンに軍部隊を駐留させていることからも分かるように、この提案は西側三国軍の撤退を狙ったものであった。そのうえ、フルシチョフは、二つのドイツか統一ドイツとの間で、平和条約を締結することも提案した。さらに彼は、もしこの提案が六カ月以内に実現されなければ、ソ連は東ドイツと平和条約を締結し、西ベルリン・西ドイツ間の交通ルートの管理権を東ドイツに譲渡する、と脅した。この「最後通牒」は、ベルリン封鎖が繰り返されることを恐れていた西側諸国に強い衝撃を与えた。[88]

この「最後通牒」によって始まった第二次ベルリン危機中、ソ連は東ドイツに積極的に支援を行った。一九六〇年九月に、西ドイツ政府が両ドイツ間貿易協定の同年末の解約を示唆すると、東ドイツ政府はソ連・東欧諸国との経済関係を強化することで、西ドイツへの経済的依存から脱却しようと試みた。[89] 一一月にフルシチョフは、ウルブリヒトに、「我々は東ドイツが必要とするだけの金属を与えなければならない」と述べ、東ドイツの要求に最大限応じる姿勢を示した。しかし、そのフルシチョフにしても、「あなた方は、いつも我々に寄りかかるのではなく、自分の足で歩くことを覚えるべきだった」と述べ、度重なる東ドイツからの経済支援要請に苛立ちを示した。また、東ドイツ指導部が金六八トンを供給するよう求めると、「こんなことは考えられない」と一蹴した。[90] 一九六一年一月にミコヤン第一首相代理は、モスクワを訪問した東ドイツの対外貿易・ドイツ内貿易省幹部ハインツ・ベーレントに対して、西ドイツおよび西ベルリンとの貿易を最大限活用するよう求めた。明らかにミコヤンは、東西両ドイツ間の貿易によって、「ソ連の負担を軽減することができる」と期待していた。さらに彼は、当時西ベルリンの地位をめぐって米ソおよび東西両ドイツ間で緊張が続いていたにもかかわらず、西ベルリンとの貿易を拡大するよう要求した。[91]

一九六一年八月にベルリンの壁が建設され、東ドイツから西ドイツへの住民流出が止まると、ソ連指導部は、国内経済が問題を抱えるなかで、自国よりも経済水準の高い東ドイツを経済的に支援し続けることに消極的になった。それでもウルブリヒトは、ソ連からの天然資源などの供給を繰り返し要求した。さらに彼は、一九六二年二月のフルシチョフ宛書簡のなかで、壁建設後もソ連との「経済共同体」を維持するよう求めた。彼の考えでは、この「経済共同体」は「社会主義世界経済の統合の質的に新しい段階の始まり」となるべきであった。明らかにその目的は、東ドイツが必要とするソ連からの原燃料を確保し、西ドイツへの経済的依存を減らすことにあった。[92] 二月二六日のフルシチョフとの会談の際にも、ウルブリヒトは、「我々の経済を西ドイツへの依存から解放するという課題が解決されなければならない」と述べて、ソ連・東ドイツ間の二国間経済計画の調整をより緊密に行うよう求めた。この会談で彼が特に強く求めたのが、ソ連からの原燃料のさらなる供給であった。彼は次のように資源の追加供給を要求した。

「原料に関して言えば、ドイツ民主共和国への原料の輸出に関する規則が変更されることを、いつ当てにしてよいのか、我々は知りたい。例えば、電力は君たちのところでは我々のところよりも六倍も安い。いつになったら、君たちから電力供給を受け取ることができると期待してよいのか。今日、我々には十分な電力がない。ときには、我々は輸出のために稼働している工場を閉鎖することさえしなければならない。石炭をめぐる状況も同様である。我々の石炭産業への投資は、経済的観点からすればナンセンスである。石炭では、我々の地質的条件は悪い……。資本主義者であれば、このようなシャフト〔鉱山のたて孔〕はだいぶ前に放棄していたことだろうが、我々はまず、いつ君たちから石炭をもらうことができるのか知らなければならないので、このように行動すること〔石炭を採掘し続けることを〕を強いられているのである[93]」。

このように、ソ連による原料供給が不十分であることをウルブリヒトが批判したのに対して、ソ連第一首相代理コスイギンは、「昨年、我々はあなた方に二〇〇万トンの石炭を供給した、今年は二五〇万トンを供給するだろう」と反駁した。フルシチョフも、「我々はこの問題に小売商人のようにアプローチしてはならない」と述べて、ウルブリヒトの議論の仕方を批判した。その一方で、フルシチョフは、東ドイツ指導部が置かれた厳しい状況も認識していた。彼は、「我々は機関銃のみに頼ることはできない。問題はこうである。あなた方の経済が西側と競争できるか、さもなければあなた方は打倒される。もし私があなたの立場なら、おそらく私も同じことを言うだろう」と述べて、東ドイツ側の要求にも理解を示した。

しかし、東ドイツからの経済支援の要請にコスイギンは応じようとしなかった。東ドイツ国家計画委員長ロイシュナーは、東ドイツの投資の七割がエネルギー技術、石炭・化学工業に割かれ、それ以外の分野には投資総額の三割しか残っていないと述べて、東ドイツの経済的苦境を訴えた。彼によれば、「西ドイツの圧力」に対抗するために、東ドイツは生活水準を向上させてきたが、その結果として「我々はもう長いこと自らを食べている」という。彼は、さらなる投資が必要だが、東ドイツでは国民所得の二割しか貯蓄に回っておらず、八割を消費していると述べて、ソ連からのさらなる借款の供与を要請した。これに対してコスイギンは、東ドイツでは医療の無償提供や保養地があり、包括的な住宅建設などに関する投資が実施されているが、これらすべては「適切ではない投資」だと反論した。このコスイギンの指摘にウルブリヒトは反発した。彼によれば、東ドイツには完全に戦災から復興した都市はほとんどなく、「再建のための決定は我々の住民のために必要であるし、西ドイツに対する手段としても必要だ。人々が自分たちの故郷で生活しているのであって廃墟で生活しているのではないのだと感じるために、諸都市の再建のための手段を準備することが必要だ。これは重要な政治問題だ……」という。[94] このように、ウルブリヒトにとって経済問題は常に西ドイツとの経済競争という政治問題と関連していた。だからこそ、彼は繰り返しソ連との経済関係の緊密化やソ連からの資源供給の増大を要求したのである。

しかし、ソ連にはこの東ドイツの要求に応じ続ける余裕はなかった。ソ連では、一九六二年の肉・牛乳・バターなどの小売価格引き上げを契機に、各地で民衆のストやデモが起こり、ノヴォチェルカスクでは流血の事態にまでいたった。[95] 一九六三年には干ばつの影響で記録的な不作となり、ソ連は急きょ一九六三年から一九六四年に七三〇万トンの穀物を主に西側諸国から輸入せざるをえなくなった。[96] 工業もフルシチョフが期待したほど伸びなかった。第六次五カ年計画の最初の三年間（一九五六―一九五八年）に平均八・六％のペースで成長していたソ連工業は、第六次五カ年計画の途中で採択された七カ年計画期（一九五九―一九六五年）には平均五・七％の成長率に後退した。[97] こうした状況を受けて、一説によると、ソ連側は東ドイツ国家計画委員会議長カール・メーヴィスに対して、東ドイツを「社会主義のショーウィンドー」にすると言うのなら、自力でやるように求めたという[(98)]。

このように、ソ連自身が経済問題を抱えているなか、ソ連指導部は東ドイツに対する天然資源の供給を拡大し続けることに、次第に消極的になっていった。他の東欧諸国もソ連に対して東ドイツと同様の要求を繰り返していたことから、フルシチョフは、コメコン域内の経済協力を活性化させることでソ連の経済的負担を軽減しつつ社会主義圏全体の経済力を向上させようとして、コメコン経済統合の強化に努めた。同時に彼は、東ドイツで不足する天然資源については、アルジェリアをはじめとする中近東・アフリカ諸国の資源を輸入することで対処するよう強く求めるようになった。そこで、次に、フルシチョフのコメコン政策について整理しておこう。

四　フルシチョフのコメコン統合政策

既述のように、フルシチョフはすでに一九五六年のソ連共産党第二〇回大会で、コメコン域内における生産の専門化と分業の強化を訴えていた。これを受けて、この党大会後、コメコンの機構を整備する動きが始まった。同年五月に開催された第七回コメコン総会では、農業、化学、石炭、電力、機械製作、鉄鋼、非鉄金属工、対外貿易、石油・ガスなどの経済分野ごとに常設委員会を設置することが決定された。また、この総会では、機械六〇〇品目に関して各国別に専門化に関する勧告がとりまとめられた[(99)]。

翌一九五七年三月に、ヨーロッパ経済共同体（ＥＥＣ）とヨーロッパ原子力共同体（ＥＵＲＡＴＯＭ）の設立が決定され、その成果がソ連でも認識され始めると、次第にＥＥＣに対抗してコメコンも本格的に改革を進めるべきだとする声が関係機関のあいだで強まった。そこで、一九六〇年にソ連外務省国際経済組織部は党中央委員会にコメコン改革案を提出した。この提案では、明らかにＥＥＣの共通通商政策の影響を受けて、資本主義世界に対する社会主義陣営の対外貿易体制の確立、社会主義陣営への「単一通貨」の導入、コメコンを協議機関から「社会主義諸国の経済協力の実務的な指導と組織化のための作業機関」に改造することなどが提案された。[100]

当初、この提案はソ連政府内で退けられたものの、EECの成功が明らかになるなかで、その一部は次第に受け入れられていった。そして、一九六二年六月にポーランドの提案で招集されたコメコン諸国の党首脳会議で、フルシチョフはコメコンの本格的な改革を訴えた。[101] この改革をめぐるフルシチョフの見解は、同年二月のウルブリヒトとの会談における彼の発言から読みとることができる。この会談で、フルシチョフは、域内経済協力の重要性に言及し、「西側の資本主義者たちは我々よりも早くこれを理解した」と指摘した。彼によれば、彼のもとを訪れたポーランドのゴムウカやハンガリーのヤーノーシュ・カーダールなどが経済に関する「社会主義陣営の努力の統一」に関する問題を提起したが、このことを「聞くのはとても気持ちが良かった」という。つまり、フルシチョフは、域内経済協力は東側よりも西側で進んでいることを率直に認めたうえで、経済協力に関する問題を提起したゴムウカたちの発言を称賛したのである。

これに対して、東ドイツの代表者たちはコメコンにおける経済協力の進展に懐疑的であった。東ドイツ国家計画委員会議長ロイシュナーは、「経済相互援助会議は何ももたらしていない」と述べたフルシチョフに対して、「それは何ももたらしえない」と返答した。これに対して、フルシチョフは、「それはもたらしうるが、〔現在のところ〕何ももたらしていない。しかし、我々は待つのではなく、今すぐにでもお互いに交渉すべきだ」と応じ、コメコン改革に意欲的な姿勢を見せた。しかし、ウルブリヒトの反応は冷ややかなものであった。

「我々はもはや社会主義陣営における協力については語らない。かつて、我々はたくさん語っていたが、今やもう私は、私の同志たちにこう言う。黙って、ソ連との協力を組織するように、と」。[102]

このように社会主義陣営内の協力の可能性を醒めた目で見るウルブリヒトに対して、フルシチョフも次のように述べて、域内経済協力が難しいことを認めた。

「我々はみな良い同志であり、共産主義者だが、我々には強い権力への志向があり、みながすべてを自らやろうとする。七年前、私はルーマニアにいったが、そこでトラクター工場を見せてもらった。彼らのトラクターは劣悪だった。そこで私は、様々な種類のトラクターの生産を、個々の国々に割り当てる必要があると言った。ルーマニア人は、あたかも私が彼らのトラクターを彼らから奪おうとしているかのように、私のことを見つめた」。

ウルブリヒトがルーマニアはトラクターに関する合意を守らなかったうえ、ルーマニアのトラクターの品質は東ドイツのものよりも悪いと指摘すると、フルシチョフも「あらゆる種類のゴミを生産するのを認めるべきではない」と述べて、ウルブリヒトに同意した。「だが、誰がそのような指示を出すのか」とウルブリヒトが問いかけると、フルシチョフは「我々が指示を出すべきだが、我々はこれをすることができない。というのも、多くのものにとって、共産主義よりもナショナリズムが優先されるからだ。帝国主義者は、我々に対して闘うことですでに合意したが、我々はまだだ」と述べ、コメコンでは国連の「軍縮委員会のように」合意形成の見込みがないことを認めた。さらに、フルシチョフは、「我々のところでは、社会主義諸国はアウタルキーを志向し、消費財生産を発展させている。もし彼らがトラクターを輸出しようとしていたら、とっくの昔に破産していただろう」とも述べて、域内経済統合に消極的な東欧諸国を批判した。この一連の応酬からも明らかなように、一九六〇年代初頭までに、東欧諸国は西欧諸国以上に経済的ナショナリズムが強く、コメコン経済協力の促進は困難であるとの認識が、フルシチョフとウルブリヒトの間で共有されていたのである。

ウルブリヒトはさらに社会主義陣営内の経済関係に関する批判を続け、ケネディは「共通市場」の有用性を宣伝しており、この宣伝が住民の間で効果をあげているが、「我々には同様の対抗構想がない」と指摘した。彼によれば、「我々のところで近代的なのは決議のみ」であり、「実際的な諸問題では我々は遅れている」という。このように、彼は東側陣営の経済統合が西側よりも遅れていることを批判したうえで、次のように指摘した。

「ここで問題となっているのは小さな問題ではない。我々の経済専門家たちは、社会主義諸国が資本主義諸国よりも高い水準での協力を確保できるかどうかに関心がある。そして彼らは次のような結論を導き出している。もし社会主義諸国がこれを保証できないのであれば、明らかに〔東西間の〕勢力関係は、プロパガンダが信じさせたがっているものとは異なっている」。

つまり、ウルブリヒトは、ソ連・東欧諸国もEECの経済統合に対抗できるだけの経済共同体構想を作成し、それを実現していく必要があるが、実際には全く実現できていないことを批判したのである。これに対してフルシチョフは、「あなたは完全には正しくない」、「西側における統合は国際的ではなく一国内の性格を持つものである。それは利益への関心に基づいてコンツェルン間で存在している」が、「我々の社会主義陣営では、我々はすでに今日この問題のより高次の理解に到達した」と主張した。そのうえで彼は、「今が我々がこの道をさらに深化させなければならないときだ」と述べて、コメコン経済統合の必要を強調した。(103)

このように、フルシチョフはEECの成功を強く意識しながら、これに対抗するためにコメコン経済統合の強化に乗り出した。一九六二年六月のコメコン諸国の首脳会議の場で、彼は、「旧世界に決定的な打撃を与える主戦場」として「経済分野」を位置づけ、この闘争に勝利するためには「体制全体」の規模で「あらゆる長所」を利用する必要があると主張した。具体的にフルシチョフが求めたのは、各国の長期国民経済計画の調整であった。それも、従来のようにすでに各国で承認された国民経済計画を調整するのではなく、主要生産部門についてコメコン加盟諸国の「単一の計画」を作成することで、「我々の生産諸力の有機的統合の道をさらに進むこと」が求められた[104]。このようなコメコン経済統合の終着点としてフルシチョフが思い描いていたのは、各国経済の完全な「融合」であった。この点について、フルシチョフは次のように述べた。

「すでに資本主義諸国が共産主義に対する闘争における力の統合のために、自らの主権の部分的制限の道を進んでいるのならば、共産主義者・国際主義者が率いている我々社会主義諸国もまたなおのこと、常に我々の偉大なる大義の共同の利益を考えなければならない……。私は『共通の釜』、つまり各国の生産諸力の完全な即時融合を提案しているわけではない。我々はまだそこまでは成長していないが、我々がこの偉大なる目標のためにも成長し、成熟するだろうことを私は固く信じている[105]」。

つまりフルシチョフは、社会主義諸国の経済の「融合」を最終目標として掲げたうえで、そのために経済運営に関する各国の主権を制限する必要があると主張したのである。そして彼は、コメコン諸国の経済発展を調整するために、各国共産党第一書記と首相が指導するような「高い権限を持った機関」を設立するよう求めた[106]。同年八月には、フルシチョフは、この演説の内容を編集したうえでソ連共産党中央委員会の理論・政治雑誌『コムニスト』に発表し、改めて世界社会主義システム全体を包括するような「単一の有機体」を徐々に作り出す必要があり、主要な産業部門について「単一の計画」を作成すべきであると主張した[107]。フルシチョフは、社会主義経済体制が全体として体制間経済競争に勝利するために、コメコン諸国の経済計画の完全な統合を目指したのである。

このフルシチョフの提案はルーマニアの強い反発を招いた。東ドイツ国家計画委員会議長ロイシュナーの報告によれば、コメコンの会合でルーマニア代表は、経済計画の調整や専門化で得をするのは東ドイツ、ソ連、チェコスロヴァキアだけであると非難し、「真の国際協力」はルーマニアの経済水準が東ドイツやチェコスロヴァキア並みに発展したときにのみ可能であると主張した。彼らはまた、ルーマニアは「他国の農業面での付録」でも「半植民地」でもないと強調したという。[108] 最終的に、コメコン経済統合をめぐるソ連とルーマニアの対立は、一九六四年四月にルーマニア労働者党がコメコン経済統合に反対する声明文を発表したことで公然化した。この声明文のなかで、ルーマニアは、「国民経済の計画的管理は、社会主義国家の主権の基本的な、本質的な、そして奪うことのできない権限の一つである」と主張し、共同計画作成、単一の計画機関設立などのフルシチョフ提案に対する全面的反対を表明した。[109]

ルーマニアがコメコン経済統合を阻むことができたのは、前述のように、コメコン加盟国に事実上の拒否権が存在したためであった。一九五九年に採択された定款でも、加盟国の「完全な主権、同権」の尊重が謳われており、ルーマニアはこうした原則を根拠に、EECの例に倣って加盟国の主権の一部自発的譲渡による経済統合を推進しようとするフルシチョフの試みに対峙することができたのである。[110]

ただし、フルシチョフの提案に明確に反対したのはルーマニアだけであったが、ほかのコメコン加盟国もフルシチョフの提案には懐疑的であったと見られる。というのも、多くのコメコン諸国は各国の経済計画の調整に必要なデータを提出しなかった。それどころか、ソ連の経済機関にも、多国間で経済計画を作成するのは非現実だとしてフルシチョフの提案に抵抗するものがいた。結局、フルシチョフの提案はルーマニアの公然とした反対と、ほかの東欧諸国やソ連内部からの消極的な抵抗のために失敗に終わった。[111]

そこでフルシチョフは、一九六四年九月に党中央委員会幹部会に提出した覚書のなかで、ルーマニアを除くコメコン加盟五カ国との「首尾一貫した経済協力実現のための実際的措置」を作成するために、ソ連・東欧経済関係の諸問題を研究するようソ連の関係機関に求めた(112)。しかし、フルシチョフには、この新たな方針を具体化するだけの時間は残されていなかった。翌一〇月に彼は失脚し、ソ連共産党第一書記および首相の職を辞した。コメコン域内経済統合を進めるという課題は、フルシチョフを失脚させたブレジネフとコスイギンに引き継がれることになったのである。

第三節　天然資源の供給をめぐるソ連・東ドイツ関係とアルジェリア

フルシチョフのコメコン経済統合の試みが進まなかった一方で、東ドイツ指導部は「ベルリンの壁」建設後も原燃料不足を解消するために、さらに多くの天然資源をソ連に要求するようになった。その際、ソ連・東ドイツ間の議論の争点となったのが、東ドイツの経済水準に関する問題であった。ウルブリヒトが、体制間経済競争というフルシチョフの論理を巧みに利用して、東ドイツの経済水準は西ドイツよりも低いため、ソ連からのさらなる天然資源等の供給が必要であると主張したのに対して、フルシチョフは、東ドイツの経済水準は十分に高いことを根拠に大幅な資源供給の拡大に反対した。このように、体制間経済競争というフルシチョフ自身の主張は、逆にソ連からさらなる資源供給を引き出すための道具として、ウルブリヒトに利用されるようになった。これに対してフルシチョフは、この東ドイツ側の要求に対処するために、アルジェリアなどの第三世界の国から原油を輸入するようウルブリヒトに強く迫った。ここに、ソ連の対東欧経済政策と第三世界政策が連動しつつ展開されていく様子を読み取ることができるのである。

一九六四年一月後半に、ソ連・東ドイツ両国の専門家は、一九七七年までの東ドイツの燃料・エネルギー需給バランスについて協議した。協議の最後にウルブリヒトは、交渉に参加したソ連・東ドイツ双方の専門家と会談し、東ドイツの厳しい燃料・エネルギー事情について報告を受けた。ソ連の専門家たちは、燃料需要の充足が東ドイツの「最重要問題」であると認めたうえで、東ドイツの燃料・エネルギー需要は自国のエネルギー資源によってもソ連をはじめとする他国からの資源輸入によっても満たしきることができないと指摘し、燃料・エネルギー資源を節約すべきであると助言した。(113)

この助言は正鵠を射ていたが、ウルブリヒトを満足させるものではなかった。ソ連専門家の助言を聞いたウルブリヒトは、「ソ連の同志たちは、多くの合理化に関する提案をした。しかし、その際、我々がどうやってより多くの石油と天然ガスを得るかという問題に対する答えはない」と不満を述べ、次のように指摘した。

「我々は資本主義との競争についていつも語っている。しかし、二つのシステムの結び目であるここ〔ドイツ〕では、西ドイツは一九六三年に四五〇〇万トンの原油を精製したのに対して、ドイツ民主共和国は三五〇〇万トンしかしていない。つまり、西ドイツには原料があり、これを用いて彼らは儲かるように生産することができ、世界市場で他国と競争することができる。今、彼らは炭鉱を停止させ、石油に移行することができる。しかし、我々〔の精油量〕は三五〇〇万トンのままである。我々は世界市場で競争力を持たなければならない。しかし、我々の褐炭鉱山で生じるような高いコストのもとで、どうやって我々はこれを達成できるのか。つまり、中心問題は経済構造の問題なのだ……。もちろん、我々はあちこちでもっと節約できるし、そうしなければならない。しかし、これは、この問題を解決するためには十分ではない」(114)。

このように、ウルブリヒトは、西ドイツと比較して少ない原油しか輸入・精製できない東ドイツの現状に対する不満を述べたうえで、東ドイツと東欧諸国との違いを次のように表明した。

「我々は高度に発展した工業国だ。他の国々、特に、農業国から工業国へ発展している人民民主主義諸国は、一つの問題だけを提起している。彼らは、ドイツ民主共和国の生活水準は高すぎるという。これは、全くもって時代遅れの観点だ。なぜか。もちろん、生活水準を下げることはできる。我々は、半年以内にチェコスロヴァキアと全く同じような経済危機を組織することができる。半年でこんなことは簡単にできる。これは技能でも何でもない。我々は、生活水準を下げ、そこで今なされているような措置を実行しさえすればよい。しかし、我々には、一部の人民民主主義諸国とは異なる経済政策がある。我々には彼らとは根本的に異なる経済政策があるのだ。我々は、労働生産性向上と科学技術における最高水準の達成をめぐる闘いを出発点としている。この闘いを我々は数年来行っている。すべての人民民主主義諸国で、ドイツ民主共和国が生活水準を下げるべきか否かという問題についてではなく、労働生産性向上をめぐって競争が進められれば、これはすべての人民民主主義国にとってより良いことだろう。というのも、我々にとっては、社会主義諸国における水準が基準なのではなく、我々にとっては世界水準が基準なのだから」[115]。

ここでウルブリヒトが直接批判しているのは、東ドイツの生活水準は十分に高いと主張する東欧諸国であるが、同時に、同様の指摘を繰り返していたソ連も暗に批判の対象となっていた。「社会主義諸国における水準が基準なのではなく」、「世界水準が基準なのだ」という発言からは、先進資本主義諸国と競争する必要のない東欧諸国と異なり、東ドイツのみが体制間経済競争を遂行しているというウルブリヒトの強烈な自負を垣間見ることができる。ドイツというヨーロッパの中心にして二つの体制間の「結び目」で、東ドイツは西ドイツとの経済水準競争を強いられていたが、その際、石油などのエネルギー資源の確保という面で、東ドイツは西ドイツに大きく水をあけられていた。だからこそ、ウルブリヒトは、「我々は、我々の褐炭産業によっては価格面で世界水準に達することができない。これは全く不可能だ」と繰り返したのである。[116]

東ドイツ国家計画委員会も経済発展のためにソ連からますます多くの石油を輸入する必要があることを認識しており、ゴスプランとの協議のたびに原油供給の拡大を要求していた。一九六四年六月初頭に、東ドイツ国家計画委員会議長代理のゲアハルト・シューラーは、次期五カ年計画期(一九六六—一九七〇年)における原油の追加供給について、ゴスプランで社会主義諸国との経済関係を担当するニコライ・イノゼムツェフらと交渉した。この会談のなかでシューラーは、一九七〇年に一三三〇万トンの原油をソ連から輸入したいと伝えた。シューラーによれば、東ドイツは一〇〇万トンの原油を資本主義諸国から輸入しているが、東ドイツの国際収支を改善するために、この一〇〇万トンについてもソ連から輸入することが望ましいという。またシューラーは、産油国アルジェリアとも交渉を開始したが、成果はなかったと報告した。

しかし、この東ドイツの要求に対するイノゼムツェフの見解は冷淡なものであった。シューラーとの会談後、彼は、ゴスプラン議長ピョートル・ロマコとコメコンにおけるソ連代表ミハイル・レセチコに宛てた報告のなかで、東ドイツはエジプトから二五万トンの原油を輸入しており、第三国での石油購入は現実的であると指摘した。そのうえで、彼は、一九六六年から一九七〇年にかけての東ドイツへの石油供給については、当初東ドイツ側に伝えた供給量を維持するよう提案した。[117] これは一九七〇年に七五〇万トンを供給するというもので、東ドイツが求めていた一三三〇万トンの五六%にすぎなかった。最終的に、一九七〇年の東ドイツへの石油供給量は八五〇万トンに上方修正されたが、それでも東ドイツの希望量よりもはるかに少なかった。[118]

同様の傾向は他の東欧諸国との関係でも見られた。一九六四年五月にゴスプラン内部で作成された報告書によれば、ソ連が満たすことのできる東欧諸国の資源需要は、エネルギー資源については三分の二程度、金属資源でも九〇%前後にとどまると見込まれていた。数字の上では、資源大国ソ連はコメコン諸国の需要を完全に満たすことができた。

しかし、その場合、ソ連は「あまり効率的ではない工業の採掘部門に莫大な追加投資」をせざるをえなくなり、結果として「ソ連国内での生産や生活水準の全般的な成長速度の鈍化」を招くことになると懸念されていた。一九五九年時点のソ連の消費水準は、東ドイツの六三％、チェコスロヴァキアの六八％、ハンガリーの八五％、ポーランドの九二％であり、ソ連よりも消費水準が低かったのは、ブルガリアとルーマニアだけであった[119]。つまり、ゴスプランには、自国よりも豊かな東欧諸国に天然資源を追加供給するために、非効率的な資源採掘部門に追加投資を行う用意はなかったのである。

そこで、ゴスプランは、東欧諸国はコメコンの枠内で解決策を見つけ出すか、アルジェリアや近東諸国などから必要な資源を輸入すべきであると主張した。一九六四年六月のゴスプランの報告書によれば、すでにソ連は東欧諸国向けの燃料輸出を一九六四年から一九七〇年に急速に増大させる計画であった。原油について言えば、ソ連からの供給量は一九六四年の一四一〇万トンから三一〇〇万トンに急増すると計画されていた。そのほかに、石炭は一三八〇万トンから一九〇〇万トン、ガスは三億立方メートルから二五億立方メートルにまで増大する計画であった。これを上回る需要については、コメコン諸国は自ら供給先を確保するか、エネルギー節約によって対処すべきであるとされた。具体的には、ポーランドの石炭や東ドイツの褐炭などがコメコン域内の有力なエネルギー源とされたほか、アルジェリアや近東などからのエネルギー輸入も有望視されていた[120]。

明らかに、フルシチョフもこのゴスプランの考えに賛同していた。すでに一九六四年五月と六月のウルブリヒトとの会談で、フルシチョフは石油などの追加供給を求めるウルブリヒトの要求を退けた。そのため、これらの会談は非常に緊迫したものとなった。まず、五月三〇日の会談では、東ドイツの生活水準をめぐって双方が衝突した。ウルブリヒトが、東ドイツの生活水準は西ドイツよりも二〇—二五％低いと主張したのに対して、フルシチョフは、「あなた方があなた方の生活水準について苦情を言うなら、我々は何と言えばいいだろうか。というのも、我々の生活水準は西側よりも、そしてあなた方よりも著しく低い」と応じた。そのうえで彼は、「全体としてドイツ民主共和国における状況は素晴らしい。私がエジプトにいたとき、私は、ドイツ民主共和国では本当の経済の奇跡が生じていると西側の新聞に書いたブルジョワ政治家の言葉を読んだ」と主張した。これに対して、ウルブリヒトは、「それについては、我々自身が我々のプロパガンダのなかで書いてきたし、それによって西側での相応する記事の着想を与えた。このようにして、我々は我々自身のプロパガンダの犠牲者になったのだ」と反論した。フルシチョフは、「私はこのプロパガンダを信じている。これがあなた方のプロパガンダだとあなた方が言うのなら、なおさらこれはより信頼に値する。我々やあなた方がやるべきことがまだたくさんあるというのは確かだが、同時に、あなた方が挙げた二五％という〔東西両ドイツ間の経済水準の開きに関する〕数字は明らかに大きすぎると私は考える」と応じた[121]。この生活水準をめぐる問題は、東ドイツへの天然資源の供給をめぐる議論と直結していただけに、両者とも自らの考えを譲ろうとせず、東ドイツの経済水準が十分に高いかどうかをめぐる双方の議論が続くことになったのである。

経済水準の評価という基本的な問題について両者の認識が異なる以上、石油供給などの個別的な問題をめぐっても議論は平行線をたどることになった。同時に、この会談では、初めてアルジェリアとの関係強化を模索していたのであろう。彼は、アルジェリアの初代大統領ムハンマド・アフマド・ベンベラとの会談を引き合いに出して、「彼は己の石油をどこに売るべきか分かっていない。なぜ貴方はベンベラと接触し、彼から石油を買わないのか。アルジェリアは近代的な機械を必要としていて、あなた方は石油か天然ガスを必要としている」と述べ、アルジェリアから東ドイツの機械設備品と引き換えに石油を輸入するよう提案した。これに対してウルブリヒトは、「我々はベンベラに問い合わせたが、彼は我々との貿易拡大に大きな関心を示さなかった」と反論した。フルシチョフはこのウルブリヒトの反論を無視して、「私はこの問題についてベンベラと話したし、東ドイツに石油を売るつもりはないか尋ねた。彼は、アルジェリアは喜んで石油を東ドイツに供給したいと答えた」と切り返した。フルシチョフに続いてミコヤンも、「アルジェリアはあなた方に海路で石油を供給できるだろう。そうすればさらに安くなるだろう」と述べ、ウルブリヒトを説得しようとした。フルシチョフとミコヤンの二人からアルジェリアとの交渉を強く迫られたウルブリヒトは、「この問題は検討されなければならない。どんな石油が問題なのか、そして我々が自らの設備でこれを精製できるのか、具体的に知らなければならない」と述べ、消極的ながらもアルジェリアからの石油輸入の可能性を検討する意向を示した。このウルブリヒトの消極的な反応を受けて、フルシチョフは、アルジェリアは石油などの販売先の確保に困っていると改めて主張したうえで、「全般的に、私は、あなた方が自分のあらゆる注意をアルジェリアに向けるよう勧める。あなた方は、アルジェリアを助けることもできる。その際、あなた方は、自分が必要とする商品をアルジェリアから購入することで、あなた方の支援は示されることになる」と続けた(122)。

このように、フルシチョフは東ドイツにアルジェリアから石油を輸入させることで、東ドイツの石油不足を解消すると同時に、アルジェリアに対する経済技術支援を強化させようとしていたのである。この背景には、フルシチョフのアルジェリアに対する関心が存在した。彼は、ウルブリヒトとの会談の直前にエジプトを訪問して、アスワンハイダム建設工事の第一期完了を記念するセレモニーなどに出席したほか、エジプトのガマル・アブドゥル・ナセル、アルジェリアのベンベラ、イラクのアブドッサラーム・アーレフらと相次いで会談した(123)。そして彼は、帰国後の五月二六日に党中央委員会幹部会でエジプト訪問の成果について報告した際、「エジプト指導部はかなり進歩的な政策を実施している。彼らは企業や銀行を国有化した」と述べて、ナセル政権の国内経済政策を評価した。そのうえで、アルジェリアに間接的に言及しながら、「ナセルはアルジェリアに、ベンベラに遅れをとることを望んでいないが、アラブ世界での指導者にとどまることも望んでいる。これは良い特徴である——進歩的発展の道で遅れないように努力することは」と述べ、ベンベラの国内改革に肯定的に言及した(124)。このような認識のもと、ソ連指導部はエジプトやアルジェリアに対する経済支援を拡大した。その結果、一九六二年に七〇万ルーブルにすぎなかったソ連の対アルジェリア輸出は、一九六三年に四六〇万ルーブル、一九六四年に一四一〇万ルーブル、一九六五年に一三九〇万ルーブル、一九六六年に一六九〇万ルーブルへと急速に拡大した[125]。

翌六月のフルシチョフとウルブリヒトの会談でも、ソ連からの石油供給に関する問題はアルジェリア支援問題と関連づけられながら議論された。この会談で東ドイツ国家計画委員会議長のエーリッヒ・アペルが一九七〇年に当初の希望量よりも三三〇万トン少ない一〇〇〇万トンの原油を供給するようソ連側に要請したのに対して、フルシチョフは、従来の七五〇万トンというソ連側の提案に一〇〇万トンを追加し、八五〇万トンを供給するという妥協案を提示した。同時に、フルシチョフは、アルジェリアから石油を輸入するよう東ドイツ側に再度提案した。その際、フルシチョフは、五月時点の提案とは異なり、アルジェリアの旧宗主国フランスとの関係を利用することで、アルジェリアに対する圧力を強めようとした。当時、ソ連では、石油の輸出と引き換えにフランスから石油化学工業向けの設備を購入することが計画されており、この問題に関連してコスイギンをフランスに派遣することが検討されていた。そこで、フルシチョフは、アルジェリアに圧力をかけるためにこの交渉を利用することを思いつき、フランスがソ連からさらに石油を輸入する場合はアルジェリアからの石油輸入を削減するようフランスに要求することもできるとウルブリヒトに述べた。もしこの条件でフランスが合意すれば、フランスに十分な量の石油を輸出できなくなったアルジェリアは「非常に困難な状況」に陥り、東ドイツに喜んで石油を売るようになるだろうという[126]。フルシチョフがどの程度本気でこの提案を進めようとしたのかは不明であるが、彼は、フランスとの貿易を利用して、アルジェリアとフランスとの関係に楔を打ち込むと同時に、東ドイツがアルジェリアから石油を輸入するための環境を整えようとしていたのであろう。

このように、フルシチョフが東ドイツによるアルジェリア石油の輸入を強く求めたのに対して、ウルブリヒトはアルジェリアからの石油輸入の可能性に依然として否定的であった。彼によれば、アラブ諸国から石油を調達したとしても、東ドイツが必要とする量の石油を確保することは著しく困難である。一九六〇年以来、長期計画では、東ドイツ経済の正常な発展のために、一九七〇年までに一四〇〇万トンの石油が必要であり、この量の石油を確保するためには二つの道がある。すなわち、第一に東ドイツ国内の石油探鉱・採掘、第二にアラブ諸国との交渉である。しかし、ソ連以外の国から石油を輸入しても、東ドイツ国内の製油所や化学工場の設備で対応しきれない可能性がある。というのも、東ドイツの設備はソ連の原油の成分に対応するように調整されていたため、それ以外の国の原油を精製する場合、動作不良を起こす可能性があった。しかも、仮にアラブ諸国と石油輸入について合意したとしても、一四〇〇万トンもの石油を確保することは不可能であった。そのためウルブリヒトは、今後のソ連との会談の「より好ましい結果」に東ドイツ指導部は期待していると強調した。具体的には、彼は、一九六八年までに原油の供給量を八五〇万トンに増加してほしい、と伝えた。これは、ソ連側の提案よりも一〇〇万トン多い数字であった。これに対して、フルシチョフは、東ドイツの提案は理解したが、「大きな義務」を引き受けることはできないと述べ、改めてアルジェリアかその他の国から必要量を調達するように求めた[127]。

この時期、ソ連は東ドイツ以外の東欧諸国に対しても、不足する天然資源を第三世界で調達するよう要求していた。フルシチョフの失脚直後に、ゴスプラン議長ロマコとレセチコ首相代理は党中央委員会に提出した提案のなかで次のように指摘した。

「ソ連からの石油とガス供給を著しく拡大してほしいというコメコン加盟国の請願は、主に、可能な限り短い間で急速に燃料・エネルギーバランスの構造を改善したいという願望に基づいている。というのも、工業および生活のために安い輸入液体および気体燃料を利用することは、彼らにとって経済的に非常に効率的だからである。

そのため、コメコン諸国は、照会した量の燃料をソ連から受け取ることを当てにする一方で、自国の天然資源を完全に利用することを見込んではおらず、このために必要な投資を割り当ててもいない。

コメコン加盟国に燃料を供給し、これらの国々の燃料・エネルギーバランスの構造を改善するための道を探すという今後の作業は、おそらく、これらの国々に存在する褐炭埋蔵地のより完全な利用、石油・ガス探鉱作業の強化、燃料消費ノルマの削減、さらには中東や北アフリカの発展途上国からの石油供給によって、コメコンの枠内で多国間で実現されなければならない[128]」。

このように、ソ連はフルシチョフの失脚後、東欧諸国で不足する天然資源を第三世界から調達するようますます強く主張するようになり、この目標の実現に向けて第三世界諸国とコメコンの関係強化を図った。一九六〇年代半ばまでに、東側陣営のグローバルなエネルギー資源政策が胎動しつつあったのである。

小括

以上、本章では、冷戦初期のソ連の対東ドイツ経済政策とコメコン政策の変化を中心に、ソ連の対東欧経済政策が体制間経済競争という冷戦の論理に影響されながら形成されていく過程を分析した。当初、スターリンはドイツの強大化を防ぐと同時にソ連の戦後復興を進めるために、ドイツからできる限り多くの工業設備などを賠償として徴収する方針であった。しかし、占領地域を運営するために最低限の経済状態を維持する必要が生じると、彼は賠償政策の方針を変更し、占領地域の経済復興を促しつつ生産物から賠償を取り立てることにした。占領地域の経済状態に対する彼の関心は、一九四七年のマーシャル・プランの発表を受けてヨーロッパにおける冷戦が始まり、それとともに東西間の経済的な分断が進むとさらに強まった。特に一九四八年に始まったベルリン封鎖は、ソ連の対ドイツ経済政策に大きな影響を及ぼした。西ベルリンのみならずドイツ全土でドイツ人の支持を獲得するために、スターリンはソ連占領地域の経済水準を重視し、占領地域に原料などを供給することに前向きになった。もとより、これはソ連占領地域の西側占領地域に対する経済的依存を減らすための措置であり、当時のスターリンには実際に「経済支援」を実施する用意はなかったであろう。それでも、彼は全ドイツに対するソ連の影響力を拡大するためには、ソ連占領地域における経済水準を向上させる必要があると認識し始めていた。ここに、ソ連指導部が体制間経済競争という冷戦の論理を意識し始める契機を見ることができるのである。

同時に、この時期、スターリンはほかの東欧諸国との関係でも西欧諸国への経済的依存を減らすと同時に西欧諸国に対するソ連の影響力を拡大するための手段として、陣営内の天然資源を重視するようになった。現にスターリンはこのような考えに基づいて一九四九年一月にコメコンを設立した。

スターリンの死後に権力を掌握したフルシチョフは、社会主義体制は資本主義体制よりも優れているとの確信に基づいて、この体制間経済競争を内政・外交の中軸に据えた。そして、経済水準でアメリカに追い付き追い越すことをソ連の経済政策の目標にする一方で、ドイツを体制間経済競争のショーウィンドーと位置づけて、東ドイツを経済的に支援した。これに対して東ドイツ指導部は、体制間経済競争の場としてのドイツというフルシチョフの論理を逆用することで、できる限り多くの天然資源をソ連から獲得しようとした。しかし、このような東ドイツの方針の結果、ソ連資源に対する需要が拡大し続けると、ソ連指導部は次第に自国よりも経済水準の高い東ドイツに天然資源などを優先的に供給し続けることに消極的になった。

このような対東ドイツ経済政策と並行して、フルシチョフはコメコン経済統合を進めることでコメコン諸国の生活水準を全体的に向上させようとした。このフルシチョフの方針は、一九五七年に発足したＥＥＣの成功が次第に明らかになると本格化することになった。フルシチョフは、域内経済を一元的に計画・管理することで一気に域内経済を統合しようとして、コメコン機関に加盟国全体を包括する単一の経済計画を作成する権限を与えるよう提案した。

しかし、このフルシチョフの提案は、ルーマニアの公然たる反発を招いたうえ、ほかの東欧諸国やソ連の経済機関の消極的抵抗を招き失敗に終わった。この一件は、つとに指摘されてきたように社会主義陣営内のソ連の力の限界を示すものであったが、同時に域内経済協議機関としてのコメコンの限界を象徴的に示す出来事であった。計画経済体制では、資源の割り当てをめぐって省庁間・地方間で熾烈な競争・対立が繰り広げられたため、しばしば党・政府指導部の介入が必要であった(129)。各国内で経済計画を作成する場合は、党の指導的役割が明確であったことから、このような利害の調整は可能であった。しかし、ソ連の東欧諸国に対する強制力が弱まりつつあるなかでコメコン諸国全体の経済計画を作成する場合、加盟国の党・政府首脳で構成される「高い権限を持った機関」が各国から出される過剰な投資割当の要求を調整しきれずに収支バランスがとれなくなる可能性は極めて高かった。このように、フルシチョフの提案はもともと実現が困難であったため、東欧諸国のみならずソ連の計画機関もフルシチョフ案に消極的に抵抗したのであろう。コメコン諸国は実現不可能で域内経済に混乱をもたらしかねない提案を廃案に追い込み、リスクを避けつつも域内経済の安定を促すような最低限の経済協力を進めたのである。

同時に、この時期までに、東ドイツをはじめとする東欧諸国がますます多くの天然資源の供給をソ連に求めるようになったため、ソ連は東欧諸国に対して途上国から石油をはじめとする天然資源を調達するよう促すようになった。このような方針は、第三世界に対する影響力の拡大を図っていたフルシチョフにとって、東欧諸国の天然資源不足を解消しつつ途上国に対する影響力を拡大できる一石二鳥のアプローチであった。このようにして、コメコン諸国に対する天然資源の供給政策とソ連の第三世界政策が結びつき、コメコンの「グローバル化」を促すことになったのである。

第二章　コメコン経済改革の試みとその限界

前章で論じたように、フルシチョフは体制間経済競争に勝利できるという楽観論に基づいて、東ドイツに天然資源を優先的に供給するとともに、コメコンにおける経済協力を強化することで経済競争に勝利しやすい条件を作り出そうとした。しかし、一九六〇年代半ばまでに、ソ連・東欧諸国では経済成長率が鈍化し、体制間経済競争に勝利するという目標が非現実的であることがますます明白になっていった。そこで、ブレジネフ指導部は体制間経済競争に勝利するというフルシチョフの目標を放棄すると同時に、対外経済政策全般の見直しを図った。

一方、多くの東欧諸国では、この時期、経済成長率の低下を受けて国内の非効率な計画経済システムの改革が試みられた。その際、貿易は経済発展のための重要な手段であったため、域内価格制度や貿易制度の改革も重要な論点となった。同時に、東欧諸国は、最新のテクノロジーや不足する物資については西側諸国から輸入するようになった。このような東欧諸国の動きを受けて、ソ連指導部は次第に東欧諸国の西側への経済的依存を懸念するようになり、東欧諸国のソ連離れを阻止し、社会主義圏の団結を維持するための方策を模索し始めた。

こうしたソ連や東欧諸国の思惑が重なり、一九六〇年代後半以降に、コメコンの総会や各種委員会では、コメコンや域内貿易制度の改革をめぐる議論が活発化した。その中心的な争点は、計画調整をさらに強化することで生産の専門化や分業を通じた域内経済統合を実現するのか、それとも、通貨・貿易制度を改革することで域内共同市場を創設し、市場の調整機能を利用して各国間の貿易活動を刺激するのかという基本方針をめぐるものであった。

この論争は、一九六八年にポーランドが改革案を提示したことで本格化し、一九七一年五月の第二五回コメコン総会で採択された「コメコン加盟国による社会主義的経済統合の協力および発展をさらに進化し改善するための総合計画」に結実した[1]。この「総合計画」では、域内通貨・貿易制度改革をめぐるポーランド、ハンガリー、チェコスロヴァキアなどの改革派諸国の要求は骨抜きにされた一方で、ソ連が主張した部門別共同計画などは盛り込まれたため、全体としてソ連、東ドイツ、ブルガリアなどの保守派諸国の主張が通った形となった。ブレジネフ指導部は、この「総合計画」の実現を通じて域内経済統合を進めようとしたが、現実には、この「総合計画」は様々な域内経済問題に関する加盟国間の妥協を列挙した中間報告的性格の強い文書にすぎず、多くの項目は加盟国の消極的な抵抗や無関心のために実現されずに終わった[2]。

その一方で、この「総合計画」にはソ連資源の共同開発に関する多くの提案が盛り込まれていた。そして、一九七〇年代に部門別の共同計画がほとんど実現されなかったのに対して、ソ連の資源産業や資源集約産業への共同投資を通じた域内諸国の経済協力は進められた。一九七〇年代のコメコン統合は、ソ連の資源部門への共同投資を中心に進展したのである。

従来の研究では、この「総合計画」をめぐるコメコン諸国間の議論は、しばしば市場志向型の改革派諸国と計画調整の強化を目指す保守派諸国との対立として理解されてきた[3]。しかし、この改革の方向性に関するコメコン内の対立に関心が集中する一方で、この問題を資源・エネルギー問題と関連づけて検討した研究は少ない。ランダル・ストーンは、「総合計画」の成果は資源・エネルギー開発のための共同投資プロジェクトに限られていたと指摘するが、肝心の「成果」についてはほとんど言及することなくもっぱら「失敗」の側面を強調する[4]。これに対してデイヴィッド・ストーンは、オレンブルグ・ガス田と東欧諸国とを結ぶソユーズ・ガスパイプライン建設の際のコメコン国際投資銀行の役割を分析し、ソ連は安価なエネルギー資源を東欧諸国に供給することでこれらの国々と良好な関係を維持しようとした「優しい領主」であったと指摘する。彼によれば、当初はコメコン諸国の工業発展のために設立された国際投資銀行も、結局はガスパイプライン建設に必要な資金集めの機関となり、域内諸国の効率性向上や技術革新に貢献することはなかったという。[5] この指摘は重要だが、彼は「総合計画」をめぐるコメコン内の協議については十分に分析していない。また、ピーター・ルトランドが指摘したように、コメコン諸国の技術革新ではなく東欧諸国向けガスパイプライン建設のために国際投資銀行の資金を活用するという決断は、効率性向上の促進という従来の方針からの後退ではなく、エネルギー輸出にソ連の比較優位があるとの認識に基づいてなされたものであった可能性もある。[6] したがって、「総合計画」の作成・実施過程を、単に経済改革の機運の後退や域内分業の失敗として理解するのではなく、他の分野における協力が失敗するなかで、ソ連の豊富な資源・エネルギーを核とした経済共同体が生まれてくるプロセスとして検討し直す必要がある。そこで本章では、一九六〇年代後半のコメコン改革をめぐる議論を整理したうえで、共同投資プロジェクトをめぐる構想がソ連内で立案されていく過程を具体的に検討する。

第一節　対東欧戦略の模索とコメコン改革

一　経済改革とコメコン

一九六〇年代には、多くのコメコン諸国で経済成長の鈍化が問題となり、経済の脱中央集権化などの一連の経済改革によって生産性の向上が試みられた。ユーゴスラヴィアでは、すでに一九五〇年代から労働者の自主管理制度が導入され、ソ連型指令・統制経済の要であった義務的計画指標や資材割当の廃止、価格の自由化など、市場経済的要素を含む広範な経済改革が進められていた。ハンガリーとチェコスロヴァキアも、企業に対する中央計画当局や省庁の統制を緩和すると同時に、市場の価格調整メカニズムを部分的に導入することで経済の合理化を進めようとした。ハンガリーでは、一九六八年以後、混合価格体系が導入され、一部の商品については、最高価格と最低価格の枠内で価格の変動が容認されるなど、市場の役割が徐々に拡大していった。(7) チェコスロヴァキアでも、一九六〇年代に経済成長率が急激に低下し、一九六三年には国民所得が減少に転じると、保守的なアントニーン・ノヴォトニー政権も一定の改革に着手した。その結果、一九六七年には、計画の役割は長期目標の設定に限定され、具体的な生産については企業の管理に委ねられ、一部の卸売価格が自由化された。一九六八年一月にチェコスロヴァキア共産党第一書記に就任したアレクサンデル・ドゥプチェクは政治改革を開始する一方で、ノヴォトニー時代の経済改革をさらに進め、一九六九年度の経済運営については単年度経済計画を作成せずに指針として強制力を持たないガイドラインを発表するにとどめた。一九六八年のソ連・東欧諸国の軍事侵攻後、同国での改革の試みは終わったが、ハンガリーでは一九七〇年代にはいっても経済改革の試みが継続された。(8)

この両国と比べればはるかに保守的であったが、ソ連でも一九六五年以後、コスイギン首相のもとで経済改革が実施された。コスイギンは、中央から企業に課される経済指標の数を削減することで企業の自由裁量を拡大すると同時に、利潤やボーナスなどの経済的刺激によって企業経営者に生産性向上へのインセンティヴを与えようとした。(9) 東ドイツでも、一九六三年以後、計画で定められる指標を重要項目や中期目標に限定する一方で、利潤などの経済的手段によって企業のイノヴェーションを刺激しようとして、非常に限定的ながらも経済改革に着手した。しかし、早くも一九六七年から一九六八年にかけて改革は次第に後退し、代わりに化学、機械、電機などの輸出産業に重点的な投資を行うことで経済成長を目指すという方針が採用された。(10)

このように、ソ連や東欧諸国で経済改革が進められるなか、コメコン域内貿易体制をどのようにして改革するかが問題となった。ソ連政府内でコメコン問題を主に担当していたレセチコ首相代理は、一九六七年二月一九日に自らのダーチャ〔別荘〕にハンガリー首相代理のアンタル・アプロを招待し、東欧諸国で進められている経済改革に対する懸念を伝えた。アプロの報告によれば、レセチコは「〔東欧〕諸国において実施されている新経済改革を、不安を持ちながら見守っている」と述べた。彼は、改革が国民経済における計画の役割を損ねるのではないかと「大いに危惧」しており、いかなる金融および商品関係や刺激も計画を代替することはできないと述べた。また、彼は、「世界の生産の約半分」を占める社会主義陣営が資本主義諸国のように「効率的で（より閉ざされた）市場」を創設することができないのはおかしいと主張した。さらに彼は、「我々が資本主義的自由交換通貨を手に入れようと追い求めるとき、我々は我々の通貨を傷つけ、価値を低下させ、これを二義的な決済手段にしてしまっている」と述べて、東欧諸国がハードカレンシーの獲得を優先していることを批判した。(11)

とはいえ、ソ連指導部は、ハンガリーやチェコスロヴァキアなどの経済改革に否定的ではあっても、コメコン諸国の提案や主張を頭ごなしに否定することもしなかった。というのも、ソ連指導部は、コメコン統合を通じて東欧圏の団結を維持・強化することを重視しており、加盟国の要求を完全に無視することでその国との関係を悪化させることに慎重だったからである。この点は、コメコン統合に最も強く反対していたルーマニアとの関係で特に顕著であった。当時、ルーマニア以外のコメコン加盟国は、コメコン経済統合を促進するために、「関心を有する国」のみで統合に向けた措置をとれるようコメコンの全会一致原則を修正しようとして、これに反対するルーマニアと激しく対立していた。(12)

この点は、一九六六年四月一〇日のウルブリヒト・ブレジネフ会談からも読み取ることができる。ウルブリヒトは、この会談でルーマニアのチャウシェスクに対する不満を表明した。ウルブリヒトによれば、チャウシェスクは彼との会談の際にも、「コメコンは超国家的政府であってはならず、政府の決定に属すことを定めてはならない」と述べて従来の主張を繰り返した。しかもチャウシェスクは、コメコンではすべての加盟国が同意したことについてのみ合意していればよく、「コメコンなしでか、あるいは今まで通り作業し、単なる報告と統計だけ書いているほうが良いかもしれない」と述べたという。ウルブリヒトは、このようなチャウシェスクの主張をブレジネフに伝えたうえで、「つまり関心を有する社会主義諸国が共同で何かをしようとする場合、コメコンの枠外でのみ〔すること〕になる。というのも、規約は決定の一致を要求しており、規約変更はルーマニアの排除を意味するからだ」と述べ、ルーマニアの反対のためにコメコンの枠内での経済協力が進まないことに強い苛立ちを示した。これに対して、ブレジネフは、困難ではあるが意見を一致させたうえで作業しなければならない、「誰かが他のものが参加しないことを何かする場合でも、誰も侮辱されないようにな」らなければならないと指摘して、ルーマニアを疎外せずにコメコン統合を模索する必要があるとの考えを示した(13)。

もちろん、ブレジネフもコメコンが機能していないことは認識しており、打開策を模索していた。一九六六年九月にウルブリヒトと会談した際に、彼はこの問題が「喉につかえている」と述べた。当初、彼はコメコンが機能していないのはソ連政府内でコメコンに関する問題を担当しているレセチコ首相代理のせいではないかと考え、レセチコと二度、五時間にわたり協議した。その結果判明したのは、コメコン内では混乱や様々な利害対立があまりにも多いということであった。しかし、ブレジネフは、この混乱や利害対立をどのようにして調整すればよいかについて、自らの見解を述べることはしなかった。これは、ソ連指導部内にコメコンに関する明確な方針が定まっていなかったためであろう。コメコン統合を進めようとすれば、これに反対するルーマニアとの対立が不可避となるが、アジアで中ソ対立を抱えていたブレジネフ指導部は、ルーマニアが中国に接近するのを妨ぐために、同国との決別を避けようとした。そのため、ブレジネフは、「共同体と協力に関する我々の政策を確固たるものとするために、友情と忍耐を最大限に発揮しなければならない」、「チャウシェスクは年齢の点でも経験の点でもまだ若い」ので我慢しなければならないと述べて、ウルブリヒトを宥めた(14)。

ルーマニアとの関係を決裂させることなくコメコン経済協力を強化するというのは、ソ連指導部の一貫した方針であった。少し後のことになるが、一九六九年七月に、ソ連共産党中央委員会書記コンスタンチン・カートゥシェフも、東ドイツ側との会談のなかでこの点に言及した。彼は、ソ連・東欧諸国のルーマニアに対する政治的影響力は限定的であると率直に認めたうえで、ルーマニアとコメコン諸国の生産協力は、経済的にルーマニアをコメコン諸国に結びつけ、統合を徐々に前進させる可能性を最も多く持っていると指摘した(15)。このように、コメコン経済統合を通じてルーマニアとの結びつきを強めることは、ソ連にとって重要な政治的意義を持っていたのである。

しかし、ブレジネフ指導部にとって、ルーマニアとの関係を維持しつつ、相互に対立する東欧諸国の提案を調整するのは容易なことではなかった。そのため、当初、ブレジネフ指導部はコメコンで積極的に改革案を提示するようなことはしなかった。ソ連がコメコン統合でイニシアチヴを発揮できないなかで、改革に向けた大胆な提案を準備したのがポーランドであった。一九六八年三月にポーランドはコメコン改革に関する提案をコメコン加盟諸国に送付した。ポーランド案の中心は、域内価格制度の改革と貿易の一部自由化であった。コメコン諸国では通貨に交換性がなく、国内価格は各国独自の価格制度に基づいて個別に決定されていたため、他国製品との価格の比較が不可能であった。実際のコメコン域内の貿易では、域内決済通貨として振替ルーブルが使用されたが、これは事実上双務決済の際の計算単位にすぎなかった。そこでポーランド指導部は、新たな共通通貨を作り、この通貨を媒介して「真の為替レート」を設定することを提案した。彼らの狙いは、最終的には、この共通通貨を媒介に各国通貨に交換性を持たせることによって、域内貿易を合理化することにあった。同時に彼らは、各国の価格制度を徐々に統一するとともに、これまで各国計画当局間の計画調整によって統制されてきた貿易を、消費財についてはある程度自由化するよう提案した。ゴムウカは、ソ連による東欧諸国経済へのコントロール強化を警戒していたため、市場の合理的な取引を導入することで、ソ連の交渉力を抑制しようと考えていたと見られる(16)。

このポーランド案を契機として、コメコン経済統合をめぐる議論が一気に活発化した。各国とも自国に有利な形で域内経済統合を進めようとして独自の論点を盛り込んだ。国内改革を準備していたハンガリーは、ポーランド案の多くの内容に賛同しつつも、国内改革の障害となりかねない域内価格制度の統一に反対し、「経済領域における国民国家の自立と主権」を維持する必要があると主張した。保守的な東ドイツ指導部は、各国の経済計画の調整を強化することで国際分業を促進しようとしてポーランド案に反対した。一方、ブルガリアやモンゴルは、農産物輸出国に不利な域内価格制度の見直しを要求した(17)。

二　ブレジネフ指導部の対外戦略の模索とアンドロポフの提案

ポーランド案の送付を受けてコメコン改革をめぐる議論が活発化すると、ソ連も自らのコメコン統合構想を作成する必要に迫られた。この時期、ブレジネフ指導部は、コメコンのほかに、中ソ対立、西側諸国との緊張緩和、「プラハの春」への対応、経済問題など多くの問題について基本方針を模索していたことから、コメコン統合をめぐる構想もこれらの内外政上の問題と関連づけながら議論されていた。そこで、本項では、コメコン問題をめぐるソ連内部の議論を検討する前に、この時期のソ連指導部の全般的な動向について、国家保安委員会（ＫＧＢ）議長アンドロポフの提案を中心に検討しておきたい。アンドロポフは、チェコスロヴァキアへの軍事侵攻を目前に控えた一九六八年七月に、ソ連の内政・外交上の基本課題を列挙したうえで、その解決策を提示し、政治局における議論に先立ってブレジネフに提出していた。

この提案のなかで、アンドロポフは最初に経済問題を取り上げた。彼によれば、アメリカでは科学技術や生産の組織化は西欧よりもはるかに速いスピードで進歩しており、大学進学率もソ連よりも著しく高いが、これらの要素は「一五―二〇年後に世界の相貌を定めるものであるため、ここで何か本質的なことを逃さないことが重要である」。そのため、ソ連でも経済政策を作成する際にこれらの要素を考慮に入れる必要がある。フルシチョフはことあるごとにアメリカとの経済競争について叫んでいたが、「スローガン」のみでアメリカとの競争に勝つことはできない以上、「我々の主要敵が所有し行っていることすべてを検討し、将来的には少なくとも決定的な分野で我々の遅れを取り除くよう努める必要がある」という。このように、アンドロポフはソ連の科学技術力や国力がこれ以上アメリカに劣ることのないように経済・科学技術政策を進めることを、今後二〇年程度のソ連の重要課題と位置付けたのである。同時に彼は、「我々は平和と緊張緩和を非常に必要としている。というのも、これは国内の発展のためにより適した条件を作り出し、帝国主義に対する闘争で我々に時間を与えるからである」とも述べ、国内の経済発展のために西側諸国との緊張緩和を推進するよう求めた(18)。

外交政策全般については、彼は、「我々の外交政策機関の実際の活動において、欠陥がある、それも非常に本質的なものが」と指摘し、ソ連が重要地域を絞らずに総花的な外交活動を展開していることを次のように批判した。

「我々は偉大なる国家であるから、当然、世界のすべての地域に利害関心を持っている。しかし、この利益は決して同等の価値を持っているわけではない。そのなかには、第一級の問題もあれば、第二級の問題もあり、それと同様に、即時の解決を必要とする問題もあれば、言ってしまえば少し待ってもよい問題もある。もちろん、これらすべての問題を直ちに解決するのがよいが、我々の可能性は無限にあるわけではなく、これを行うことはできないということを考慮に入れる必要がある。我々はときどき、実現不可能なことを実現しようとしている(19)」。

つまり、アンドロポフは、ソ連が対外政策のために投入できる資源が限られている以上、重要問題にのみ集中すべきであると主張したのである。彼は、途上国との関係でこの点を特に強調した。

「例えば、若い発展途上国への我々の支援を例にとろう。今日、我々はすべての国々に少しずつ与えているが、その結果、帝国主義諸国というライバルとの「競争」に持ちこたえられていないし、我々にとって決定的に重要な国々においてさえ、自らの地位を弱体化させている。ところで、我々のライバルたちは（おそらく、これはドゴールに最も典型的であろうが）以前より別の実践を堅持している。彼らは、特定の地域や国々に自らの力を集中しているのだ。支援提供に際してのより厳格な「選別」の必要を訴える声は、アメリカ合衆国という資本主義世界の最も豊かな国においてもますます大きくなっている。

もしかすると、我々は、我々の第一級の利益地帯を定めて、この利益の確保のために力を集中すべきかもしれない。発展途上国について言えば、このようなアプローチは、我々が「第三世界」の「結節」点で恒久的に地位を確保し、これらの国々をほかの発展途上国家にとっての魅力的な前例にするのを可能にするかもしれない」[20]。

このアンドロポフの一連の指摘からは、彼がソ連の限られた資源を最大限有効に活用するために、対途上国政策のみならず内政・外交全般において戦略的に政策目標を設定するよう要求していることが読み取れる。明らかにこれは、フルシチョフが内外政全般で手を広げすぎたと考えてのことであろう。

ソ連が保有する資源の限界を認識したうえで対外政策の強化を図るという方針は、東欧諸国との関係を論じた部分でも明瞭に現れていた。ここでアンドロポフは、ソ連は東欧との関係では当面の問題にばかり注目してきたと批判したうえで、「将来的な我々と社会主義諸国との関係のためのより好ましい条件の形成」に取り組むように主張し、次のように続けた。

「ここで問題なのは特に経済協力に関するものである。おそらく我々は以下の点を出発点とすべきである。

もし社会主義諸国が経済的に成功裏に発展しなければ、そこにおける国内の困難や大変動は避けられない。ヨーロッパの社会主義諸国のうち単独で成功裏に発展できる国はない（原料がない、狭い国内市場など）。もし我々が社会主義諸国と十分に広範、効率的で素晴らしい展望を切り開くような協力を軌道に乗せることに成功しなければ、これらの国々は不可避的に西側に引かれていくだろう。
我々は社会主義諸国を養うことはできない。唯一可能な協力の形態は互恵的なものである(21)」。

このように、アンドロポフは東欧諸国の安定を維持するための重要な目標として経済発展を挙げ、これを達成するためには原料などの面で域内経済協力が必要であると主張した。同時に彼は、ソ連が原料などの面で東欧諸国を完全に「養う」ことは不可能であると認識していたことから、「互恵的な」「真の経済統合」を達成するよう求めた。彼によれば、そのような統合は、「個々の社会主義諸国の国益を完全に考慮に入れ、完全な平等、互恵、兄弟的協力の原則に基づく」ものでなければならないため「難しい」が、「この解決を避けることもその場にとどまることもできない」という。このように指摘したうえで、アンドロポフは「ハンガリー人とポーランド人の提案との関係で、これを真剣に議論する機会を近いうちに得られるだろう」と述べて、コメコン改革に関する議論が一部の東欧諸国から出されたことを歓迎した(22)。ブレジネフや他の政治局員がこのアンドロポフの提案をどう評価したかは分からないものの、ブレジネフ指導部がこの時期にソ連の長期戦略の検討を始めたことは間違いないであろう。

三　ゴスプランのコメコン改革構想

アンドロポフが東欧圏の不安定化を阻止するためにコメコン統合を重視したのに対して、ゴスプランなどの経済機関は、主に経済的な理由から東欧諸国との経済関係を見直すよう主張していた。その際、彼らが特に問題視したのがソ連・東欧間の貿易構造に関する問題であった。一九五〇年代末以降、ソ連・東欧諸国間の貿易では、ソ連が東欧諸国に石油、鉄鉱石などの天然資源を輸出し、その代わりに東欧諸国から機械製品などの完成品を輸入するという傾向が顕著であった。ソ連の統計データから生産費用を正確に算出することはほぼ不可能であるが、一般にソ連の天然資源採掘コストは、東欧諸国における機械製造コストよりもはるかに割高であったため、この貿易構造はソ連にとって非常に不利なものであった。ソ連の経済専門家もそのように認識しており、東欧諸国向け機械製品輸出を大幅に増やすことで、このソ連に不利な貿易構造を改善するよう要求していた(23)。

これに対して、多くのコメコン諸国の思惑は全く異なっていた。一九六〇年代以降、多くのコメコン諸国にとって、経済成長のために必要な原燃料を確保することが、コメコン経済統合の最重要テーマの一つとなっていった。この点について、一九六五年初頭の第九回コメコン総会で、ポーランド首相代理のピョートル・ヤロシェヴィチは明快に自らの主張を述べた。彼によれば、コメコン経済協力の中心問題は原料問題であり、もしコメコン諸国がこの問題を解決できなければ、西側市場から原料を調達せざるをえなくなるだろうという。もちろん、ここでヤロシェヴィチが念頭に置いていた原料の供給先はソ連であった。これに対して、ソ連代表レセチコは、東欧諸国にとって原料供給の確保が「決定的な問題」であることは認めたものの、ソ連ばかりに頼るべきではないと指摘した。彼によれば、ソ連には東欧諸国にさらなる原料供給を約束できるほどの余裕はないので、東欧諸国は燃料の節約などに努めるべきであった(24)。

このレセチコの発言は、資源・エネルギー供給をめぐるソ連国内の厳しい状況を踏まえたものであった。一九六四年八月にゴスプラン議長代理のアレクサンドル・リャベンコとガス工業国家生産委員会議長代理のミハイル・シドレンコは、一九六六年から一九七〇年の五カ年計画期の燃料バランスについて報告した際に、一九七〇年のソ連の燃料需要は完全には満たされておらず、特にソ連ヨーロッパ地域では標準燃料に換算して七〇〇〇万から七五〇〇万トン(25)

の不足が見込まれると警告した。また、一九七〇年までに、リトアニア、ラトビア、ベラルーシおよびウクライナ東部のガス需要は一九六五年の九〇億立方メートルから一八〇億立方メートルに増大すると見積もられているが、この地域にガスを供給しているウクライナ西部のガス田では、ガスの生産量は一九六五年の九九億立方メートルから一九七〇年には一三三億立方メートルまでしか増大しないと予想されていた[26]。

このようにソ連のヨーロッパ地域で燃料の不足が懸念された背景には、ソ連におけるエネルギー資源の膨大な浪費に加えて、供給面の問題も存在した。一九六〇年代後半にはウラル・ヴォルガ地域で原油生産の成長率が伸び悩みつつあった一方で、西シベリアの本格的な開発は始まったばかりであった。一九六六年の第二三回ソ連共産党大会で、「西シベリアの領土に、最近開拓された油田とガス田をもとに、大規模な国民経済コンプレックスを建設すること」が決定され、西シベリアの石油・天然ガス開発に向けた動きが本格化したものの、一九六六年時点のソ連の原油生産に占める西シベリアの割合はわずか〇・四%にすぎなかった[27]。しかも、西シベリアから原油を輸送するためにはパイプラインの敷設が必要であった。

ソ連の経済機関が東欧諸国に対する資源輸出の拡大に消極的であった背景には、貿易価格の問題も存在した。一九六五年一二月のソ連閣僚会議の委任を受けて、ゴスプラン、対外貿易省、ソ連財務省、研究機関の専門家らは「ソ連対外貿易効率の向上に関する措置について」と題する報告書を作成した。それによれば、一九六四年に天然資源はソ連の輸出総額の七割を占め、そのうちの七割が社会主義諸国向けであり、資本主義諸国向けは二五%であった[28]。これらの資源のうち、石油は、世界市場における低い価格、他の産油国と比べて高い輸送コスト、ソ連国内での燃料不足などの問題を抱えていたため、輸出を著しく拡大することは好ましくないとされた。また、そもそも、社会主義諸国への原油供給量は彼らの国内需要を超過しており、社会主義諸国から資本主義諸国に石油製品が輸出されていた。以上の根拠をもとに、専門家たちは、東欧諸国にソ連からの原油輸入を削減し、他の供給先から輸入するよう促すべきであると提言した[29]。この報告書が指摘するように、当時、東欧諸国はソ連から輸入した原油の一部を精製したうえで西側に輸出し、ハードカレンシーを得ていた。一九六六年七月にゴスプラン議長ニコライ・バイバコフに提出された試算によれば、ルーマニア以外のコメコン加盟五カ国[30]はソ連原油を精製したうえで、二六〇万トンの石油製品を西側に輸出したという。しかも、連邦石油輸出公団の報告では、東欧諸国はソ連よりも安値で石油製品を輸出したため、同公団は損失を被ることになったという[31]。ソ連の経済機関が東欧諸国に対する石油輸出の大幅な拡大に消極的であったのには、相応の理由が存在したのである。

このように、東欧諸国への資源供給をめぐってソ連の経済機関が対応策を模索しているときに、ポーランドは前述の大胆なコメコン改革案をコメコン加盟諸国に送付した。このポーランド案を受けて、ソ連の方針を示す必要に迫られたゴスプランは、一九六八年五月にコメコン改革に関する提案を作成し、中央委員会に送付した。この五〇頁近い包括的な報告で論じられた問題は多岐にわたったものの、全体として、東欧諸国の経済的なソ連離れや西側への経済的依存の危険性が指摘されていた。

「ヨーロッパの社会主義諸国と資本主義諸国との経済関係の発展が加速していることを指摘すると同時に、ソ連との協力に基づいた国際社会主義的分業の発展が十分に注目されていないために、ソ連抜きでの小さな社会主義諸国の経済統合の危険性が一定程度存在することを強調する必要がある。これらの国々の間には対立が存在するが、それでも彼らの発展のこのような道は存在しないわけではない。これがより強力な競争相手やパートナーに対して小国の力を統合するという世界中で見られる傾向に呼応するものであるだけに、なおさらそうである。同時に、「共通市場」の諸国の統合のような〔形で〕コメコンのヨーロッパ諸国の統合がなされれば、ソ連にとって少なくないさらなる困難が生まれるだろう[32]」。

つまり、ゴスプランはＥＥＣが西欧の「小国」を中心に設立され、アメリカの競争相手に成長したことを引き合いにだしながら、コメコンでも東欧の「小国」がソ連を排除する形で経済統合を進める可能性があると危惧していたのである。東欧諸国が西側資本主義諸国との経済関係を強化していることも、ゴスプランの懸念を強めることになった。

このように、コメコン内で遠心的な傾向が生じつつあると警告したうえで、ゴスプランは「可能な限り最大限、ソ連を含むすべてのコメコン諸国の国民経済組織の首尾一貫した一体化という統合プロセスを促進する」ような政策をとる必要があると主張した。その際、ゴスプランは、コメコン経済統合を強く警戒するルーマニアの反発を招かないようにするために、この「一体化」は「経済的に相対的により発展していない国々の経済を、より強大な国々が溶解したり呑み込むことを意味するものでは決してない」と強調した(33)。

しかし、ゴスプランによれば、ソ連の経済機関がこのようなコメコン経済統合に関心を持っていなかったため、ソ連はコメコン統合をめぐる協議の際にイニシアチヴをとることができなかったという。そこで報告書は、この事態に対処するために、長期的な経済政策構想を作成するよう主張し、次のように続けた。

「そのような構想の作成が必要なのは、これらの国々や国際情勢において生じた根本的に新しい条件のためだけではなく、経済協力の一連の諸問題におけるソ連の相対的に受動的な役割のためでもある。実際の活動が示しているように、現在まで、経済科学技術協力の発展の問題提起においてイニシアチヴをとるのは、しばしばソ連ではなく、コメコンのほかの国々である。この状況で、我々は防衛的な立場をとらざるをえず……、準備不足のために問題の解決を先延ばしにせざるをえないが、多くの場合、将来引き起こしうるあらゆる結果をしかるべく考慮しないままに問題を解決せざるをえない……。

経済機関、省庁の受動的な態度はソ連の利益に害を与えるだけでなく、しばしば社会主義諸国を迷わせ、彼らを経済発展の合理的経路から程遠い選択に押しやり、結局は他力本願的傾向やアウタルキーへの有害な傾向を生じさせている。経済協力の発展の多くの問題について、ソ連側に確固とした明瞭な見解がないこともまた、コメコンの活動が十分に満足できるものではないことの原因の一つである。最近、多くのコメコン諸国では、ソ連は、言葉では国際社会主義的分業の理念や、生産協力と専門化を支持していると言いながら、実際にはこのプロセスに関心を持っておらず、これに積極的に参加したがってもいないという誤った印象が生まれた」[34]。

このように、ゴスプランはソ連がこれまで経済統合の実現のためにイニシアチヴを発揮しなかったことを厳しく批判したうえで、こうしたソ連の態度が東欧諸国にソ連からの支援をあてにするような「他力本願的傾向」を生み出していると指摘した。そのうえで、ゴスプランは、「最も強大な社会主義国にして、最も経験豊富で首尾一貫したマルクス・レーニン主義政党によって導かれている以上、今後、ソ連は、社会主義共同体の国々のあらゆる種類の経済および科学技術協力の創造・発展においてははるかに活発な役割を果たさなければならない」と強調した[35]。通常、ゴスプランは純粋に経済的な業務に集中しており、このような政治的な発言は珍しい。ゴスプランの幹部たちにとっても、ソ連のコメコン経済協力における消極性や指導力のなさは看過しえなかったのであろう。

以上のように、コメコンの現状やコメコンにおけるソ連の無作為を批判的に分析したうえで、ゴスプランはコメコン経済統合のために達成する必要がある課題を列挙した。その主な内容は、一、生産分野における長期的・安定的協力の促進、二、科学技術進歩のための経済的条件の創出、三、相互に受け入れ可能な条件での最重要原燃料品目に関するコメコン諸国の需要充足とこれらの国々への機械設備品の供給拡大、四、ソ連が必要とする高品質製品を製造する輸出部門のコメコン諸国における発展、五、経済科学技術協力における相互利益やホズラスチョート（独立採算制）のより首尾一貫した適用、六、合理的な国際社会主義的分業の発展やコメコン内の経済関係を刺激するための価格体系の改善、などであった[36]。

これらの問題のうち、以下では本書のテーマとの関係で資源・エネルギーの供給に関する問題を中心に検討していこう。繰り返しになるが、ソ連の負担にならない形で東欧諸国の資源・エネルギー需要を満たすことは、ソ連の対東欧政策の最重要問題の一つであった。この問題でゴスプランが強く要求したのが、東欧諸国に天然資源を輸出するための生産基盤を強化するために、東欧諸国にソ連の鉱工業発展のための投資を負担させるという方策であった。ゴスプランは、コメコン諸国では天然資源が少ないため、ソ連が必要な原燃料の供給を拡大せざるをえないと認めたうえで、原料供給のために必要な投資が莫大な額にのぼることから、コメコン諸国もあらゆる手段を用いて投資に参加すべきであると主張した。ゴスプランの見解では、このような方針は政治的にも好ましいものであった。というのも、「ソ連からの原燃料供給のために、コメコン諸国がソ連国民経済に物的および金融資源を投入するか、これらの国々がソ連で長期にわたり製品を販売するために〔必要な〕工業設備を建設するのであれば、〔コメコン諸国が〕他の国々〔との経済関係〕に方針転換するかもしれないという問題は著しく困難なものになる」からであった。つまり、ゴスプランは、東欧諸国の経済がソ連での投資や販売に特化していくことになれば、仮に彼らが西側諸国との経済関係を重視しようとしても、経済的に難しくなるだろうと期待していたのである[37]。

このように、ゴスプランはポーランドやハンガリーなどが主張した交換性を持った共通通貨の創出や域内貿易の一部自由化などの提案を退ける代わりに、投資や生産などの面で各国の計画調整を進めることで、東欧諸国のソ連離れや西側諸国へのさらなる接近を阻止しようとした。そしてその際、多くのコメコン諸国がソ連からの天然資源の輸入に大きな関心を持っていたことから、資源開発をめぐる協力は当初より重要な課題の一つとされたのである。

一九六八年八月のソ連・東欧軍のチェコスロヴァキア侵攻後、ソ連はそれまで以上に市場経済的要素を含んだコメコン改革案に強く反対するようになった。一九六八年一〇月のハンガリー首相イェノ・フォクとの会談のなかで、ソ連首相代理レセチコは、コメコン経済統合に関するハンガリーの提案では、ソ連側には「その本質が完全には明瞭ではない一連の概念が使われている」と指摘し、その例として「社会主義的共通市場」、「自由化」などの概念を挙げた。このように、域内共通市場の形成を望む改革派諸国の見解を退けた一方で、レセチコは、「ソ連では新たな構想が形成されている――共同計画の構想だ。かつて、単一の（国民）計画について語られたが、これは今や受け入れがたいものである」と述べた。そのうえで彼は、「現在、ソ連の同志たちは、関心を有する諸国の部門別計画の共同準備最良の解決策だと考えている」と述べ、一例として、化学工業分野での協力に関心を持つ加盟国で化学工業相会議を設置し、これが生産の発展や共同の生産力創出などに関する決定を採択するという方式を挙げた(38)。このように、ソ連の経済機関は、域内共通市場の創設などの大胆な経済改革構想を拒絶し、代わりに部門別の共同計画による工業基盤の拡大を通じて計画面・投資面での協力を深化させる方向で、東欧諸国との交渉に乗り出したのである。

第二節　「総合計画」に向けたコメコン内の交渉

以上のコメコン統合構想に基づき、ソ連指導部は、一九六九年四月の第二三回コメコン総会に臨んだ。この総会でブレジネフは次のように述べ、西側諸国に対抗するために域内経済分業を進める必要があると主張した。

「……帝国主義勢力は社会主義に対する技術的・経済的優越を確保することにも、〔軍事・政治的優越の確保と〕同じくらい努めている。彼らはこれを社会主義共同体に影響を及ぼし、その統一を揺るがすための重要な手段と見なしている。帝国主義の政策に対抗して、経済建設や科学技術を含む社会生活のあらゆる分野で我々の力を統一するための有効な措置をとることが重要だということは明白である。社会主義諸国の政治的団結は経済的な強化と切り離すことができない。そして、我々の共同体の団結の経済的基盤を固め、安定した長期的な国際社会主義的分業を徐々に作り出し、これを組み込むことに、我々は共産主義者としての我々の国際的な責務があると考える」[39]。

つまり、ブレジネフにとってコメコンにおける経済統合は、西側諸国に対抗し社会主義圏の団結を維持するという政治目的のために重要だったのである。

もちろん、ブレジネフもコメコン経済協力に問題があることは認識していた。彼によれば、コメコン域内では、品質の高い機械や設備に対する需要は満たされておらず、重要な原燃料や資源の不足は解消されていなかった[40]。そこで、ブレジネフは、次のように述べて、新たなコメコン経済協力に期待を示した。

「我が国は、社会主義共同体の政治的および経済的団結を確固たるものとするために、その経済、技術政策、投資手段の分配、新たな天然資源の開発の現行および長期計画に関して、大きな措置をとる用意がある。我々は、コメコンの諸問題の検討においても、この点から出発するだろう……。この我々の総会が、我々の国々の間での経済協力の新たな発展段階が始まる里程標となるよう期待したい[41]」。

以上の発言からも明らかなように、ブレジネフはコメコン統合を社会主義圏の政治的統一を維持・強化するための手段と位置付け、そのためにソ連の天然資源開発を含む広範な分野で、東欧諸国のために「大きな措置」を実施する用意があると表明したのである。

このソ連指導部の動きを最も強く警戒したのがルーマニアのチャウシェスクであった。彼は、この第二三回コメコン総会で、「統合」という概念は各国の自主決定権を侵害するとして、この概念を放棄するよう主張した。その際、彼は、「共産主義者は民族独立のための闘いの旗を掲げるべきである」という第一九回ソ連共産党大会におけるスターリンのテーゼは正しいと述べて、自らの主張を正当化しようとした[42]。

この第二三回コメコン総会以後、「総合計画」の作成が進められたが、ソ連は各国間の利害調整に苦慮した。一九七〇年三月にソ連首相コスイギンは、政治局に提出した中間報告のなかで、貿易などの問題でハンガリーがソ連の主張に歩み寄ったものの、個別問題では各国間の利害対立が存在するうえ、依然としてポーランドが新共通通貨創出および貿易の部分的自由化を要求し続けていると指摘した。しかも、ルーマニア代表は、ポーランドとそれ以外の七カ国との対立を、諸提案の「原則的性格」を弱めるために利用しているという[43]。このように、チェコスロヴァキア侵攻後も、ソ連にとってコメコン経済協力をめぐる議論を調整するのは容易なことではなかった。

コスイギンらがコメコン「総合計画」の文面をめぐってポーランドやルーマニアを粘り強く説得している間に、ゴスプランはソ連の資源基盤拡大のためのコメコン共同投資に関する計画案を作成していた。そのうえで、一九七〇年九月に、ゴスプランは、第二三回および第二四回コメコン総会や閣僚会議決定に基づいて、コメコン諸国の原燃料問題を解決するための措置に関する包括的な報告を中央委員会に提出した。それによると、コメコン諸国の原燃料需要を満たすのはますます困難になると予想されていた。一九七一年から一九七五年にかけての五カ年計画期については、ソ連が原燃料の供給量を増大させることで東欧諸国の需要をおおむね満たすことができた。しかし、コメコン諸国の予測データによれば、一九七〇年代後半以降、コメコン諸国の原燃料不足は非常に深刻なものになると見込まれていた。特に不足が予測されていたのが、電力、石油、天然ガス、コークス炭、鉄鉱石、鉄、非鉄金属、リンを含む原料、肥料、セルロース、紙などであった。原燃料部門は加工業部門に比べて資本集約的であるにもかかわらず収益率が低いため、資源保有国でさえも自国の資源を利用せずにソ連からの資源輸入によって需要を満たそうとしていた。しかし、ソ連にとってコメコン諸国が必要とする大量の原燃料を供給することは困難であった。ソ連の新たな資源採掘地はソ連中心部から遠く離れた東部地域が中心となっており、莫大な投資を必要としていたからである。すでに、一九七〇年の原燃料供給義務を果たすために、ソ連は第八次五カ年計画期（一九六六―一九七〇年）に五三億ルーブルの投資を行っていた。第九次五カ年計画期（一九七一―一九七五年）には七〇億ルーブルの投資を予定していたが、一九八〇年や一九八五年にコメコン諸国の需要を満たすためには、一九七六年から一九八五年の一〇年間に三〇〇億ルーブル以上の投資が必要になると予測されていた[44]。しかも、すでに報告書の執筆時点で、いくつかの資源については、それまでの生産拡大のペースを維持できずに需給関係が逼迫したため、ソ連は不足分を西側から外貨で輸入せざるをえなかった。このように東欧諸国の長期的な原燃料需要の動向を分析したうえで、ゴスプランは、長期にわたって増大し続けるコメコン諸国の原燃料需要を満たし続けるためには、ソ連の原燃料生産の発展のためにコメコン諸国と協力していくしかないと改めて指摘し、原燃料および電力に関する共同投資の素案を作成した[45]。

この提案のなかで、ゴスプランは、コメコン諸国がソ連から石油や天然ガスのさらなる供給拡大を希望するのであれば、これらの国々はソ連国内で生産能力を拡大するために必要な借款や物資を供給すべきであると主張した。ただし、この提案では具体案については言及がなく、一九七一年から一九七五年に関する各国の経済計画の調整が済んだのちに、ゴスプランが作成すると予定されていた。同時に、ゴスプランは、コメコン諸国はソ連からの輸入のほかに自国での天然ガスの開発や、イラク、イラン、エジプト、アルジェリアなどの中近東・北アフリカ諸国からの石油輸入に努めるべきであると主張した[46]。

石油やガスに関しては具体的な提案が作成されなかった一方で、鉄鋼業ではソ連領内にコメコン諸国と共同で大規模な製鉄コンビナートを建設することが提案された。これは、コメコン諸国における鉄鉱石の七割から八割がソ連から輸入されていることや、ポーランドを除き東欧ではコークスが不足していることを踏まえてのことであった。鉄鉱石を還元して銑鉄を得る製銑工程については、コメコン諸国では生産能力を拡大せずにソ連で生産したほうが効率が良いとされたのである(47)。

エネルギー資源や鉄などと並んで、このゴスプラン提案のなかで注目されていたのが、セルロース・紙・ボール紙の供給であった。それによると、紙やボール紙はコメコン諸国のみならずソ連でも不足しており、一九七〇年にソ連は西側諸国から二七万三〇〇〇トンのセルロース、三八万五〇〇〇トンの紙・ボール紙を輸入せざるをえなかった。また、これ以降も一〇年から一五年間は東欧諸国に対してセルロース、紙・ボール紙の輸出を大幅に拡大できる見込みはなかった。そこで、ゴスプランは、コメコン諸国がソ連に借款、設備、資材などを提供することで、イルクーツク州に年間五〇万トンのセルロース製造能力を持つ工場を建設することを提案した(48)。

このゴスプランの長大な報告をもとに、政治局では、コメコン諸国によるソ連の資源部門や資源集約産業に対する共同投資に関して次のような決定が採択された。それによると、鉄鋼業については、クルスク異常磁域の鉄鉱石を原料に、製鉄の全工程をカヴァーする大規模な製鉄コンプレックスの共同建設が可能であるという。このコンプレックスの年間生産能力は、ペレット二四〇〇万トン、銑鉄一二〇〇万トン、鉄鋼一〇〇〇万トン、圧延鋼材五七〇万から六六〇万トンになると見込まれた。投資額は六五億ルーブルにのぼり、着工準備に二年、建設期間は八年と見積もられていた。このプロジェクトのアキレス腱となったのがコークス炭の不足であったが、この決定ではポーランドからの供給によって賄うことが期待されていた。漂白硝酸セルロースについては、イルクーツク州のウスチイリムスクに年間五〇万トンの生産能力を持つセルロース工場の建設が可能であり、建設費は九・四億ルーブル程度と見積もられていた。このほかにも、この決定には、銅、ニッケル、黄燐、二酸化チタン、アスベストなどに関する共同投資の提案が盛り込まれた。コメコン諸国は、これらのプロジェクトの建設に必要な資材、機械・設備や輸送手段に加えて、化学製品や大衆消費財などを供給することで投資に参加することができるとされた[49]。肝心の石油や天然ガスについては、ソ連国内での調整等が済んでいなかったために、この提案には盛り込まれなかった。

この共同投資プロジェクトに関する提案は、コメコン諸国と協議のうえで「総合計画」に盛り込まれ、一九七一年七月末の第二五回コメコン総会で承認された。この「総合計画」は、おおむねコメコンへの市場経済的要素の導入に反対するソ連や東ドイツなどの主張に沿う内容になっていたとはいえ、個々の分野に関しては加盟諸国間の妥協の寄せ集めという色彩が非常に強かった。ソ連は、域内専門化・分業化を推進すると同時にソ連の貿易構造を改善するための措置として、産業部門別にコメコン諸国が共同計画を作成するという主張を盛り込むことに成功した。しかし、部門別共同計画の作成を通じた統合という方針は、一九六二年にフルシチョフが提案した「単一の計画」の場合と同様に、当初より成功する見込みがほとんどなかった。各国の経済機関は共同計画の作成に必要な需要と供給に関する正確なデータを提出しなかった。しかも、農産物や天然資源など域内諸国に輸出するよりも西側に輸出したほうが有益な商品については過少に申告したため、そもそもの始めから計画の収支バランスがとれていなかった。そのうえ、各国の経済機関は共同計画の需給バランスを調整しようとするコメコンの試みには強固に反対したが、コメコンにもソ連にも需給バランスの調整を加盟国に押しつけるだけの力はなかった。このようにして、部門別共同計画を通じて、域内経済の分業体制を強化するという試みは実現されないままに終わったのである[50]。

これに対して、第六章で検討するように、ソ連の資源産業や資源集約産業に対する共同投資は一定の成功を収めることができた。「総合計画」では、加盟各国の原燃料やエネルギー需要を満たすために、一九七一年以降、個別に共同プロジェクトについて協議を進め、協定を締結することが定められた。石油や天然ガスについては、一九七二年にソ連が一九八〇年までのコメコン諸国への石油・天然ガス輸出量に関する提案を準備し、併せてソ連領内での石油・天然ガスの生産・輸出能力拡大のための協力の条件について提案を提出する予定であった。そのうえで、これらの提案を検討し協定案を作成したのちに、一九七三年中に協定を締結することが予定されていた。鉄鋼業については、ソ連領内で鉄鉱石の採掘、選鉱、ペレット化のための共同投資について検討し、一九七一年から一九七二年にソ連と協定を締結することが目標として定められた。同時に、コメコン諸国がソ連領内に共同で大規模な製鉄コンビナートを建設するという案についても、一九七一年に提案が作成されることとなった。[51] セルロースや紙については、一九七六年以後のセルロースおよび製紙工業の原料基盤拡大のために、一九七一年から一九七五年に研究開発作業の調整計画を作成することが定められた。[52] ソ連はこの共同投資によって増大し続ける資源部門に対する投資の負担を分担するよう東欧諸国に求めたのであるが、多くの東欧諸国もソ連から天然資源を輸入し続けるためにはソ連の資源部門に対する投資はやむをえないと考えていた。そのため、この共同投資は「総合計画」の数少ない成果の一つとなったのである。

この第二五回コメコン総会で、コスイギンは「総合計画」の意義を強調した。彼によれば、すでに一九七〇年の第二四回コメコン総会で共同計画などに関する決定が採択され、計画調整の過程でコメコン加盟国の計画機関の接触が拡大した。生産の専門化や協調も発展し、鉄、銅、ニッケル、石油、ガス、リン、セルロース、アスベストなどの重要な資源や製品について「追加の生産力を創出するために関心を有する国の資源を広範に統合すること」が決まった。「総合計画」は、「社会主義共同体の団結と結束の強化のために非常に大きな貢献をするだろう」と彼は力説した。[53]

コスイギンが「総合計画」の成果を主に各国の経済計画の協調の強化という視点から捉えていたのに対して、ポーランド首相ヤロシェヴィチやハンガリー首相フォクは改めて域内通貨の部分的交換性やコメコンの価格制度の改革の必要性を強調した。しかし、東ドイツやブルガリアに加えてチェコスロヴァキアがソ連の方針を支持するなかでは、これら両国も計画調整を中心とした「総合計画」の採択に同意するほかなかった。[54]

このように、ソ連指導部は「総合計画」を対東欧政策上の成果ととらえていたが、当初よりこの「総合計画」に盛り込まれたプロジェクトを実施するためには西側からの融資が必要であると考えられていたことに注意する必要がある。コスイギン自身、資源開発関連の大規模プロジェクトのためにコメコンの国際投資銀行を活用して、西側金融市場で資金を調達するよう主張した。つまり、コスイギンは、この「帝国主義者の分断工作の試みに対する我々の回答としての統合プログラム」を実現するために、当初より西側からの融資を当てにしていたのである(55)。第六章で論じるように、この西側からの借款という問題は、実際にソユーズ・ガスパイプラインなどの共同投資プロジェクトを実施するなかで、深刻な問題として立ち現れてくることになる。逆説的なことに、コメコン諸国の経済統合を強化するために採択された「総合計画」は、当初より西側への依存につながりかねない要素も内包していたのである。

小括

以上見てきたように、通貨・価格・貿易などの域内制度の大胆な改革を通じて、コメコン域内経済関係を部分的に自由化しようとしたポーランドやハンガリーの試みは、ソ連などの改革に慎重な国々の反対に遭って骨抜きにされた。とはいえ、これは、ソ連指導部が当初より一貫してコメコン改革に強固に反対していたということを意味するものではない。それどころか、当初、ブレジネフ指導部は、コメコン統合に関してはっきりとした構想を持っておらず、市場主義的なコメコン改革を求める国々とこれに強く反発する国々との間で自らの方針を模索していた。

しかし、一九六八年にポーランドが大胆なコメコン改革案を提出すると、ソ連の経済機関も自国の方針を打ち出す必要に迫られた。この時期、ソ連指導部では内政・外交全般に関する問題点を検討し、新たな方針を策定しようとする動きが始まっており、コメコン経済統合に関する構想の作成も、このような動きのなかで進められた。ソ連指導部にとってコメコン経済統合は、東欧諸国の西側への経済的依存やソ連離れを防ぐと同時に、ソ連経済の負担にならない形で東欧諸国の経済成長を促すようなものでなければならなかった。そこで、ゴスプランやソ連のコメコン常設代表部は、交換性を持った新共通通貨の創出や域内貿易の一部自由化などの市場主義的な提案を退ける一方で、部門別共同計画や天然資源の共同投資に基づいてこのソ連指導部の目的を達成しようとした。

一九七一年の第二五回コメコン総会で採択された「総合計画」は、このようなソ連の方針にほぼ沿う内容となっており、その意味でこれはソ連のコメコン政策の成果といえる。しかし、一九六二年にフルシチョフが提案した「単一の計画」の場合と同じように、コメコン諸国の計画機関は共同計画の作成のために必要なデータを提出しようとしなかったうえ、計画のバランスを調整するために譲歩することを拒否し続けた。そのため、部門別共同計画を作成するという試みは、ほとんど成果をあげられないままに終わった。

その一方で、ほぼすべての加盟国が関心を示したのが、ソ連の天然資源部門や資源集約産業に対する共同投資であった。そのため、一九七〇年代のコメコン経済統合は、ソ連における資源開発やパイプラインの敷設などを中心に進められることになった。

同時に、一九六〇年代以降、ソ連の経済機関は東欧諸国に対して、中近東や北アフリカの産油国との経済協力を進めることで、これらの国々から石油をはじめとする天然資源を調達するよう繰り返し要求していた。そこで、第三章と第四章では、ソ連の経済機関がコメコンにおけるエネルギー資源不足の解決策として期待していた中近東諸国との経済協力について検討したい。この中近東諸国からの資源供給という方針が石油危機のために実現困難になると、本章で論じたソ連からの資源供給や資源の共同開発は東欧諸国にとって一層重要になった。コメコン諸国がソ連の天然資源にますます依存していく背景には、こうしたグローバルな経済情勢の変化も存在したのである。

第三章　ソ連の対イラン・アフガニスタン政策と天然ガス

これまで繰り返し確認してきたように、一九六〇年代半ばまでに、ソ連の経済機関では、増大し続けるコメコン諸国の天然資源需要に応え続けるのが将来的に難しくなるとの見解がますます強まっていた。そこで、ソ連の経済機関は、コメコン諸国に対して、自国資源を活用すると同時に、中近東の産油国から石油などの天然資源の輸入を拡大するよう強く求めるようになった。なかでも、石油の供給先として特に有望視されていたのが、イラン、イラクなどの中東諸国やアルジェリアなどの北アフリカ諸国であった。

一方、この時期のソ連の対途上国政策に目を転じれば、フルシチョフ期からブレジネフ期にかけて、その重点は徐々に変化していた。アジア・アフリカ地域における脱植民地化の動きに共感したフルシチョフは、当初、第三世界の大国インドに加え、エジプト、インドネシア、ギニア、アルジェリアなどのラディカルな反米政権を支持し、これらの国々に対して積極的に経済支援を行った。しかし、第三世界における社会変革に対する楽観論は、一九六〇年代初頭には徐々に後退した(1)。

フルシチョフが失脚し、ブレジネフを中心とする集団指導体制が生まれると、対途上国政策の方針転換の必要性を訴える声は強まった。第二章で確認したように、アンドロポフはソ連の対途上国支援をいくつかの重点地域に絞るよう提案した(2)。アンドロポフは具体的な国名を挙げなかったものの、当時のソ連にとって重要な途上国はイランやアフガニスタンなどの近隣諸国、エジプトやインドなどの伝統的な友好国に加えて、イラクなどの産油国であった。これらの途上国のうち、アフガニスタンやイランはソ連にとって戦略的に重要な隣国であったことから、ソ連指導部はこれらの国々におけるアメリカの影響力拡大を阻止することを第一目標として、両国に接近していった。同時に、ソ連指導部には、ソ連の中央アジア諸共和国に政情不安が広まるのを防ぐために、国境隣接地域に安定した豊かな国を維持するという目的も存在した(3)。

こうした目的を達成するために、ソ連指導部は、アフガニスタンとイランに経済技術支援を提供し、対価として天然ガスなどの天然資源を輸入した。その際、ソ連指導部は、コメコン諸国をイランやアフガニスタンとの経済協力に積極的に参加させることで、燃料・エネルギー不足を懸念するコメコン諸国にソ連以外の原燃料供給先を確保させようとした。

これまでソ連とイランやアフガニスタンの関係を扱った研究では、外交や安全保障問題が注目される一方で、このような経済関係についてはあまり分析されてこなかった。例外的に、ロビンソンとディクソンはソ連によるアフガニスタン開発援助政策やその失敗の原因を分析しているが、史料的制約のためにソ連指導部内でアフガニスタンをめぐりどのような政策が形成されていたかについてはほとんど分析していない(4)。ソ連のアフガニスタン政策以上に少ないのが、一九六〇年代から一九七〇年代にかけてのソ連の対イラン政策を扱った研究である。アルヴァンディが指摘するように、これまでの研究は一九五三年のクーデタや一九七九年のイラン革命に関心が集中していた(5)。フェリエはイランの石油産業について論じた論文のなかでソ連との関係についても言及しているが、概説的な内容にとどまる(6)。ソ連・イラン間のガスパイプライン建設に関する最良の研究はヘグセリウスのものであるが、彼は天然ガスパイプライン建設をめぐるソ連・西欧関係を分析した際に、イランとの関係に補足的に言及しているにすぎず、コメコン諸国との関係については扱っていない(7)。

以上の研究史を踏まえたうえで、本章ではまずアフガニスタンとの経済協力をめぐるソ連指導部の動向を簡単に整理したのちに、政治的にも経済的にもソ連にとってより重要な隣国であったイランとの関係について、コメコン諸国との関係も視野に入れながら検討していきたい。ソ連指導部でアフガニスタンやイランとの関係について議論される場合、安全保障や対米・対中関係といった戦略的視点が前面に出てくることが多かったが、経済関係機関で両国との関係が具体的に検討される場合には、資源開発支援をめぐる経済的な思惑も絡んでいた。そして、実際に支援を実施する際には、具体的な経済問題が経済協力の帰趨に直接的な影響を及ぼすこともあった。イランについていえば、ガスパイプライン建設に必要な特殊鋼の供給をめぐり、西シベリアからのガスパイプライン建設とイランにおけるパイプライン建設のいずれを優先させるべきかという二者択一的状況が生まれ、この問題をめぐって西シベリアにおける天然ガス開発に慎重なゴスプラン議長バイバコフと、西シベリアにおけるガス開発を推進するガス工業相アレクセイ・コルトゥノーフの間で利害対立が生じることとなった。最終的に後者が勝利し、第二イラン縦断ガスパイプライン（IGAT2）の建設交渉は停滞した。ソ連国内で資材が不足するなかでは、国内経済開発と対外政策のいずれを優先すべきかをめぐって、関係機関の間で鋭い対立が生じることもあったのである。

この行き詰まりを打開したのは、西ドイツからの資金提供であった。一九七〇年代半ばに、西ドイツ政府やルールガスは、自国のエネルギー基盤強化のためにイランからガスを輸入しようとして、イランからソ連経由で西ドイツ国境まで天然ガスを輸送することを提案した。西ドイツがパイプライン建設のためにイランへの信用の供与や鋼材の供給に同意したため、IGAT2建設に関する合意は成立し、ソ連もイラン北部でのIGAT2建設に向けた準備に着手できるようになった。これはソ連にとって有益な取引であり、ザカフカースなどの地域で、エネルギーの需給バランスが改善されることになると見込まれた。しかし、ソ連経済機関から大いに期待されたIGAT2の建設は、一九七九年のイラン革命のために中断を余儀なくされた。このように、イランにおけるIGAT2の建設をめぐって、ソ連は自国の経済的限界のために超大国にふさわしいイニシアチヴを発揮することができず、西ドイツやイランの方針に追随し翻弄されることになったのである。

同時に、ソ連は天然ガスに関するイランとの交渉を進める一方で、一九六〇年代半ばにはイランからの石油輸入をめぐるコメコン諸国間の政策協調を実現しようとしたが、東欧諸国の足並みが揃わなかったうえ、イラン側の態度が変化したため、ほとんど成果を挙げることができなかった。

第一節　一九六〇年代後半のソ連の対途上国政策の特徴

中近東諸国はソ連南部国境に近く戦略的にも重要であったことから、ブレジネフ指導部はこの地域におけるアメリカの影響力拡大を防ぎ、逆に自国の影響力を強化するために、これらの国々との経済関係の強化を図った。その際、ソ連指導部が特に力を入れたのが、兵器売却などによる軍事支援と国営セクター主導の経済開発に対する経済技術支援であった。一九五〇年代半ば以降、ソ連の途上国に対する兵器売却や軍事支援は急速に増加していたが、フルシチョフ期の途上国支援の中心はあくまでも経済支援と貿易であった。これに対して、一九六〇年代後半以降、ソ連の途上国に対する軍事支援は質量ともに拡大していった(8)。

経済技術支援についていえば、一九六〇年代半ば以降、ソ連指導部は中近東諸国における資源開発に特に注目するようになった。途上国では、長年にわたり西側巨大企業主導で資源開発が行われてきた。そこで、ソ連政府は途上国に対する西側諸国の影響力を弱めると同時に途上国の経済的自立を支援するために、途上国自身の手で自国資源を開発するのを支援した。このような方針は、ソ連の新聞や雑誌のなかで繰り返し表明されていた。一例として、一九六六年五月二三日付の政府機関紙イズヴェスチヤの論説を見てみよう。

「これらの共和国〔エジプトやシリア〕や、独占企業によって他の部門の犠牲のもとに石油採掘が発展したイラクやイランで、社会主義諸国は冶金、機械製造、電気工学、繊維やそのほかの工業分野の基盤建設を支援している。ソ連の支援で建設されているナイル川水力発電施設はアラブ連合共和国〔エジプト〕に毎年一・五億ポンド以上の収入をもたらすだろう。イランでは、外国独占企業がすでに何十年も石油を採掘し、毎年七〇〇〇万トン以上の『黒い黄金』を輸出しているが、そのイランでさえ自らの石油からこれほどの金額を受け取っていない。

ふつう、ソ連が提供している技術支援やそれ以外の支援の支払いとして、中近東諸国は綿花、羊毛、柑橘類やそのほかの農作物などを供給している。この地域における国営の鉱工業部門などの発展とともに、経済協力のための基盤は著しく拡大するだろう。この先ぶれとなりうるのが、一九六六年一月に調印されたソ連・イラン間の協定である。これによると、イランは、ソ連の中央アジア諸共和国にとって必要な天然ガスを供給することで、イランの製鉄所の〔建設の〕ためのソ連〔からの輸入〕設備の〔代金の〕大部分を支払うだろう」[9]。

この論説が示唆するように、ソ連の中近東諸国に対する経済政策のなかで特に重視されたのが現地国営セクターによる資源開発であり、この資源をもとにした経済の重化学工業化であった。国営の製鉄所や製油所などは、そうした途上国近代化のシンボルであった。

このようなソ連の対中近東経済政策の傾向については、ＧＫＥＳ議長セミョン・スカチコフが党中央委員会や閣僚会議に提出した各種報告書からも読み取ることができる。一九六七年のＧＫＥＳの活動を報告した文書のなかで、スカチコフは、発展途上国におけるソ連の権威が強化されたことで、石油産業への「支援」提供をめぐる帝国主義諸国の独占的立場がさらに弱められることになったと強調した。その際、スカチコフが特に重視したのが、現地の国営セクターによる資源管理の強化を支援するという方針であった。彼によれば、一九六七年にはアルジェリアやシリアの要請に応えて、ソ連の専門家が国営石油採掘・精製会社に派遣された。また、イラクとの間でも、国営石油産業発展に関する原則的な合意が成立したが、これはアラブ産油国と社会主義諸国との経済技術協力の発展のために重要な意義を持つものであるという。[10]

中近東諸国がソ連の途上国政策のなかで特に重視された背景には、これらの国々がソ連南部国境に近いという地政学的要因も存在した。前述の活動報告書のなかでスカチコフは、経済協力に際して特に重視した途上国のグループとして、「非資本主義的発展の道」を選んだ国々、インド、国境を接する国々の三つを挙げた。アラブ連合共和国、アルジェリア、シリア、ギニア、コンゴ（ブラザビル）、マリなどが前者に分類され、トルコ、イラン、アフガニスタン、パキスタンが後者に分類された。なかでも、特に経済支援を重点的に行った国として、彼はインド、アラブ連合共和国、アフガニスタン、イラン、シリア、イラク、トルコを挙げた。[11]

一九六七年の第三次中東戦争を受けて、アメリカを中心とする西側諸国の中東政策が活発化すると、この地域との関係を総合的に強化しようとする傾向はさらに強まった。一九六九年三月にスカチコフがソ連閣僚会議に提出した一九六八年のGKESの活動報告によれば、一九六八年にはイスラエルによるアラブ諸国への侵略が続き、近東での緊張が高まり、途上国経済への西側諸国や国際企業の進出が強化されたが、西側諸国はこれによって途上国における自らの影響力を維持し、途上国とソ連との協力を弱めようとしている。例えば、アメリカの「独占企業」は、イランで一九六八年から一九七三年の第四次五カ年計画期に鉄鋼・非鉄金属企業、電力、地下資源採掘やインフラ建設に一〇億ドルにのぼる投資を行う予定であるという。[12]中近東地域を対外戦略および経済の両面で重視していたGKESとしては、こうした西側の動きに対する対抗措置を講ずる必要があった。

以上の政治・経済的背景のもと、ソ連の途上国支援の約八割がインド・中近東・北アフリカに向けられた。具体的には、一九六八年の途上国向け資材・設備供給に占めるインド、アラブ連合共和国、イラン、アフガニスタン、シリアの割合はそれぞれ三八・二%、二二・三%、一二・一%、六・二%、五・六%であった[13]。以上の背景を踏まえたうえで、第二節と第三節では、アフガニスタンとイランに対する経済技術支援で決定的な役割を演じた天然ガスパイプライン建設に対する支援を検討していきたい。

第二節　アフガニスタンとの経済協力

まずはアフガニスタンにおける天然ガスプロジェクトについて具体的に見てみよう。ソ連は、アフガニスタンの経済発展のためには天然資源を最大限開発する必要があるという認識のもと、一九五〇年代以降、同国の地質調査を進め、アイナク銅山、ハジガク鉄鉱床、シビルガン近郊の天然ガス鉱床などを相次いで発見した。前二者の開発については、一九八〇年代の戦争のために失敗に終わったものの、天然ガスの生産はソ連の支援のもとで一九六〇年代に開始された[14]。一九六三年八月二九日にソ連の閣僚会議は一九六七年以降、毎年一五億立方メートルのガスをアフガニスタンから輸入することを決定し、同年一〇月一七日にアフガニスタン政府との間でガス採掘のために必要な支援を提供する内容の合意が成立した[15]。同時に、ソ連は年四〇億立方メートルの輸送能力を持つガスパイプラインを建設することにも同意した[16]。

もっとも、ソ連は一九六五年に一二七億立法メートル、一九七〇年に一九七九億立方メートルの天然ガスを生産していたことから、アフガニスタンからの天然ガスはソ連にとって経済的にさほど重要ではなかった[17]。それどころか、ゴスプランは、当初、アフガニスタンからの天然ガスの輸入拡大に消極的であった。この背景には、ソ連国内でのガスパイプライン整備の遅れがあった。

当時、アフガニスタンからのガスを受け取る予定であったソ連の中央アジア諸共和国では、十分なガスパイプライン網が建設されていなかった。そのため、中央アジアやアフガニスタンから供給されてくるガスをすべて消費地に輸送することはできないだろうと考えられていた。現にゴスプラン内部では、アフガニスタンからの天然ガスをウズベキスタンに供給するためには、中央アジア地域での天然ガスの生産量を削減することでパイプラインに余力を作り出す必要があるとさえ考えられていた。そのため、ゴスプラン議長ロマコは、一九六三年の合意を超えてアフガニスタンからのガス輸入量を増大させるという提案に対して、一九六五年四月の閣僚会議宛報告のなかで「中央アジア地域におけるガスの生産および輸送に関する経済専門家の見解では、アフガニスタンからのガスのさらなる供給増加は有益ではない」と返答したのである。(18)

ソ連の中央アジア地域におけるガスパイプライン整備の遅れは、アフガニスタンとの合意にも一時的に影響を及ぼした。アフガニスタンにおける天然ガスパイプラインの建設が進んだ一方で、この天然ガスパイプラインに接続するはずのソ連国内のガスパイプラインの完成が遅れたため、合意通りにソ連が天然ガスをアフガニスタンから輸入することが困難になったのである。一九六六年一月に、ゴスプラン石油ガス工業部長パーヴェル・ガロンスキーはガス工業相代理シドレンコに対して、このソ連領内のパイプライン建設が期日までに間に合わない恐れが出てきたことから、パイプライン建設を急ぐために必要な投資および鋼管を他のガスパイプライン建設から優先的に回すよう求めた。(19)この要請を受けて、急きょ、ガス工業省は中央アジアとソ連中央地域を結ぶパイプライン建設のために準備されていた鋼管を、アフガニスタンからのガス輸入に必要なパイプライン建設のために投入した。(20)ソ連国内で鋼管が慢性的に不足するなかでは、途上国におけるパイプライン網の建設に悪影響を及ぼすことも多かったのである。

このように、アフガニスタンからの天然ガス輸入は当初さほど歓迎されなかったが、ソ連国内で燃料の需給バランスが逼迫するようになると、ゴスプランもアフガニスタンからのガス輸入を重要視するようになった。一九六七年にゴスプランは一九六八年から一九七〇年にかけてボイラーなどのための燃料が不足すると指摘し、不足分を補うために石炭の輸出削減などの措置と合わせて、一九六八年にイランとアフガニスタンからの天然ガス輸入量を当初予定の一五億立方メートルから五〇億立方メートル、一九七〇年には一四〇億立方メートルにまで増やすことを提案した。[21]たとえ、アフガニスタンからのガスがソ連全体の生産量から見て微々たる量であったとしても、燃料が不足するなかで、これは無視できるものではなくなっていたのである。

アフガニスタンやイランからの天然ガスの経済的意義については、ブレジネフ自身、少し後のことになるが、一九七三年四月の中央委員会総会で次のように強調した。「我々は、その一部を我が国南部地域で消費し、一部を他の社会主義諸国に再輸出するために、イラン、アフガニスタン、イラクから、我々にとって非常に有利な条件で、大量のガスと石油を輸入する可能性を検討している」[22]。このように、アフガニスタンはイランほど重要な天然ガスの供給元ではなかったものの、ブレジネフもその有用性を認めていた。

政治的考慮もこうした経済関係を後押しした。当時、ソ連指導部やGKESは、アメリカの動向のほかに、中国のアジア・アフリカ諸国への進出を強く警戒していた。GKES議長スカチコフは、一九六九年三月の閣僚会議宛報告書のなかで、中国指導部は発展途上国やいくつかの社会主義国をソ連から「奪い取ろう」として対外経済関係を利用していると指摘して、中国の動向に注意を促していた。彼によれば、中国はソ連とビルマ、タンザニア、マリ、ギニアなどのアジア・アフリカ諸国との協力を妨害しており、また文化大革命のために東南アジアにおける中国の権威が失墜したため、熱帯アフリカ諸国での活動を活発化させているという。[23]ブレジネフはアフガニスタンにも中国の手が伸びているのではないかと警戒し、一九六九年六月二六日のソ連共産党中央委員会総会で次のように指摘した。

「我々の課題は、兄弟社会主義諸国と緊密に協力しながら、中国指導部がソ連に対して敵対的な目的のために利用するために、あれこれの国々の政策と合同するという状況を許さないことにある。ここで問題となっているのは、インド、パキスタン、アフガニスタン、日本のような国々であり、近東諸国であり、西欧資本主義諸国であり、そして当然のことながらアメリカ合衆国である。ソ連とこれらの国々の関係の精力的で巧みな発展によって、我が国の国益やソ連人民や他国の諸民族の平和と安全の確保のために、多くのことがもたらされるかもしれない(24)」。

一九七一年二月二六日の政治局会議で承認された報告「ソ連・アフガニスタン関係のさらなる発展について」のなかでも、アフガニスタンの政治的意義が強調された。この文書によれば、二〇〇〇キロ以上にわたってソ連と国境を接するアフガニスタンは政治的・戦略的に重要であり、ソ連・アフガニスタン関係の長年にわたる友好的発展の結果、「アフガニスタンとのソ連の南部国境区域における安全保障の確保という我々にとっての最重要課題」は解決されている。また、アフガニスタン国王や同国政府もソ連との関係を高く評価し、何度もソ連との関係の拡大に対する関心を表明しているという(25)。

このように、それまでのソ連・アフガニスタン関係を高く評価したうえで、同文書は西側諸国や中国の動きに注意を促した。それによると、帝国主義諸国、特にアメリカは経済・金融支援を活用し、「封建・地主グループ」や反動的宗教勢力の階級的利害に訴えかけながら、アフガニスタンにおける立場を強化すると同時にソ連・アフガニスタン間の友好関係を損ねようとしている。アメリカ、西ドイツ、日本は、アフガニスタンの地下資源探鉱・採掘に大きな関心を示し、アフガニスタンの企業との協力を活性化させているうえ、アフガニスタン北部、すなわちソ連国境近くへの進出に力を入れている。しかも、最近では中国もアフガニスタンに「多大な注意」を払っており、自国の影響力の拡大およびソ連・アフガニスタン協力の信用失墜を図っている。その結果、アフガニスタンでは、毛沢東主義的なプロパガンダに影響された極左分子の活動が増大しているという(26)。

このようにアフガニスタンを取り巻く情勢を分析したうえで、同文書は「ソ連にとって非常に重要なのは、西側と結びついた反動勢力が、アフガニスタンを同国によって進められている中立非同盟政策から追いやることのないようにすることである」と指摘した。そして、この目的を達成するために、「全面的なソ連・アフガニスタン協力の拡大」、「帝国主義諸国と現地反動の試みや、アフガニスタンにおける中華人民共和国の反ソヴィエト的活動の試みへの対抗」、「アフガニスタン政府によって実行されている外交政策方針の支援やこの国の国民経済強化の支援」を進めるよう求めた(27)。これらの方策のうち、経済技術協力を拡大するためには、アフガニスタンがソ連の融資を返済できるような具体策を練り上げる必要があったことから、地下資源の探鉱に関する協力が特に注目された。そこで、この文書はソ連対外貿易省のアフガニスタンにおける活動を強化すると同時に、同国との経済協力に関してコメコン諸国と協議することが適切であると指摘した(28)。

このように、ソ連指導部は、ソ連南部の安全保障を確保するためにアフガニスタン政府に中立・非同盟政策を維持させることを重視し、そのための重要な手段として経済協力を位置づけていたのである。ただし、アフガニスタンとの経済関係は一九七八年まではあまり拡大しなかった(29)。また、ソ連指導部が期待した東欧諸国とアフガニスタンとの経済関係についていえば、一九八〇年代にいたるまで東欧諸国にとってアフガニスタンは重要な貿易相手国ではなかった(30)。これに対して、ソ連が政治的にも経済的にもアフガニスタン以上に重視したのがイランであった。そこで、次にソ連の対イラン政策について検討してみよう。

第三節　対イラン政策

一　イランをめぐる政治的考慮

一九五三年のクーデタ後にイラン国王モハンマド・レザー・シャー・パフラヴィーが再び政治の実権を手中に収めると、イランを湾岸地域の要と考えたドワイト・アイゼンハワー政権はイランとの関係強化に努め、イランに政治、経済、軍事支援を提供した。しかし、アメリカのイランへのコミットメントは、シャーが期待したほど大きなものではなかった。そのため、すでに一九五〇年代末からイランとアメリカの間には一定の緊張が伏在していた(31)。その後、一九六〇年代から七〇年代にかけてイランの石油収入が増大すると、シャーの野心も肥大した。増加し続ける資源収入をもとに、シャーはより自立的な外交路線をとり、ペルシア湾岸での影響力拡大を図った。ヴェトナム戦争の泥化とともに湾岸地域でのアメリカのプレゼンスが後退し、またこの時期に東西間のデタントが進展すると、シャーはこれを自らの野望実現のチャンスととらえ、ソ連を含む周辺国との外交関係を活発化させていった(32)。

イランがソ連との関係改善を打診すると、ソ連も徐々にこれに応じる姿勢を見せた。一九六三年六月にソ連最高会議幹部会議長のブレジネフがイランを訪問し、その後に両国は水利施設建設、カスピ海南岸の浚渫作業、水産物貯蔵施設建設などに関する経済協力で合意した。もっとも、シャーは、ソ連の影響力が強くなりすぎないように非常に慎重に行動した。また、彼はこのソ連との関係改善を西側諸国との交渉の際のカードとして用いようとした。こうした両国間の思惑の違いを孕みながらも交渉は継続され、一九六五年一一月には、シャーがソ連を訪問し、ブレジネフと再度会談した。そして、その際、イランからの天然ガスの供給と引き換えに、ソ連がイランに製鉄所や機械工場を建設するという合意が原則的に成立した(33)。

この時期のソ連外務省の史料はほとんど公開されていないため、ソ連外務省が対イラン外交をどう構想していたかについては、十分に検証できない。それでも、一九六六年一〇月七日に駐イラン大使のグリゴーリー・ザイツェフがアンドレイ・グロムイコ外相宛に送った書簡から在イラン大使館の見解を確認することができる。この書簡のなかでザイツェフは、イラン政府は東西の間でバランスをとる独自路線を追求することで、最大限の利益を得ようとしていると指摘した。彼によれば、イランは、外交面では中近東、特に湾岸地域で国益を確保するとともに、アフリカ・アジア諸国で自国の名声を高めることを望んでおり、内政面では経済的に自立するために独自の工業基盤を作り出そうとするだろう。当初イランはもっぱらアメリカとの関係を志向していたが、対米関係のみではこの目標を達成できなかったことから、一九六三年以降ソ連との関係を見直すようになり、東西間でバランスをとるという傾向がより顕著になったという[34]。

経済面では、イランは工業の発展を目指していたが、イラン石油産業で独占的地位を築いていた英米系石油コンソーシアムが石油採掘テンポを遅らせたために、この経済目標の実現に必要な外貨を石油輸出によって稼ぐことは難しかった。そのため、イランは、自らの判断で大部分の石油を輸出できるよう新たな契約を外国の石油企業との間で締結しようとした。それと同時に、国営イラン石油会社（ＮＩＯＣ）は社会主義諸国を含む石油市場に進出しようとして、積極的に活動していた。こうした方針に基づき、イランはルーマニア、チェコスロヴァキア、ハンガリー、ブルガリア、ポーランド、ユーゴスラヴィアなどの社会主義諸国との間で経済関係を拡大しようとしているという[35]。

このようにイランの経済政策についてまとめたうえで、ザイツェフはソ連・イラン経済関係について、軍事支援の役割を評価しながら次のようにまとめた。彼によれば、一九六三年や一九六五年の交渉を経て一九六六年一月一三日に、イランでの製鉄所や機械工場の建設、ＩＧＡＴ建設、さらにはアラクス川水利施設の共同建設などを定めた経済協定が締結された結果、経済協力は急速に進展した。さらに、シャーは、ＧＫＥＳ議長スカチコフとの会談の際に、ソ連から兵器を購入することに関心を示した。これはソ連との兵器取引交渉をちらつかせることで、より良い兵器をアメリカから受け取ることを狙った動きであるが、同時にソ連製兵器をイランが購入することになれば、これはイランの自立的政策の強化に向けた重要な一歩になる。それどころか、これは中央条約機構（ＣＥＮＴＯ）からのイランの脱退につながるかもしれないし、さらにはアメリカとの二国間軍事協定の停止にまで進展するかもしれない。しかも、もしイランがソ連製兵器の購入代金を天然ガスで支払うことになれば、イランを一層ソ連との協力に向かわせることになるだろうという[36]。これに対して、イランとソ連・東欧諸国との間で経済関係が拡大するのを見たアメリカをはじめとする欧米諸国は、イランにおけるソ連の経済的影響の拡大を恐れて、イランへの「経済的浸透」を強化したという[37]。

以上のようにソ連・イラン関係を概観したうえで、ザイツェフはソ連の対イラン経済政策の方針として、イラン石油産業をめぐる協力やイランへの工業設備や機械の供給などを強化するよう提案した。その際、彼は、西側企業との激しい競争が繰り広げられていることから、期日通りにソ連・イラン協定の義務を履行し、イランが必要とする設備や商品に関しては供給リミットの割り当てを拡大するよう求めた[38]。

このように、ザイツェフはイランの対米自立を促し、イランを自立的・中立的な国家にすることを対イラン政策の中心的な目的と考え、この目的を達成するためにイランの重化学工業や石油・ガス産業に対する支援を最大限実施するよう求めていた。そのため彼は、ソ連の経済機関がイランにおける建設準備作業に十分に取り組んでいないことに強い不満を抱いていた。一九六六年五月にザイツェフが本省やＧＫＥＳに送付した文書によれば、イラン側は繰り返しアラクス川水利施設の建設の遅れや、イランへのソ連専門家の派遣の遅れに対する不満を表明していた[39]。特に問題とされたのが、ＩＧＡＴのうちソ連が計画立案を担当することになっていた北部区域で、調査・計画作業が行われていないことであった。ソ連の経済機関が調査や計画立案を怠っているのに対して、パイプラインの南部区域における調査・計画立案を担当したイギリス企業は直ちに多くの専門家を派遣したという。このように、ザイツェフ大使はIGAT建設の準備段階でイギリスに比べてソ連の作業が遅れていることを問題視し、経済機関に対して改善を要求したのである。[40]

さらに彼は、ガスパイプラインの建設と並ぶ巨大な建設事業であったイスファハーン製鉄所の建設に言及し、イランでの製鉄所の建設や鉄鉱床に関する調査および計画立案のために、ソ連の専門家を直ちに派遣するよう求めた。彼によれば、これらの巨大な工業プロジェクトは重大な政治的意義を持つものである。当時、ソ連の関係機関はイランで自らの地位を維持しようとする西側企業との競争に晒されており、このような建設事業でソ連側がどう自らの責務を実行するかが、イランとソ連との今後の協力に重大な影響を与えることになる。現にソ連が納入期限などを引き延ばしたためにイラン内の親ソ勢力は失望を覚えているうえ、こうしたソ連側の怠慢は西側やイラン内の反ソ勢力によってソ連との経済技術協力の信頼を損ねるために利用されるかもしれないという。このようにソ連の関係機関の不十分な対応を批判したうえで、ザイツェフは改めてこの問題に関する「特別な懸念」を表明し、イランでの義務をより注意深く実行するよう要求した。[41] ザイツェフは、イランでの一連の建設プロジェクトを、イランをめぐる西側との競争の重要な戦場と見なし、このプロジェクトの遅れに適切に対処しようとしないGKESや経済関連省庁に改善を求めたのである。

対イラン経済政策の実施において中心的役割を果たしたGKESもこのようなザイツェフの見解に基本的に同意していた。すでに一九六五年七月の時点で、NIOCの幹部マヌチェヒルは、ソ連大使館の経済顧問ユーリー・クズネツォフに対して、ソ連製のガスコンプレッサーは品質面で西側企業のものよりも著しく劣っていると指摘したうえで、ソ連側はガスコンプレッサーの供給に全く関心を持っていないのではないかとの疑念を伝えた。これに対してクズネツォフは、ソ連製のコンプレッサーはソ連のガスパイプラインに広範に用いられており現代の科学技術の水準に達していると強調して、イラン側の懸念を払拭しようとした(42)。しかし、クズネツォフの発言は、事実とは異なっていた。ガスコンプレッサー・ステーション向けガスタービンを製造していたのは、重工業・エネルギー・運輸機械建設省傘下のウラジーミル・レーニン名称ネフスキー機械建設工場であったが、この工場は当初より期限内に輸出向けのガスタービンを生産することは不可能であると主張し、工場拡張のための特別措置をとるよう要求した(43)。これに対して、閣僚会議幹部会対外経済問題小委員会は期日通りにガスタービンを納入するよう何度も関係省庁に命じ、政府の決定を必要とする問題が生じた場合は提案を提出するよう要求していた。しかし、ネフスキー工場はこのタービンの生産準備を十分に行わなかった。この問題を調査したＧＫＥＳ議長代理ミハイル・スローエフは、ガス工業省、重工業・エネルギー・運輸機械建設省、化学工業省がガスタービンの製造、検査、供給に十分な注意を払っていないと指摘し、これら三省の怠慢を厳しく批判した(44)。このように、ソ連の工業関連省庁や企業は期日通りに納品することを重視しなかったため、ＧＫＥＳや在イラン大使館はしばしば釈明に追われることになった。

国内企業に対する批判という点ではザイツェフ大使、ＧＫＥＳ、そしてゴスプランの見解は一致していたが、イランとの交渉についてはゴスプラン議長バイバコフとザイツェフの間で足並みの乱れが生じていた。バイバコフは、ザイツェフが経済関係機関との十分な協議を経ないままに、本来はゴスプランやＧＫＥＳが担当するはずのイランとの経済協力に関する交渉に深入りしたことに反発した。一九六七年七月一七日付の外相グロムイコ宛の書簡のなかで、彼は、ザイツェフがイランとの石油やガスをめぐる経済協力に過度の関心を示したことで、イラン側がこの協力へのソ連の関心を過大評価している可能性が生まれており、イラン側との会談におけるザイツェフの過度な積極性は石油・ガスという重要問題に関するソ連・イラン交渉の正常な進展を妨げていると述べ、ザイツェフの交渉姿勢を批判した。経済問題に関するイランとの交渉は、ゴスプラン、対外貿易省、ＧＫＥＳなどの経済機関が担っていたことから、バイバコフはザイツェフがこれらの経済機関の交渉を無視してイランとの経済関係に過剰に関与することを嫌っ

たのである。(45)

二　対イラン経済協力の進展とイラン石油外交の妙

このように、対イラン経済交渉をめぐりソ連内部には対立も存在していたが、それでも一九六五年のシャーのソ連訪問以後、ソ連・イラン間の経済関係は拡大した。同時に、ソ連・イラン経済関係の進展と前後して、イランはコメコン諸国との石油貿易についても関心を示すようになった。一九六六年一一月に駐ソ・イラン大使ミルフェンデレスキは、ＧＫＥＳ副議長イリヤドール・クリョフに対して、イランは石油をソ連および東欧諸国に供給するという問題についてソ連側と協議する用意があると伝えた。彼によれば、ソ連がこの提案に同意するのであれば、ソ連・東欧諸国がどれくらいの量の石油をイランから購入できるのか、そして石油の輸送手段はどうするのかについて協議するのが望ましいという。(46)

このイランの提案を受けて、ゴスプラン石油ガス工業部長ガロンスキーは、長期にわたり毎年五〇〇〇万トンの原油をイランから輸入した場合の損益について簡単な試算を行った。それによると、ソ連は合計一〇億トンの原油を採掘せずに済むことになり、石油生産能力拡大のために必要とされた二八・五億ルーブルの追加投資を他分野に割り振ることができる。さらに、この五〇〇〇万トンのうちの一〇〇〇万トン以上をブラジルやイタリアなどに再輸出すれば、ソ連国内の原油輸送量を抑えることにつながり、原油輸出によるソ連の経済的損失を抑制することができるという。(47)

また、イランから大量の石油を輸入する場合、対価としてソ連の工業製品を輸出することになるため、この話はソ連工業の成長にとっても望ましいと考えられていた。具体的には、イランから四〇〇〇万トンの原油を輸入する場合、ソ連・東欧諸国はおよそ四億ルーブル相当の物資・サーヴィスを毎年イランに追加で供給する必要があると見込まれていた。しかも、イランは、一九七五年からソ連へのガス供給量を二〇〇億立方メートルに拡大することも提案しており、この支払も毎年一・二億ルーブルになると計算されていた。当時のソ連の対イラン輸出額が二五〇〇万ルーブルにすぎなかったことを考えれば、イラン側の提案はソ連・イラン貿易を一挙に拡大させるものであった。そのため、ゴスプラン議長バイバコフはこのイランの提案を歓迎した。彼によれば、イランが必要とする工業製品などの生産を拡大するために、一九七三年から一九七五年に工業部門への投資を増強する必要があるが、このために必要な資本はエネルギー部門における投資を削減することで確保できると見込まれていた(48)。つまり、イランからの大量の石油・ガス輸入によって、ソ連は自国の資源開発のための投資を減らし、その代わりに付加価値の高い工業部門への投資を拡大することができるかもしれないと期待されていたのである。しかし、ソ連政府内には、イランが提案する石油・ガスの供給量があまりにも大きいことを問題視する声もあった。それによると、イランの提案通りに原油・ガスを輸入する場合、一九七〇年に一・四億ルーブル、七五年に三億ルーブルの製品をイランに追加で輸出しなければならなくなるが、ソ連工業にはこれだけの製品を追加で生産するだけの余力がないうえ、イランにもこれだけの工業製品を追加で受け取るための体制が整わないのではないかと危惧されたのである(49)。このように、輸入量の面で問題はあったものの、総じてゴスプランはイランからの石油輸入に積極的であった。

同時に、ゴスプランはイランから東欧諸国に対する石油輸出の拡大にも期待していた。この時期、イラン政府は石油の輸出先を積極的に模索しており、石油をソ連のみならず東欧諸国にも輸出しようとしていた。一九六六年一一月二〇日にイランのアミール・アッバース・ホヴェイダー首相はザイツェフ大使に対して、石油分野でソ連・東欧諸国との協力の用意があると伝えた。さらにその四日後に、前述のように、イランの駐ソ大使ミルフェンデレスキはGKES副議長クリョフに対して、イランはソ連・東欧諸国にイラン産の石油を供給する用意があると伝えた(50)。東欧諸国からエネルギー資源の供給拡大を強く迫られていたソ連は、このイランの提案を歓迎した。この時期、ソ連と東欧諸国の間では、ソ連と東欧諸国を結ぶドルージバ・石油パイプラインを増強することが協議されていた。ドルージバは一九六四年に完成し、東欧諸国に原油を輸送していたが、当初より東欧諸国はこのドルージバ・パイプラインの輸送能力を強化するよう求めていた。そこで、第九次五カ年計画期（一九六六―一九七〇年）に総延長七七四キロの第二パイプラインを追加で建設することが決定されていた。一九六六年一二月末にゴスプランは、関心を有するコメコン諸国とドルージバ・パイプライン拡張問題について協議する前に、コメコン諸国の一九七〇年から一九八〇年にかけての原油需要に関する情報を検討するとともに、ソ連・東欧諸国のイランからの原油輸入量の問題も決定すべきであると指摘した。その際、ゴスプランは、イランから輸入する原油を東欧に輸送することも考慮に入れたうえで、この第二パイプラインの建設計画案を作成するよう提案した(51)。つまりゴスプランは、イランからの石油パイプラインをドルージバに接続させ、イランと東欧を結ぶ原油の流れを作り出すことを真剣に検討していたのである。

このように、イランからの原油輸入は、ソ連の負担を軽減しつつ東欧諸国の資源需要に応えるための重要な手段として期待されていた。コメコンにおけるソ連代表レセチコ首相代理もイランの提案を歓迎した。一九六六年一二月にレセチコは、ルーマニアを除く東欧五カ国代表とこの問題について協議し、翌年一月には各国のイランからの原油輸入希望量を取りまとめた。それによると、ブルガリアは一九七〇年に一〇〇万トン、一九八〇年に三〇〇万から五〇〇万トン、ハンガリーは一九七〇年から一九七五年に毎年一〇〇万から一五〇万トン、東ドイツは一九七一年から一九七五年に毎年一〇〇万から二五〇万トン、一九七六年から一九八〇年に毎年二五〇万から四〇〇万トン、チェコスロヴァキアは一九七〇年に一〇〇万トンまで、八〇年には五〇〇万トンまでの輸入を希望していた。ゴスプランはソ連の輸入量について一九七〇年に五〇〇万から七〇〇万トンを輸入し、以後も輸入量を大幅に増加させることが望ましいと考えていた(52)。

このようにイランの提案は総じて歓迎されたが、コメコン内にはイランの意図を疑問視する声も存在した。イランは当時、様々なルートを通じてソ連・東欧諸国に石油輸出に関する提案を行っていたが、その提案で示された数字はバラバラであり、これらの提案のうちのどれが現実的なのか確認する必要があった。そのため、まずはソ連がコメコン諸国を代表して、イランと事前協議を行うことになった。その際、バイバコフとレセチコは党中央委員会宛の提案のなかで、イランとの交渉を可能な限り急ぐよう主張した。これは、ルーマニアの動きを警戒してのことであった。ルーマニアは当初より二国間交渉を通じてイランから石油を輸入しており、イランからの石油輸入に関する右記の会議にも代表者を派遣していなかった。(53) ソ連や東欧諸国がイランからの石油輸入に向けて動き出すと、ルーマニアはイランとの石油取引でソ連や他の社会主義諸国との競争にさらされることを警戒するようになった。そのため、ルーマニアはソ連とイランとの関係を損ねるために、ソ連はイランからの石油購入を独占しようとしている、ソ連は社会主義諸国のみならずイタリアにも石油を再輸出するつもりである、などといった見解をイラン側に伝えていたという。このように、バイバコフとレセチコは、これ以上ルーマニアが暗躍するのを防ぐために、イランとの迅速な交渉を進めるように訴えたのである。(54)

しかし、この拙速な行動は裏目に出た。ザイツェフ大使が指摘したように、イランはソ連との経済関係の改善を西側諸国との交渉におけるカードとして利用することで最大限の利益を得ようとしていた。(55) ソ連閣僚会議総務部のデメンチエフがまとめた報告書によれば、一九六六年後半の石油供給に関するイランの提案の背後にもこのような戦術が存在した。当時、イラン政府と英米系石油コンソーシアムの間では、石油生産の拡大や一部鉱区のイランへの返却などをめぐって対立が生じていた。そこで、シャーはソ連・東欧諸国との交渉をちらつかせることでコンソーシアムに対する圧力を強め、譲歩を引き出そうとした。最終的に、石油コンソーシアムは石油分野でイランとソ連や社会主義諸国との関係改善を阻むためにイラン側に大きく譲歩し、以後二年間イランでの石油採掘を一一%から一二%増加させ、石油利権協定により獲得した土地の四分の一をイランに返還し、以後五年間、ＮＩＯＣに優遇価格で合計二〇〇〇万トンの原油を提供することに同意した[56]。

このようにコンソーシアムから譲歩を引き出したのち、シャーはゴスプラン議長バイバコフを団長とするソ連交渉団との会談に臨んだ。一九六七年四月に、シャーはソ連の交渉団を前にそれまでの提案を繰り返し、一九七〇年までに一五〇〇万トン、その後は三五〇〇万から四〇〇〇万トンの原油を社会主義諸国に輸出する用意があると述べた。さらに彼は、将来的に東欧諸国の輸入量が増大した場合はソ連領を経由するパイプラインを建設することもできると指摘した。シャーにとっての問題は、石油の輸出そのものではなく、石油の輸出と引き換えに東欧諸国から何を輸入できるかであった。彼は、チェコスロヴァキアからは機械や設備を輸入できるが、イランから五〇〇万トンの原油の輸入を希望している「ブルガリアで何を得ることができるだろうか」と述べた。そのうえで彼は、ソ連がイランに工業製品を輸出する代わりに原油を受け取り、その後この原油を東欧諸国に分配して対価を受け取るよう提案した[57]。しかし、その一週間後に、イラン側は、東欧諸国への石油輸出に関する方針を変更した。イラン首相ホヴェイダーはバイバコフに対して、ルーマニアなどの東欧諸国がイランと個別に交渉することを望んでいることを理由に、東欧諸国に対する石油輸出についてはソ連・イラン間の交渉の議題としないよう提案した[58]。

このイラン側の方針の変化のために、コメコン諸国が協力してイランから原油を輸入するという当初の方針は失敗に終わった。それでも、東欧諸国はイランとの経済関係の拡大に努めたが、イラン市場における西側企業との競争が次第に激しさを増したため、東欧諸国はイランで経済協力を進めるのが次第に困難になっていった。一九七一年五月に、コメコン諸国の経済専門家が意見交換会を開いたが、この会合ではイランと経済関係を構築するのが難しいと訴える発言が相次いだ。ブルガリア代表は、ブルガリアがイランに提供した借款のうち、実際に使用されたのは半分程度にすぎなかったと報告した。彼によれば、ブルガリアの支援によってイランに工場が建設されたが、イラン国内でこの工場が生産する製品の販売先を確保するのが難しかったため、イランはブルガリアの支援で建設された工場の製品を購入するようブルガリアに求めているという。ハンガリー代表もイランとの経済関係の強化が困難であると訴え、イランで競争入札に参加しようとしても、イラン側は社会主義諸国の参加を妨害するようになったと報告した。ポーランド代表は、この状況に対処するために競争入札参加の際は社会主義諸国が団結して西側企業に対抗すべきであると提案した。(59) このように、コメコン諸国の経済技術支援の水準が低いことに気づいたイラン政府は、次第にコメコン諸国に対して厳しい条件を付けるようになっていった。この傾向は、一九七三年の石油危機以降、ますます顕著になっていくことになる。

三　ＩＧＡＴ２建設問題とソ連の鋼材不足

このように、イランとの経済関係をめぐるコメコン諸国間の協調はほとんど進まなかったが、天然ガス供給の拡大をめぐるソ連・イラン間の交渉もＩＧＡＴ２建設をめぐって暗礁に乗り上げた。その際、特に問題となったのが、パイプライン敷設に必要な鋼管の不足であった。一九六七年四月にシャーはバイバコフに対して、ＩＧＡＴ２についてはソ連が独力で建設するよう要求した。彼によれば、西側諸国、特にイギリスが鋼管の製造に必要な鋼板の価格を吊り上げているため、パイプライン建設に必要な鋼板を国際市場で調達するのが難しいという。しかし、当時、ソ連国内でもガスパイプライン用の特殊鋼材が不足していたため、バイバコフはシャーに対して、「ソ連からは限られた供給可能性しかないので、他の国で鋼板を購入するための措置をとるよう」要請せざるをえなかった。このソ連側の対応を受けて、シャーは日本かフランスを加えた三国で鋼板供給に関する協定を締結することを検討するよう提案した。彼によれば、鋼板さえ入手できれば、イランの鋼管製造工場で鋼管を製造できるという。(60)

バイバコフのイラン滞在中には、ＩＧＡＴ２以外にも多くの分野で経済技術支援について協議された。イランは第四次五カ年計画期（一九六八―一九七二年）に、天然ガスの輸出と引き換えに、ＩＧＡＴ２建設、製鉄所の拡張、精銅所、交換部品製造工場に加えて、砂糖、エレベーター、冷蔵庫などの製造工場、さらには空港、道路、鉄道、ダム、灌漑水路、送電網の建設など総額一二億ルーブルのプロジェクトをソ連の支援を受けながら進めようとしていた。イランはソ連の技術支援により基本的なインフラや工業生産拠点の建設を進めることで、経済の近代化を加速させようとしていたのである。(61)

このイランの一連の提案はソ連にとっても政治・経済の両面で有益であったことから、バイバコフは、シャーとの会談に関する中央委員会宛報告のなかで、イランからのガス輸入を一九七五年までに二〇〇億立方メートルに拡大するために、イラン側と交渉するよう提案した。最大の障害はパイプライン敷設のために必要な鋼管の調達であった。彼はソ連国内の鋼材不足をよく理解していたので、鋼板についてはイランに資本主義諸国と交渉するよう要求すると同時に東欧諸国からも輸入するという方針を提案した。しかし、この条件ではイランを説得することは難しかった。そこでバイバコフは、これらの措置によっても必要な量の鋼材を確保できない場合は、イランでの鋼管製造のためにソ連からの鋼板の輸出に同意してもよいと述べた。つまり彼は、イランからの天然ガス供給を拡大するために、ソ連国内で著しく不足している鋼板をイランに供給することに賛成したのである。(62)このバイバコフの報告を受けて、一九六七年五月四日に政治局は、バイバコフによるイランとの交渉結果を承認したうえで、バイバコフ、ウラジーミル・ノヴィコフ首相代理、ニコライ・パトリチェフ対外貿易相、スカチコフGKES議長、コルトゥノーフガス工業相らに、バイバコフが報告した諸問題について検討するよう命じた。(63)

この党指導部の決定を受けてバイバコフは、一九六七年六月に中央委員会宛の報告案のなかで、ソ連ヨーロッパ地域や東欧諸国における燃料不足を解消するために、イランからのガス輸入を拡大することは経済的に有益であると主張した。すでにチェコスロヴァキア、東ドイツ、ブルガリアなどのコメコン諸国は、一九七五年までに年一〇〇億立方メートルにのぼるガスをソ連から輸入したいと希望していた。こうした東欧諸国におけるガス需要の急増を踏まえて、ゴスプランは西シベリアのチュメニ州からの天然ガスの供給・輸送コストとイランからのガスの輸入コストを比較検討した。それによると、チュメニ州で天然ガスを採掘し、ソ連西部国境までのガスパイプラインを建設した場合、ソ連西部国境での一標準燃料トン当たりのチュメニ産ガスの価格は、二〇・三ルーブルに達すると見込まれた。これに対して、ソ連西部国境でのイラン産ガスの価格は一三・一ルーブルにすぎなかった[64]。つまり、ゴスプランの試算では、チュメニ州で天然ガスを生産しソ連西部まで輸送するよりもイランからガスを輸入したほうが三割以上コストを節約できることになる。しかも、ザカフカースのようにイランに近くソ連の主要なガスパイプライン網から離れた地域では、イランから天然ガスを輸入するメリットはさらに大きなものとなった[65]。以上の計算に基づき、バイバコフはIGAT2の建設を支持した。そのうえで彼は、交渉の際の基本方針として、一、第二パイプライン建設事業をソ連が完全に請け負う、二、パイプライン建設のための鋼材についてはイランができる限り資本主義諸国で調達すべきであるが、「もし社会主義諸国からの再輸出かソ連からの直接供給によって、イランでの鋼管製造のための鋼板や鋼管を供給する必要が生じるなら、これに同意してもよい」と提案した[66]。当時のソ連ではガスパイプライン向けの鋼材が極度に不足していたことから、国内のパイプライン建設に必要な鋼材の一部をIGAT2建設のために提供した場合、国内のガスパイプライン建設が遅れることは避けられなかったが、バイバコフは国内の建設を遅らせてでもイランの安価な天然ガスの輸入を拡大しようとしたのである。

しかし、天然ガス開発とガスパイプラインの建設を担当していたガス工業省はこの提案に強く反発した。ガス工業相コルトゥノーフの見解では、ゴスプランの試算は根本的に間違っており、イランからガスを輸入するよりもソ連国内でガス生産を拡大したほうが経済的であった。彼によれば、IGAT2の建設のために必要な資材はソ連国内で用いるべきであり、IGAT2の建設はイランが鋼管・設備を調達しソ連の借款なしに建設を行うことができる場合にのみ検討してもよいという[67]。アレクサンドル・シドレンコ地質相もコルトゥノーフと同じ意見であり、イランがソ連からの借款なしに鋼管や設備の供給を引き受ける場合にのみＩＧＡＴ２の建設を検討してもよいと主張した(68)。

このバイバコフとコルトゥノーフらの対立の背景にあったのは、単にコスト計算をめぐる見解の相違ではなかった。そもそも、ソ連の不合理な価格体系のもとでは、真のコストを計算するのは事実上不可能であり、経済関係機関の職員たちもこのことは理解していたと考えられる。この対立を理解するには、西シベリア開発をめぐる両者の見解の相違に目を配る必要がある。一九六〇年代初頭以来、コルトゥノーフはソ連ヨーロッパ地域における燃料不足はシベリアからのガス供給によってのみ解消されうると主張し、ソ連地質省やチュメニ州党委員会とともにチュメニ州の天然ガス開発のための大規模な投資とガスパイプラインの建設を繰り返し要求していた。しかし、バイバコフや石油・石炭・電力産業の関係機関はコルトゥノーフの主張に懐疑的であった。一九六六年に、コルトゥノーフはイタリアとの経済協力により西シベリアからソ連西部国境までの天然ガスパイプラインを建設し、天然ガスを西欧に輸出するよう提案したが、ゴスプランはこの計画はあまりに野心的でリスクが高すぎるとして反対した(69)。このように西シベリア開発をめぐってゴスプランとガス工業省が対立していたときに、ＩＧＡＴ２をめぐるイランとの交渉が本格化した。そして、バイバコフは、イランから天然ガスの輸入を拡大するためにＩＧＡＴ２を建設するほうがソ連国内で野心的な大規模ガスパイプラインの整備を急ぐよりもリスクが少なく、経済的にも好ましいと考えたのである。

この両者の対立は、西シベリア開発事業やチュメニ州からのガスパイプライン事業と同様に、ブレジネフの支持を取り付けることに成功したコルトゥノーフの勝利で終わった。すでに五月から六月には、ブレジネフは業務日誌に「ガスに関するイタリアとの交渉はどのように進んでいるか」（傍線は原文）と記し、イタリアとの協力に基づいて国内の天然ガスパイプラインを建設することに大きな関心を示していた(70)。明らかに天然ガス開発に関するブレジネフの立場はコルトゥノーフに近かったのである。結局、一九六七年七月一二日の中央委員会宛報告書では、イランへの鋼材輸出に関する部分は削除され、イランが資本主義諸国で鋼材を調達するか、東欧諸国が鋼材や設備を供給するという二つの選択肢のみが記載されていた(71)。

このソ連の決定の結果、IGAT2の建設をめぐる交渉は暗礁に乗り上げた。一九七〇年一〇月七日のソ連・イラン経済協力常設委員会でこの問題が取り上げられたが、双方の主張は平行線をたどった。ソ連代表スカチコフは、一九七五年以降一五年間にわたってイラン南部のガス田から一〇〇億立方メートルの天然ガスを追加で輸入する用意があると表明した。彼によれば、この目的のために、ソ連は技術支援を提供する用意があるが、鋼管についてはイラン側が準備する必要があるという(72)。これに対して、イラン側は、鋼管を含むあらゆる資材・設備・建設作業をソ連側が負担するよう求めて譲らなかった。結局、両国ともIGAT2の建設に関心を持ちながらも、鋼材供給をめぐるソ連の経済的な限界のために合意に達することができなかったのである。

天然ガスをめぐるソ連との交渉が停滞すると、シャーは天然ガスの販売先として西欧諸国に期待するようになった。一九六九年春に、シャーはソ連代表団との会談の際に改めてソ連へのガス供給拡大をめぐる協力に言及したが、同時に、ソ連経由でフランスに天然ガスを輸出する可能性を検討するよう提案した(73)。一九七〇年一〇月の両国間の経済協力常設委員会でも、イラン側はソ連経由で西欧に天然ガスを輸出することを提案した。この提案で、イラン側は、ソ連・イラン国境までの天然ガスパイプラインの建設費用をすべて引き受けるほか、ガスのトランジット料金をソ連側に支払う用意があると述べて、ソ連側の同意を引き出そうとした。しかし、ソ連側はヨーロッパへのガスの輸送能力に余力がないことを理由に、イラン側の提案に応じなかった(74)。

一九七一年五月に在イラン大使館経済顧問のV・ゴロヴァノフがNIOC幹部と会談した際にもIGAT2建設に関する問題が取り上げられた。この会談のなかでイラン側は、この問題についてソ連の態度に「新しい傾向」が生まれたかどうか知りたいと述べて、鋼管や借款等に関するソ連の立場の変化に期待を示した。しかし、ゴロヴァノフの返答は従来のものと変わらなかった。そこでイラン側は、ソ連領を経由した天然ガスのヨーロッパへの供給を再度提案した。ＮＩＯＣはすでに西側企業とＩＧＡＴ２の建設に関する条件で合意していた。そのため、ＮＩＯＣはソ連領内のトランジット料金をハードカレンシーで支払う用意があると述べて、ソ連の同意を引き出そうとしたが、ゴロヴァノフはソ連のヨーロッパ向けガスパイプラインには余力がないと返答して、このイラン側の要請を退けた。そこでイラン側は、ソ連がイランからの天然ガスを自国の南部地域で消費する代わりに、同量の天然ガスをソ連からヨーロッパに供給するという代替案を提示した。しかし、ゴロヴァノフはこの提案もパイプラインの輸送能力に余裕がないことを理由に拒絶した。それでも、イラン側はソ連側の譲歩を引き出そうとした。彼らは、このソ連側の見解は明らかに技術専門家の意見をもとに作成されたものであるが、世界中どこでも技術者は間違うことがあるので、もしソ連側の立場に何らかの変化が生じるなら大変感謝する、と続けたのである(75)。

以上の交渉からは、ソ連が天然ガスをめぐるイランとの交渉に消極的になっているとの印象を受けるが、実際には、ゴスプランやＧＫＥＳはイランからのガス輸入拡大に関心を持ち続けていた。これは、一九七二年五月にゴスプラン対外貿易部長ヴィクトル・スパンダリャンが指摘したように、途上国との貿易構造はソ連にとって有益であったからであった。彼によれば、一九七六年から一九九〇年に関する基本方針のなかでもこの方向性は基本的に変わらず、途上国向け技術支援もソ連国民経済にとって有益な部門の発展のために提供される予定であった。具体的には、イランやアフガニスタンにおける天然ガス採掘や、イラク、アルジェリア、シリア、アラブ連合共和国における石油採掘などが支援の提供先として有望視されていた(76)。

イランとの天然ガス取引に積極的であったバイバコフは、一九七二年八月にイラン経済相アンサリとの会談の際にもこの問題を取り上げ、ＬＮＧ液化プラントを建設することで天然ガスの輸出拡大を狙うイラン政府に対して、ソ連とのガス取引も拡大するよう説得しようとした。彼によれば、イラン側が提案した両国間の経済協力に関するプランでは、ガス供給量の拡大が検討されていないが、ソ連はこの問題に関心を持っている。中央アジアやチュメニ州の天然ガスは、モスクワやレニングラードに供給したいので、カフカース地域のためにイランからさらにガスを輸入したい。ガス供給量の拡大は現在のパイプラインにバイパスやコンプレッサー・ステーションを追加建設することでも可能であるし、第二線を建設することもできるという(77)。

一九七二年一一月七日には、ゴロヴァノフもイラン首相代行サフィ・アスフィヤとの会談の際に、イランの次期五カ年計画における天然ガスの利用について照会した。これに対して、アスフィヤは、この問題はイラン政府内で協議されたところであると答えた。彼によれば、この協議のなかで、シャーは「第三国への販売のためにガス液化を増加させる必要はおそらくないだろう」、「南部の採掘地からソ連へのガス供給を増加させるのがより適切である」と発言したという。ゴロヴァノフがＩＧＡＴ２の建設について検討されたのかと問うと、アスフィヤは検討されたが最終的な決定はのちのことになるだろうと返答した(78)。

この時期にシャーがＩＧＡＴ２の建設を再び取り上げた背景には、ＬＮＧの輸入に関する日本とイランの交渉が進展していないという事情もあったと考えられる。一九七二年一一月二五日に、在イラン西ドイツ大使館一等書記官ハーンは、ソ連の在イラン大使館一等書記官オジェゴフに対して、ガッチサラン・ガス田からＬＮＧを供給するという日本とイランの交渉は失敗に終わったと伝えた。彼は「隠しきれない満足感とともに」、価格をめぐる両国の見解の相違が解消されることはないだろうと予測した。同時にハーンは、イランからソ連に供給されている天然ガスの量が増えることに強い関心を示したという(79)。すでにこの時期、ソ連経由でイラン産天然ガスを輸入することへの関心が西ドイツ政府内でも芽生えていたのであろう。

第一次石油危機後、イランの天然ガスをソ連経由で西欧諸国に供給するという提案は急速に現実味を帯びてきた。一九七四年初頭までにガス工業省はこの問題に関する提案を作成しゴスプランに提出した。ゴスプラン議長バイバコフはただちにこの提案の妥当性をチェックするよう国家専門委員会に命じた(80)。国家専門委員会とは、省庁が作成した大型投資プロジェクトの経済性について検証するための委員会であり、資源開発などの大規模投資計画はこの委員会によるチェックを必要としていた。

国家専門委員会の専門家グループは直ちにこのガス工業省案を検討し、イランからの天然ガス輸入の拡大は望ましいと指摘した。彼らによれば、天然ガスはソ連ヨーロッパ地域のボイラー・炉用燃料の三割を占めていたが、一九七〇年代後半から一九八〇年代にこの割合は増大し続け、一九九〇年にはヨーロッパ地域の燃料に占める天然ガスの割合は最低でも五五%を占めることになるだろうと見込まれていた。しかし、ソ連ヨーロッパ地域におけるガス需要を満たすためには、三〇〇〇キロ以上離れたチュメニ州のガス田から大量の天然ガスを輸送する必要があった。特にザカフカースはガス供給システムから孤立していたため、この地域への天然ガスの供給は難しかった。以上の根拠をもとに、専門家グループは、イランから一〇〇億立方メートルの天然ガスを追加で輸入することは、この地域の燃料供給にとって非常に好ましいと結論づけた(81)。

この問題を検討するために国家専門委員会に設置された小委員会も、この専門家グループの結論に同意し、イランの天然ガスをソ連領内のガスパイプライン経由でそのまま西ドイツに輸送するよりも、これをソ連南部で消費し、その代わりに同量のガスをチュメニ州か中央アジアから西ドイツに輸送するほうがより効率的であると指摘した(82)。国家専門委員会議長はこの結論を直ちにバイバコフに伝え、イランからのガス輸入量の拡大および西ドイツへのガスのトランジットに関する問題を検討する際に、この勧告を考慮に入れるよう要請した。バイバコフは、この要請をそのままゴスプラン各部長に伝えた(83)。これを受けて、イランから一〇〇億立方メートルの天然ガスを追加で輸入し、その代わりにソ連のガスを西ドイツに輸出するというトランジット合意に向けた準備が進められることになった。

おそらくはこのゴスプラン内部の議論を踏まえたうえで、一九七四年一一月一一日にコスイギン首相はソ連・イラン経済関係全般に関する提案を政治局に提出した。コスイギンによれば、石油危機以後、イランには大量の外貨があり、西側で必要な物資を購入できるにもかかわらず、シャーは以前と同様に、ソ連との経済関係の拡大に「非常に大きな意義」を認めていた。ソ連との経済関係はアメリカや他の資本主義諸国に対するイランの政治的地位を強化するために重要だったからである。[84]

このように、ソ連・イラン経済関係の現状を肯定的に評価したうえで、コスイギンは経済関係のさらなる発展の展望を次のようにまとめた。彼によれば、ソ連との友好関係を維持するのはシャーの基本方針の重要な要素であるため、ソ連・イラン経済関係のさらなる発展のための好ましい展望が開けている。具体的には、すでにイランからは、原子力発電所や火力発電所の建設、イスファハーン製鉄所のさらなる拡張、ソ連からの兵器購入の拡大などに関する提案があった。コスイギンもイランからの経済支援協力の提案に積極的に応じる姿勢を示した。その大きな理由の一つとして、石油危機以後のソ連・イラン間の貿易収支の問題があった。国際市場における原油価格の高騰を受けてイランからの天然ガス輸入価格も改定され、ソ連の一九七〇年から一九八五年の天然ガスの支払い額は、当初見込みの八・四億ルーブルから一七・五億ルーブルに急増することとなった。この状況に対応するために、輸出の拡大が必要だったのである。[85]

このコスイギン提案をもとに、一九七四年一一月一五日の政治局会議で「イランとソ連との経済関係のさらなる発展について」という政府決定が承認された。ソ連指導部はイラン側に対して、電力、ガス工業、鉄鋼業、探鉱作業、灌漑、鉄道輸送などの経済分野のさらなる発展のために技術支援を提供することを原則的に承認した。特に大規模なプロジェクトであったのが、イスファハーン製鉄所の鉄鋼生産能力の拡大、熱併給火力発電所三基の建設、イラン南部ガス田からソ連国境までの一五〇〇キロに及ぶＩＧＡＴ２の建設などであった。ＩＧＡＴ２の建設に必要な鋼管、設備等はイランが用意し、ガスコンプレッサーについてはソ連側が供給するという内容であった。[86]

ソ連政府は、この決定に基づいてＩＧＡＴ２の建設および天然ガスのトランジットについてイランおよび西ドイツと交渉し、一九七五年四月一〇日に両国と合意に達した。それによれば、新パイプラインによってソ連領アスタラに供給されるガスの量は年間一二〇億から一三六億立方メートルであり、供給は一九八一年一月に開始される予定であった。ソ連は、国境でイランから受け取ったガスを実際に輸送しなくとも、同量のソ連産ガスをヴァイトハウスで西ドイツ側に受け渡せば、西ドイツからガス輸送量の一四％をトランジットの対価として譲渡されることになった。パイプライン建設費用のうち、ガス汲み移し装置や閉塞弁、一〇〇万トンの鋼管などの調達のために、西ドイツは二〇億西ドイツマルクの借款を用意することになり、ソ連・イラン間の第二パイプライン建設交渉で最大の障害となっていた鋼管供給をめぐる問題にも決着がついた[87]。なお、イランからの天然ガス・トランジットには、西ドイツ以外にフランス、オーストリア、チェコスロヴァキアも参加したことから、プロジェクトはソ連・イラン・西ドイツ・フランス・オーストリア・チェコスロヴァキアの六カ国が関与する国際的なものとなった[88]。一九七八年四月にNIOCとの間で契約が締結され、ソ連はガスパイプラインの北部区間四八七キロの建設を請け負うことになった[89]。

しかし、IGAT2の建設は、すぐに困難に直面することとなった。一つには、ソ連による建設人員・資材等の輸送が大きく遅れた。NIOCからは、ソ連が建設を請け負ったパイプライン建設区域で建設作業が大幅に遅れており、必要な物資も人員もいない、といった苦情が繰り返し届けられた[90]。

しかし、こうした技術的な問題以上に重大だったのがイラン国内の政治的な混乱であった。すでに一九七八年一月以降、イランではデモや暴動が繰り返し発生し、政情不安が広がっていた。ストライキやデモはイランの主要産業であった石油やガスの採掘・輸送にも影響を及ぼし、一〇月二四日以降、ソ連向け天然ガスの供給は停止された[91]。イラン国営ガス会社は、一二月二四日にソ連へのガス供給に関して不可抗力条項（force majeure）を適用した。最終的に、国内情勢をコントロールできなくなったシャーは、一九七九年一月一六日に国外に退去した。

イラン革命後も、革命前から合意・実施されていた経済協力を継続するために、ソ連外務省やGKESは精力的に交渉を重ねた。GKES議長スカチコフは一九七九年五月三日から一七日までイランを訪問し、パイプライン建設再開のためにイラン共和国政府との交渉にあたった。ソ連はすでに二〇〇〇万ドル相当の資材をイランに輸送し、一二六キロにわたってパイプライン敷設用の土地を整備していたことから、スカチコフは建設・組み立て作業の再開に関する決定の採択を急ぐよう求めたのである(92)。

しかし、状況は改善しなかった。七月一一日にスカチコフは、イランの駐ソ大使モクリとの会談のなかで、IGAT2の建設では「非常に困難な状況」が生まれたと指摘した。ソ連は建設現場に機械、設備、人員などを送ったが、イラン政府の建設再開の決定が採択されるまで作業は中断しているという。これに対してモクリは、イラン革命の指導的活動家がソ連との関係の発展に関して、みな同じ見解だというわけではないと説明した。ホメイニを中心とした革命勢力、イラン政府、イラン人民の見解はそれぞれ異なっており、イラン政府はソ連との友好関係の強化に関心を持っているが、現在のイラン国内の心理的状況を考えると、イラン政府は「イランとソ連との間の合意や契約の履行を強行することはできない」という。さらに、モクリは、ソ連との友好関係を強化するためには、反ソ的契機を「中和」させる必要があり、このためにイラン世論へのソ連のプロパガンダを強化するのがよいかもしれない、と助言した(93)。しかし、ソ連側の期待とは裏腹に、イラン指導部の「反ソ的傾向」やイラン・イラク戦争などのために、両国の関係はますます冷え込んでいった(94)。このようにして、第二パイプライン建設プロジェクトは、再開されることなく終わったのである。

イラン革命のソ連への影響はそれだけにとどまらなかった。革命前の一九七八年一〇月末にイランからの天然ガスの輸送が停止すると、コスイギンは一二月にウクライナ共和国閣僚会議に電報を送り、ソ連国内でのガスの採掘および輸送に関する建設作業の遅れと「輸入ガスの供給の著しい削減」のために一二月のガス供給の状況が緊迫していると指摘し、ガス消費に対するコントロールを強化するよう命じた(95)。カフカース地域では事態はさらに深刻であった。

一九八〇年一月にガス工業相サビト・オルジェフがヴェンヤミン・ディムシッツ首相代理に送った報告によれば、イランからのガス供給の停止のために、ソ連の地下ガス貯蔵施設からガスを供給せざるを得なくなり、国内のガス供給や輸出向け供給をめぐって「緊迫した状況」が生まれた(96)。ゴスプラン燃料バランス部長E・ヴェルテルも同議長代理アルカディー・ララヤンツに対して、ソ連中央地域とヨーロッパ地域西部でガス供給をめぐる状況は「大きな緊張」を抱えていると報告した。彼によれば、この原因は、第一にチェリャビンスク—ノヴォプスコフ間でガスパイプライン建設が遅れたため、計画されていた日量一二〇〇万立方メートルがソ連中央地域に届かなかったことにあり、第二にイランからの日量一一〇〇万立方メートルのガスが供給されなかったことにあった。このため、地下貯蔵施設に備蓄されていたガスはすべて消費されてしまった。この状況は、ガス輸出にも影響を与え、輸出向けの供給は完全には実施されなかったという(97)。イラン革命後に第二次石油危機が起こったため、ソ連は石油輸出から莫大な利益を得ることができたが、その一方でこの革命はソ連の一部地域の燃料・エネルギー事情を一時的に悪化させ、IGAT2の建設を頓挫させたのである。この事態を受けて、ソ連と西欧諸国は西シベリアのヤンブルグと西ドイツを結ぶ天然ガスパイプラインの建設に向けた交渉を加速させていった(98)。

小括

以上、本章では、ソ連の対イラン・アフガニスタン政策について、天然資源開発にかかわる問題を中心に、コメコン諸国との関係やソ連の関係省庁間の対立、さらにはイラン側の思惑にも注目しながら検討した。一九六〇年代半ばまでに、ソ連計画経済の舵取り役を担っていたゴスプラン内部では、将来的にソ連・コメコン諸国が必要とするエネルギー資源の供給が困難になっていくとの見方が支配的になっていった。そのため、エネルギー資源が特に不足すると見なされたソ連ヨーロッパ地域やコメコン諸国にいかにして必要なエネルギーを供給するかが大きな問題となった。そこで、ゴスプランやソ連のコメコン代表部、GKESなどは、イランやアフガニスタンなどの近隣諸国に注目し、これらの国からの資源輸入を拡大しようとした。

ゴスプランをはじめとする経済関係機関が主に経済的な観点から中近東地域の天然資源開発に関心を示したのに対して、ソ連の在イラン大使館などは、近隣諸国へのアメリカの影響力を弱め、中国の浸透を阻止するという戦略目標を達成するために、イランやアフガニスタンに対する経済技術支援やこれらの国々との貿易の拡大を支持した。一見すると、こうした経済的関心と戦略的関心は一致するかに見えたが、イランにおけるパイプライン建設などの具体的なプロジェクトをめぐって、様々な関係機関同士の利害対立が生じた。

IGAT1は一九七〇年に完成し、予定通りにガス供給を開始したものの、IGAT2の建設条件をめぐってソ連・イラン間の交渉は長い間停滞することになった。ソ連国内では、イランへの鋼材・借款の提供に積極的なゴスプランと、これに断固反対するガス工業省との間で対立が生まれた。この対立の根本的な原因は西シベリアにおけるガス開発をめぐるバイバコフとコルトゥノーフの対立にあった。天然ガスの開発や輸送の投資リスクに関する両者の対立は、イランとの経済関係にも飛び火したのである。この問題は、西ドイツがIGAT2建設計画に加わり、必要な借款や資材の提供を約束したことで、ようやく解消した。このように、イランというソ連にとって戦略上重要な国との関係構築に際しても、ソ連の経済的な限界や投資配分をめぐるソ連省庁間の対立が政治指導部の目標の達成に悪影響を及ぼすこともあったのである。

イランとコメコン諸国の関係では、ルーマニアのように経済技術支援と引き換えに石油を輸入することに成功した国もあった一方で、それ以外の国にとって成果は限定的であった(99)。一九六〇年代後半には、コメコン諸国では、イランから石油を輸入することに関心が集まったが、結局、目立った成果はあげられなかった。こうしたなか、東ドイツをはじめとする多くのコメコン諸国は、イラン以上にイラクにおける天然資源開発や石油輸入により期待するようになった。そこで、次章では、コメコン諸国とイラクとの関係について、資源問題に注目しながら検討していきたい。

第四章　イラク石油をめぐるコメコン協調の試み

中東の石油利権は二〇世紀初頭以来、英米系の国際石油資本の手に握られていた。これらの国際石油資本は中東に進出する際に、しばしばコンソーシアムを組織し、利権協定によってこの地域の石油開発・販売に関する独占的な権限を獲得した。第二次世界大戦後の脱植民地化のなかで、政治的独立と並んで経済的独立が重要視されるようになると、産油国は国際石油資本の手中にあった石油利権の回収に乗り出した。その際、多くの産油国は国際石油資本に対抗するために国営の石油会社を設立し、この会社に自国内での石油開発、輸送、販売に関する権限を与えた。しかし、多くの産油国には石油開発等に関するノウハウが欠けていたため、国営石油会社が独力で石油開発を進めることは困難であった。そこで、イラク、シリア、リビア、アルジェリアなどの中東・北アフリカの産油国は、ソ連や東欧諸国に技術支援を求めながら石油開発に取り組んだ(1)。

ソ連はこうした産油国の動きを政治的にも経済的にも歓迎した。政治的には、国際石油資本に対する産油国の「反帝国主義闘争」を支援し、中東地域における西側の影響力を後退させることは重要な外交課題であった。同時に、安価な中東・北アフリカの原油を確保することで、東欧諸国のみならずソ連の極東地域などのエネルギー資源需要を満たすことは経済的に有益であると考えられていた。

その際、ソ連が経済技術支援の対象として特に重視したのがイラクであった。イラクでは、一九二五年に英仏系コンソーシアムのトルコ石油会社がイラク北部における石油利権を獲得していた。この会社は、一九二九年以降はアメリカ系石油会社を加えてイラク石油会社（ＩＰＣ）として再編され、イラクにおける石油利権を拡大していった。そして、一九三〇年代末までにＩＰＣグループ傘下のモスル石油会社とバスラ石油会社がイラク南部における石油利権を掌握したことで、ＩＰＣがイラク全土における石油開発・輸送・販売等にかかわる決定権を独占することになった(2)。

一九五八年のイラク革命以後、歴代イラク政権はＩＰＣが掌握していた石油利権の回収に努めた。一九五八年に政権を掌握したアブデル・カリーム・カーセムは、一九六一年に法律第八〇号を制定し、ＩＰＣが開発していない地域の石油利権を自国の管理下に置いた。その後、クーデタによる政権交代が繰り返されたものの、歴代イラク政権は一貫して利権回収を進めた。一九六六年にイラク国営石油会社（ＩＮＯＣ）が設立され、翌年八月にはＩＮＯＣにＩＰＣから回収した地域における石油開発が委ねられた(3)。

一九六〇年代後半以降、イラク政府はこのＩＮＯＣを通じた国営石油産業の発展に努めた。その際、ＩＮＯＣには石油開発に必要な技術も設備も存在しなかったことから、イラク政府はソ連に石油開発・輸送関連の技術支援を要請した。ソ連はこのイラク政府の要請を歓迎し、イラク南部の北部ルメイラにおける油田開発のほか、原油の輸送・販売などの面でイラクを支援することに同意した。同時に、ソ連はイラクとの経済協力に関するコメコン諸国の政策を調整しようと試みた。コメコン諸国にイラクからの石油輸入を促すことで、コメコン諸国のエネルギー資源不足に対処しようとしたのである。一九七二年六月にイラク政府がＩＰＣを国有化すると、イラクからの原油輸入をめぐるコメコン内の協議は本格化した。

しかし、イラク産石油の輸入やイラク石油産業支援に関するコメコン諸国間の協調は、ソ連が期待したほど進展しなかった。石油の世界的な需給バランスやイラク政府の方針などの外的要因がソ連・コメコン諸国間の協調に影響を及ぼした結果、ソ連はこの問題に関するコメコン諸国の方針を十分に調整することができなかった。このように、イラクとの経済関係をめぐるコメコン内の協議でも、ソ連は十分な指導力を発揮することができなかったのである。この時期のソ連・イラク経済関係やコメコン諸国とイラクとの関係について分析した研究は、統計データや定期刊行物をもとにした現状分析が中心であり、コメコン加盟国間の方針の違い、コメコン諸国に対するイラクの政策の変化、コメコンの各種委員会におけるソ連の指導力の弱さなどの問題はほとんど言及されてこなかった(4)。そこで本章では、イラク産石油の輸入に関するソ連・コメコン諸国間の交渉を軸に、一九六〇年代後半から一九七三年の第一次石油危機までの時期のソ連・コメコン諸国・イラクの三者関係を検討したい。

第一節　イラクとの経済関係の模索

一　ソ連の政策

まずは、一九六〇年代から一九七〇年代初頭にかけてのソ連の対イラク経済政策を概観しておこう。石油開発に関するソ連・イラク間の交渉は、イラク政府がＩＰＣから利権を回収した地域の石油開発をＩＮＯＣに委ねる方針を固めた一九六七年に本格化した。イラク外相アドナン・パチャチは、同年四月一八日のソ連外相グロムイコとの会談の際に、ソ連がイラクにおける石油探鉱および開発に参加するよう提案した。具体的に彼が挙げた協力対象は、石油の共同採掘や販売、石油開発のための機械・設備のソ連からの輸入などであった。ゴスプラン議長バイバコフは、ソ連外務省からこの会談の情報を受け取ると、「互恵的な基礎の上に、イラクを含む発展途上国の石油資源を活用することは、ソ連および他の社会主義諸国の燃料需要充足の効果的な手段の一つ」であると指摘してイラクの提案を歓迎した。そのうえで彼は、イラク石油の探鉱、採掘、輸送に関する経済指標を詳細に検討し、これを、イラン、アルジェリア、シリア、エジプトなどのものと比較するよう提案した(5)。このように、バイバコフは石油開発をめぐるイラクとの経済協力を、石油を安価に輸入するという経済的な観点から評価していたのである。

もっとも、イラク政府は石油開発を進める際に、ソ連にのみ依存するつもりはなかった。石油開発をめぐる交渉のために、一一月末から一二月にかけてソ連の代表団がイラクを訪問することになっていたが、その直前にINOCはフランス石油事業研究公社（ERAP）との間で石油探鉱・開発に関する合意に仮調印した。(6) 明らかにイラクは東西双方の石油会社との間でバランスをとりながら、国営石油産業の発展に向けた方策を模索していたのである。

ERAPとの合意が成立した当日に、イラク石油相アブドル・フセインはGKES議長代理クリョフに対し、技術支援の支払いを油田の操業開始後に石油の供給によって行うという条件で、北部ルメイラにおける石油開発を支援するよう求めた。(7) この要請に対して、クリョフは少し後に行われたINOCのアジブ・アルジャディルとの会談の際に、ソ連は原則として支援を行う用意があると伝えた。(8)

一連の会談のなかでイラク側は、開発した原油の輸送・販売についてもソ連に協力を求めた。アルジャディルはクリョフとの会談のなかで、原油を輸送するための手段として、イラク北部からソ連までの石油パイプラインの敷設、地中海岸の港からの石油輸出、石油のさらなる輸出のためのペルシア湾までの石油パイプライン建設などの選択肢を検討していると伝え、ソ連がどれくらいの量の石油を輸入することができるかと質問した。これに対してクリョフは、ソ連の石油輸入量はイラクがどれくらいの額のソ連商品を輸入するつもりかにかかっていると応じた。ソ連は石油の対価としてソ連製の工業製品や機械設備等を供給するバーター貿易を望んでいたのである。アルジャディルはバーター貿易による石油輸出に同意したうえで、「もしイラクの市場が完全に西から東へ移ったとしても、受け入れ可能だ」と述べて、石油輸出を通じたソ連との貿易拡大に強い意欲を示した。(9) 最終的に、一九六七年一二月二四日に、ソ連代表団とINOCは、イラク南部における石油開発、原油の輸送・販売、イラク北部の石油探鉱活動などについてソ連が支援するという内容の書簡を交わした。(10)

駐ソ・イラク大使モフシン・アルハビブは、一九六八年一月のクリョフとの会談の際に、このソ連代表団のイラク訪問は「上首尾で有益な」ものだったと高く評価した。クリョフも、「石油分野での協力はイラクの大いなる展望を開く」と述べたうえで、開発に向けた予備的研究のためにソ連の専門家を派遣する用意があると伝えた(11)。同年二月一日にはソ連共産党中央委員会政治局も、ソ連は産油国であるがイラクからの石油購入について検討してもよいとイラク政府に通知することを決定した(12)。

このようにソ連・イラク間の交渉は進展していたが、ソ連の外交官のなかにはイラクとの経済協力をめぐる西側企業との競争やイラク国内の政治情勢を不安視する声も存在した。一九六八年七月一〇日に、在イラク大使館一等書記官オレグ・ペレシプキンは、イラク政府とINOCは多くの外国石油企業から提案を受け取ったのちに、北部ルメイラなどの重要油田開発のための将来のパートナーを決定するだろうと外務省近東部に伝えた。彼の見解では、今後もソ連・イラク経済協力は拡大していくだろうが、イラクにおける「複雑な国内政治プロセス」の結果、ソ連・イラク協力を縮小するよう主張するグループの立場が強化される可能性もあった。したがってイラク側が要求しているように交渉を加速させる必要があると彼は指摘した。ペレシプキンは、こうした石油開発協力を通じて、社会主義諸国との関係に前向きなアラブ民族主義者の影響力が強まることを期待していたのである(13)。

もっとも、ペレシプキンの懸念は杞憂に終わった。一九六八年七月にはイラクでバアス党がクーデタを起こし権力を掌握したが、この第二次バアス党政権もソ連との経済協力路線を積極的に推進した。一九六九年六月にイラク内相サリフ・アンマシュは、ソ連首相代理ウラジーミル・ノヴィコフとの会談のなかで、「帝国主義に対抗するために、我々の国は協力を必要としている」と述べ、北部ルメイラ油田開発、イラク南部における石油探鉱調査、ガス探鉱調査、イラク南部から地中海までの石油パイプライン建設、年一二万トンの生産能力を持った製鉄所の建設などについて支援を要請した。このイラク側の要請に対してノヴィコフは、ソ連側は原則的に石油採掘に関する協力に賛成であり、個々の問題については具体的な作業を開始してもよいと述べ、改めてイラクにおける石油開発に参加する意思を示した。(14)

こうした交渉を経て翌七月には、ソ連・イラク間の経済技術協力に関する協定が締結された。それによると、ソ連は六〇〇〇万ルーブルの借款をイラクに供与し、北部ルメイラに年五〇〇万トンの原油生産能力を持つ石油採掘施設を建設し、ファオ港までの石油パイプラインを敷設することとなった。石油採掘の開始は一九七二年第一・四半期を予定していた。このほかにも、ソ連は、イラク南部における探鉱業務など、多くの石油関連事業を受注することになった。(15)

北部ルメイラにおける経済協力が始まると、イラク政府は経済技術協力のさらなる拡大に関心を示し、モスルにおける製油所の建設、イラク南部からシリアのタルトゥース港までの石油パイプライン建設や、リン酸塩鉱床の開発、バスラでの造船所建設、ユーフラテス川でのダム建設など、一連の大型建設事業について支援を要請した。(16)

ソ連はイラク側の要請を受けて、一九七〇年八月一四日に調印されたソ連・イラク間の経済協力に関する議定書のなかで、地中海岸までの石油パイプラインの建設、イラク北部での製油施設の建設、バグダッド・バスラ石油製品パイプラインの建設、アカシャトにおけるリン酸塩鉱床の開発、さらには乳製品加工工場の建設などについて、経済技術支援の提供を検討することに予備的に同意した。同時にソ連は、対ソ輸出の拡大を望むイラクの要望に応えて、イラク産石油の輸入に関する問題を検討することにした。(17)さらに一九七一年七月には、ソ連は北部ルメイラの原油生産能力を一九六九年の協定で目標とされた年間五〇〇万トンから一八〇〇万トンに拡大することに同意した。(18)このように、一九六〇年代末から七〇年代初頭にかけて、ソ連・イラク経済関係は順調に発展した。

GKESなどのソ連の経済機関は、ソ連・イラク間の石油取引の拡大を歓迎した。一九七一年三月にGKES議長代理イヴァン・アルヒポフは、コスイギン首相に送った報告書のなかで、石油パイプライン等の資源インフラが整備されていないソ連極東地域のエネルギー供給源として、イラク産石油の輸入は経済的に有益であると指摘した。ゴスプランの試算では、ソ連極東地域では一九八〇年に一四〇〇万から一五〇〇万トンの原油が必要となり、そのほかに二〇〇万トンの原油を北朝鮮に供給する必要があると見込まれていた。その際、石油の供給先として有望視されていたのが西シベリアのチュメニ州とイラクであった。距離的には西シベリアのほうがソ連極東地域に近かったが、イルクーツク州アンガルスクまでしかパイプラインが整備されていなかったため、イルクーツク州以東への石油輸送は鉄道に依存していた。ソ連極東地域までの石油パイプラインの敷設も検討されていたが、石油の生産・輸送コストで見ると、パイプラインを整備した場合でも、イラクからタンカーで石油を輸入するほうがチュメニ州から石油を輸送するよりもはるかに割安になると見積もられていた。そこで、以上の試算をもとに、アルヒポフは、イラク産原油を輸入する場合は、海路で極東まで輸送するのが望ましいと報告した。[19]

このように、一九六〇年代後半以降、GKESやゴスプランなどの経済機関は、産油国イラクからの石油輸入を経済的に有益なものと見なし、イラクとの経済協力を積極的に推進していたのである。

二　東ドイツのエネルギー政策とイラク

東ドイツ政府もまた、一九六〇年代後半に中東産油国からの石油輸入を検討し始めた。この背景には、東ドイツのエネルギー政策の転換があった。ソ連とコメコン諸国を結ぶドルージバ・石油パイプラインが完成すると、ソ連からの原油輸入量は、一九六〇年の一八〇万トンから一九六五年の四九〇万トン、さらに一九七〇年の九二〇万トンに増加した。[20]東ドイツ指導部は、このソ連からの石油供給の拡大をもとに、エネルギー源の褐炭から石油への転換を進めようとした。石油の輸入拡大と同時に、東ドイツ政府は褐炭産業への投資削減を決定し、それによって捻出した資源を化学工業の発展のために投資した。この政策の結果、東ドイツの工業投資に占めるエネルギー・燃料部門への投資は、一九六三年の三七・三%から一九七〇年の二〇・九%に縮小した[21]。

しかし、ソ連には東ドイツが希望する量の石油を供給する用意はなかった。そのため、遅くとも一九六六年には東ドイツは不足分の石油をアラブ諸国から輸入する方針を固めていた。一九六六年一二月一日に東ドイツ閣僚会議幹部会は、アラブ諸国からの石油輸入について調査する作業グループの設立を決定した[22]。この決定では、ゲアハルト・ヴァイス首相代理を中心とする作業グループがアラブ諸国からの石油輸入に関する調査を行い、翌年二月までに閣僚会議幹部会に報告することとされた。作業グループの主な検討課題は、一、いかにして石油輸入に必要な外貨調達のために輸出収入を確保するかという問題、二、アラブ諸国のうちのどの国からの輸入が最も有利かという問題の二つであった。その際、アラブ連合共和国、シリア・アラブ共和国、イラク、アルジェリアなどの国が調査の重点対象国とされた[23]。

このほかに、作業グループは、原油の所有関係や国営会社の状況なども検討することとされた[24]。国際石油資本が輸出を完全に掌握している場合、現地政府には輸出先や輸出額に関する決定権がなく、東ドイツ政府が当該国から原油を輸入するのは困難になると考えられたためであろう。逆に、国営石油会社が存在していれば、その会社を通じて輸入できるほか、石油開発に参加することも可能になるため、石油資源に関する所有形態や国営企業の有無は重要なポイントであった。

作業グループは一九六七年三月にアラブ諸国からの石油輸入に関する調査報告を閣僚会議幹部会に提出した[25]。この報告書によれば、東ドイツの原油需要は一九七〇年に一〇三八・五万トン、一九七五年に一七二〇万トン、一九八〇年に二五〇〇万トンに増加する見込みであったが、調査時点でソ連が供給を約束した量はそれぞれ九二五万トン、一四三〇万トン、一四三〇万トンにすぎなかった。そのため、一九七〇年に一一三・五万トン、一九七五年に二九〇万トン、一九八〇年に一〇七〇万トンの原油が不足すると見られた[26]。

作業グループは不足する石油を主にエジプトから輸入するよう提言した。エジプトからは、一九六八年以降、東ドイツに石油を供給できるとの回答を得ていたからであった。作業グループは、エジプトは一九七〇年に二二〇〇万から二五〇〇万トンの原油を生産し、そのうち一一〇〇万から一三〇〇万トンを輸出に回せるだろうと計算していた。このエジプトの産油量は多くはなかったが、作業グループにとっては国際石油資本ではなく国営企業が生産や開発を行っていたことが重要であった。作業グループの試算では、エジプトからの輸入により一九六九年の石油需要を完全に満たすことができ、一九七〇年についてもかなりの程度まで需要を充足させることができると見込まれた。そのため、作業グループは、エジプトが石油輸入拡大のための「最も適切なパートナー国」であると結論づけた。(27)

作業グループはイラクにも注目していたが、ＩＮＯＣは一九七〇年まで原油を輸出する能力はないだろうと考えられていたことから、イラクからの輸入は具体的には検討されなかった。(28)エジプトとイラクのほかにアルジェリアやシリアも取引相手として検討されたが、アルジェリアでは元宗主国のフランスが石油産業に支配的影響力を持っていたため、協力は限定的なものにとどまるだろうと見られていた。シリアの場合は一九七〇年以前に東ドイツが望む品質の原油を輸出することはできないと見られたことから、将来的な「潜在的石油供給国」と見なされるにとどまった。(29)

東ドイツ政府はこの作業グループの提言をもとに、一九六〇年代末にエジプトからの原油輸入を拡大した。それまで一〇万トン前後で推移してきたエジプトからの原油輸入量は、一九六九年に四七・九万トン、一九七〇年に九三・二万トンへと増加した。しかし、理由は不明ながらも一九七一年以降、エジプトからの輸入量は減少に転じた。(30)エジプトからの石油輸入の減少を受けて、東ドイツ政府はイラクからの輸入を拡大する方針をとり、一九七二年に三六・九万トン、一九七三年に九一・三万トン、一九七四年に一七六万トンの原油をイラクから輸入した。(31)

同時に、この時期、イラク政府がイラク国営石油産業の発展のために社会主義諸国からの技術支援を求めていたことから、技術支援に関する東ドイツ・イラク間の交渉も進められた。一九六九年一二月に東ドイツの駐イラク大使ハンス・ユルゲン・ヴァイツは、ＩＮＯＣ社長サドゥン・ハマディとの会談のなかで、東ドイツがイラクからの石油輸入やイラクにおけるパイプライン建設計画への参加に関心を持っていることを伝えた。ハマディはこの東ドイツの方針を歓迎し、イラクはユーゴスラヴィア、チェコスロヴァキア、ポーランド、ハンガリーなどの社会主義諸国と石油に関する協力について交渉を行っており、その内容については秘密ながらも上首尾であったと伝えた。このハマディの発言を受けて、会合に出席していた在イラク大使館の商務官レールは、イラクは石油分野での東ドイツとの協力に関心を持っているが、東ドイツが速やかに決断することを望んでいると報告した(32)。

イラクとの交渉と並行して、ヴァイス首相代理を中心とする作業グループは、一九七一年から一九七五年にかけての社会主義圏外からの石油輸入に関する構想を作成した。この構想のなかで作業グループは、イラクやエジプトなどの産油国からの石油輸入は一九七五年以降さらに増加すると見られていたことから、イラクやエジプトが提案しているような利権協定の締結や合弁会社の創設によって東ドイツが石油探鉱に参加するという方式についても検討すべきであると指摘した(33)。このように、東ドイツ政府も、将来的な石油供給先を確保するために、イラクとの経済関係の拡大を模索していたのである。

三　進まないコメコン内の議論

ソ連の経済機関も、コメコン諸国とイラクとの経済関係を進展させようとして、イラク側との交渉の際に、コメコン諸国との経済関係の利点を訴えた。一九六七年末にＧＫＥＳ議長代理クリョフは、ＩＮＯＣ社長アルジャディルとの会談のなかで、コメコン諸国は「イラクで喜んで石油を買うだろうし、自分たちの側からはイラクに必要な設備品を供給するだろう。このことからも明らかなように、イラクとソ連やほかのコメコン諸国との経済関係が拡大すればするほど、彼らはより多くの石油を購入できるだろう」と述べて、アルジャディルにコメコン諸国との経済関係を拡大するよう促した(34)。

多くのコメコン諸国も途上国からの石油輸入に関心を持っていたが、これらの国々にとって途上国からの石油輸入はあくまでも補助的なものであった。コメコン諸国は、ソ連からの供給によって必要なエネルギーをできる限り確保することを優先し、不足する量を中東からの輸入によって補おうとしていたのである。特にポーランドは、自国の石炭とソ連からの石油輸入によってエネルギー資源を確保しようとしており、当初は途上国からの石油輸入に消極的であった。これに対してルーマニアは、ソ連からある程度自立した外交を展開するために、石油資源をソ連に依存することを避けようとして、中東・北アフリカ諸国から大量の石油資源を輸入するために、これらの国々との経済関係の強化に努めていた(35)。

こうしたコメコン加盟各国間の方針の違いは、コメコンの各種委員会で燃料・エネルギー問題が審議された際に明らかになった。コメコンで途上国からの資源輸入の問題が取り上げられたのは比較的早く、一九六四年七月の第一三回コメコン執行委員会で、石油ガス工業常設委員会が途上国からの石油輸入の可能性とその合目的性について検討することが決定された(36)。しかし、この委員会は主に域内の燃料・エネルギー生産の問題を扱っていたことから、第三国からの輸入に関する問題については十分に検討されなかった。しかも、ソ連のコメコン常設代表部のアレクサンドル・ザデミトコによれば、多くの加盟国代表はこの問題を検討するために作業グループを設立することに同意したものの、このグループの実際の招集には関心を示さなかったという(37)。

一九六八年七月の第三五回コメコン執行委員会で、石油ガス工業常設委員会が提出した燃料・エネルギー問題に関する報告が審議されたが、途上国からの資源輸入をめぐるコメコン諸国間の協力は進まなかった。特にポーランド首相代理ヤロシェヴィチは途上国からの石油輸入に関心を示さず、「我々のささやかで適度に増加していくソ連からの石油輸入に関する需要が今後も完全に満たされるだろうと期待している」と述べた(38)。これに対してザデミトコは、途上国からの石油輸入に関するコメコン内の準備が全く進んでいないことを強く批判した。彼によれば、将来的にコメコン諸国の石油・天然ガス需要は急速に増大するが、このエネルギー需要を満たすためにソ連は「莫大な投資」を行う必要があった。したがって、石油ガス工業常設委員会や各コメコン加盟国は、自国のエネルギー資源採掘や途上国からの石油輸入の拡大を検討すべきであったが、同委員会は「この問題の解決にほとんど近づいていなかった」[39]。このザデミトコの批判を受けて、第三五回コメコン執行委員会は、石油ガス工業常設委員会でこの問題に関心を持つ加盟国が「途上国からの石油の購入と輸送」について「相互に情報を交換する」よう促した[40]。

しかし、相変わらず途上国からの石油輸入や途上国との経済技術協力に関する協議は低調であった。一九七〇年六月の第三二回石油ガス工業常設委員会では、加盟国が提出した提案をもとに、一九七五年までの石油・ガス産業における協力に関する問題が審議され、ポーランド以外のコメコン諸国も途上国からの石油輸入や途上国における資源開発に関心を示したが、具体案の作成は遅れた[41]。一九七一年一〇月になってようやく、「第三国からの石油の購入および輸送の分野における、関心を有するコメコン加盟諸国の協力の発展問題に関する作業の主要問題と作業予定表」と題された文書がコメコン執行委員会に提出された。しかし、これはあくまでも委員会の予定表であり、しかも第三国からの石油輸入の条件などに関する総合報告の検討は一九七二年一二月のこととされていた[42]。

このように途上国からの石油輸入をめぐるコメコン内の調整が遅れた背景には、コメコンの構造的問題が存在した。この問題を検討した石油ガス工業常設委員会は、加盟各国の石油・ガス関連省庁の大臣で構成され、石油・ガスに関する問題をすべて審議していた。しかし、これらの省庁は主に各国内の石油・ガス産業に関する問題を管轄しており、対外経済関係は管轄外であった。そのため、燃料・エネルギー問題について検討する場合、域内資源部門への投資や資源インフラの整備などの問題に関心が集中し、第三国からの石油輸入に関する問題は付随的に扱われるにとどまった[43]。しかも、石油ガス工業常設委員会はこの問題について対外貿易常設委員会や技術支援調整常設委員会と調整する必要があり、委員会間の調整にも時間が費やされた。このような部門別常設委員会の構造は、国際石油市場と域内の需給関係を分析しながら委員会内での速やかな合意形成を図るという作業を困難にした。

それでも、東ドイツ政府は、石油分野でのイラクとの協力についてコメコン諸国と協調することに関心を持っていた。一九七〇年秋に東ドイツ対外経済省は、イラク石油部門への技術協力について、コメコン諸国との協調を強化するよう提案していた。同省は、途上国からの原料輸入についてのソ連との交渉のための命令を作成し、「ドイツ民主共和国の見解では、イラクを含むアラブ諸国からの比較的莫大な石油購入を確保するための最も効果的な形態は、関心を有するコメコン諸国の国際的コンソーシアムの建設を通じたものである」と指摘した。対外経済省の見解では、東ドイツとソ連以外にチェコスロヴァキアやハンガリーもこのコンソーシアムに加わる可能性があった(44)。この時点では、東ドイツはソ連との協調を最優先としつつも東欧諸国との協調も望んでいたのである。

このように、コメコン内でイラクをはじめとする途上国からの石油輸入のための加盟国間協調が模索されるなかで、イラク政府がＩＰＣを国有化した。これにともない、石油分野でのイラク支援に関するコメコン内の議論は加速した。そこで、次節ではこの問題について国際石油市場の動向を踏まえながら検討してみたい。

第二節　ＩＰＣの国有化とコメコン石油ビューローの設立

一九六九年九月に、ムアンマル・カダフィはリビアでクーデタを起こし、権力を手中に収めた。この政権交代は産油国と国際石油資本の関係に重大な変化を引き起こすことになった。カダフィは政権掌握後、直ちに、西側石油会社に対して、原油価格引き上げに同意しなければ一方的な措置をとると通告した。カダフィが特に標的としたのが、独立系のオクシデンタル石油会社であった。オクシデンタルはヨーロッパで販売する石油を全面的にリビアに依存していたことから、リビアからの圧力に対して非常に脆弱であった。カダフィはこのオクシデンタルの弱点を巧みに衝き、一九七〇年五月以降同社に繰り返し減産を命じた。ヨーロッパ向けの原油を調達できなくなったオクシデンタルはリビアの要求を受け入れざるをえなくなり、一バレル当たり三〇セントの公示価格引き上げに加えて、同社に課される所得税率をそれまでの五〇%から五八%に引き上げることに同意した。カダフィはオクシデンタルとの合意を成立させると、直ちに他の石油会社にも同様の要求を突きつけ、一〇月までに公示価格と所得税率の引き上げを含む譲歩を勝ち取った(45)。

このリビアの成功を見たOPEC諸国は、直ちにリビアと同様の条件を求めて国際石油資本との交渉に入った。その結果、一九七一年二月一四日にペルシア湾岸諸国と国際石油資本との間でテヘラン協定が調印された。この協定でペルシア湾岸諸国は、五年間は協定の範囲を超えて原油公示価格の引き上げを要求せず、より過激な要求を突き付けているリビアなどのOPEC諸国を支持しないという約束と引き換えに、当時としては大幅な原油公示価格の引き上げと所得税率の向上を勝ち取った。リビアを中心とする地中海沿岸の産油国も国際石油資本との交渉に臨み、テヘラン協定以上に有利な条件でトリポリ協定を締結した(46)。

OPEC諸国が国際石油資本との交渉で優位に立てた背景には、世界的な石油需要の急速な拡大とこれに伴う需給バランスの変化があった。アメリカは一九四八年以降、石油の純輸入国であったが、それでも一九六〇年代後半までは非常時に石油を増産できるだけの余剰生産力を有していた。しかし、アメリカ国内の石油需要が増加し続けたのに対して生産は停滞したため、この余剰生産力は一九七〇年までに消失していた。これに対して、国際的な石油取引に占めるOPEC加盟国の割合は八割に達していた。このような石油需給関係の変化の結果、OPEC諸国は国際石油資本に対して優位に立つことができるようになったのである(47)。

テヘラン協定やトリポリ協定の締結後にOPEC諸国が要求したのは、自国内で操業する石油会社の経営への参加であった。サウジアラビアなどの産油国が国際石油資本との交渉によってこうした事業参加を勝ち取ったのに対して、より急進的なアルジェリアやリビアは欧米系石油会社の国有化を断行した。一九七一年二月にアルジェリアは同国におけるフランス石油資産の五一％を国有化し、一二月には、リビアがブリティッシュ・ペトロリアム（BP）の資産国有化を発表した[48]。

石油問題に関してアルジェリアやリビアとの連携を強化していたイラクもIPCとの対決姿勢を強め、国有化に向けて動き出した。詳細は不明ながらも、一九七〇年八月にサダム・フセインがモスクワを訪問した際に、イラク側はこの問題についてソ連側と協議した。その後、一九七一年三月にソ連共産党政治局はイラク訪問団に対して、もしイラク側から西側石油会社の国有化について意見を求められたら、「ソ連は常に、帝国主義的独占の支配に対する闘いを行っている国家や人民の側にたってきたし、またそうし続けるが、国有化の具体的諸問題は、国有化が国の国民経済のさらなる強化を確保するように、イラク政府が国内外のあらゆる要素を検討しながら決定しなければならない」と返答するよう命じた[49]。つまりソ連指導部は、IPC国有化の一年以上前から、イラク政府による国有化の方針を支持していたのである。さらに、一九七二年四月にはコスイギン首相がイラクを訪問し、イラクと友好協力条約を締結した。彼はイラク滞在中の演説のなかで、天然資源への「完全な主権」を確保しようとするイラク政府に対する支持を表明した[50]。

このように、イラク政府はソ連の支持を取り付けたうえで、一九七二年六月一日にIPCの資産を国有化した。同時に、イラク政府は、国際石油資本によるイラク石油のボイコットを警戒して、ソ連にイラク石油の輸入などの面で支援を要請した。ソ連は直ちにこの要請に応じ、IPCが採掘していたキルクーク産原油の販売を支援するために、イラクからの原油輸入を拡大した。一九七二年九月にソ連は、一九七二年から一九八〇年までの九年間で九七〇〇万トンのイラク原油を購入することでイラク政府と合意した。前述のように、当初ソ連はソ連極東地域へのイラク原油の輸送も検討していたが、最終的に全量をキューバ、東ドイツ、ブルガリアなどの社会主義諸国に再輸出した。[51]

同時に、ソ連ではイラクの石油関連産業に対する技術支援についても検討が進められた。一九七二年八月末に在イラクソ連大使館の経済顧問I・ホツィアロフはGKES議長代理A・ペトルシェフに対して、一九七六から一九八〇年にかけてのソ連・イラク経済協力発展の基本方向に関する提案を送付した。この提案のなかでホツィアロフは、国有化された油田で採掘された石油の輸送・販売が一時的に難しくなっていると指摘したうえで、これは石油関連施設の建設に関するイラクと社会主義諸国との広範な協力を促すかもしれないとの期待を示した。さらに彼は、イラクが南部の油田地帯における石油生産の拡大を計画しており、同時に石油の輸出に関する問題も解決しようとしていると指摘して、イラク側に石油産業発展のための長期協力を申し出るべきであると主張した。[52]

また、IPC国有化後のイラクにとって、石油の輸送網を確立することが重要課題となっていたことから、ホツィアロフはこの点でもソ連による技術支援を促した。彼によれば、イラクにおける安定した石油輸送網の構築は「石油問題における真の独立」を達成するために必要であった。そのため、イラクは、ペルシア湾岸で大型タンカーが停泊できる岸壁水深の深い港を整備するためにソ連の協力を要請していたほか、国有化後の北部油田からの輸送手段として、キルクークから地中海、さらにはソ連までのびる石油パイプライン建設も提案していた。サダム・フセイン副大統領もこのパイプライン建設を支持しており、イラク指導部はこの問題に強い関心を持っていた。ホツィアロフはこのイラク案を歓迎し、イラク北部油田からソ連までのパイプラインを建設し、将来的にドルージバ・パイプラインに接続することは、イラクとの長期的な協力発展のために「非常に重要な意義」を持つと指摘した。また彼は、このパイプラインの建設によって、イラクが石油販売の面でソ連に一定程度依存するようになることにも期待していた。[53]

結局、この石油パイプライン建設の話は進展しなかったものの、ソ連指導部はイラク石油をめぐる東欧諸国との政策協調に前向きであった。一九七二年六月にコスイギンは東ドイツ首相ヴィリー・シュトフに対して、社会主義諸国が協力してイラクから石油を購入することを提案した。このソ連の提案を受けて、東ドイツは、ソ連からの再輸出という形でイラク産原油を一九七二年に五四万トン、一九七三年に二四〇万トン輸入することを決定した。[54]

しかし、当初東ドイツ政府はイラク石油のさらなる輸入に消極的であった。この背景には、石油輸入に関するBPとの契約が存在した。イラク政府がIPCを国有化した直後の六月六日に、ヴァイス首相代理は、イラクからの石油追加購入について検討し、シュトフに報告した。この報告のなかでヴァイスは、一九七五年までの石油輸入についてはすでに長期契約が存在するため、イラクに対して有効な支援を行うことは不可能であると回答した。すでに契約済みのアルジェリアとBPからの石油輸入をキャンセルすれば、その分だけイラク石油の輸入を拡大することは可能であった。しかし、ヴァイスやアレクサンダー・シャルク＝ゴロトコフスキー対外経済相代理は、一九七〇年から一九七五年まで毎年九七万トンのイラン石油を購入するというBPとの契約を破棄することに消極的であった。というのも、第一にBPとの契約は価格面で非常に東ドイツ側に有利であったため、この契約を破棄することは東ドイツの外貨保有にとって大きなマイナスになると見られた。第二に、東ドイツの西側諸国への石油製品の輸出は国際石油資本との申し合わせに基づいて行われていたことから、国際石油資本との関係悪化は東ドイツの貿易政策上、望ましくなかった。また第三に、そもそも東ドイツの製油所建設プロジェクトの実現のためには、BPなどの西側企業の協力が必要であった。このように、反帝国主義闘争支援という建前の裏で、東ドイツ経済は西側大企業との取引に依存していた。そのため、東ドイツ政府はBPとの関係を犠牲にしてまでイラク石油の輸入を拡大することに消極的だったのである。ヴァイスは、こうした政策がイラクとの関係の「重荷」となりうることを認識していたが、それでも彼はシュトフに対して、「イラク共和国へのさらなる効果的な支援」は一九七五年まで不可能であると報告した。[55]

最終的に、東ドイツ国家計画委員会議長シューラーは、コメコン書記局に対して、港の積み下ろし能力や製油所のキャパシティ、さらにはイラクへの東ドイツの輸出能力などを考えあわせると、ソ連からの再輸入のほかに東ドイツがイラク支援のために輸入できる原油は一九七四年に四〇万から六〇万トン、一九七五年に六〇万トンにすぎず、一九八〇年になってようやく一〇〇万から一五〇万トン程度まで増えるだろうと報告した(56)。

このように、東ドイツは短期的にはイラク政府支援のための石油輸入の拡大に消極的であった。しかし、ソ連政府が東ドイツへの石油供給量の大幅な拡大に消極的であったことから、東ドイツ政府は、第一次石油危機直前の一九七三年八月にこの方針を変更せざるをえなくなった。一九七三年八月二〇日にコスイギンと一九七六―一九八〇年の五カ年計画期の貿易について協議した際、シュトフは一九八〇年に二三〇〇万から二四〇〇万トンの原油をソ連から輸入したいとの希望を表明した。一九七五年の輸入量が一三〇〇万トンにすぎなかったことを考えれば、これは大幅な輸入量の拡大を意味した。これに対してコスイギンは一九〇〇万トンの輸出を提案した。シュトフは、一九〇〇万トンは「大量だが、我々の需要はさらに大きい」と述べたうえで、「第三国からの石油輸入の際にソ連が東ドイツを支援する」旨を議定書に明記するようコスイギンに求めた。ソ連からの原油供給量が当初の希望量よりも五〇〇万トンほど少なくなることから、東ドイツ政府は本格的に途上国からの石油輸入を増やす必要に迫られたのである。コスイギンはこのシュトフの要請に対して、イラクなどからの輸入について支援できるだろうと応じた(57)。

このシュトフ・コスイギン会談後に、東ドイツ対外経済省は途上国からの石油輸入に関する報告書を作成し、閣僚会議幹部会に提出した。この報告書は、右記の独ソ首脳会談の結果を踏まえて、東ドイツは一九八〇年に非社会主義諸国から五〇〇万トンの原油を輸入する必要があると指摘した(58)。しかし、東ドイツにとって五〇〇万トンの原油をイラクなどの産油国から輸入するのは容易なことではなかった。対外経済省が指摘したように、当時、世界的な石油の需給バランスが逼迫し、石油獲得をめぐる国際的な競争は激しさを増していた。しかも、産油国は自国の石油に対してハードカレンシーでの支払いか、いわゆる「ハードな商品」、すなわち品質等の面で国際市場で通用する商品の供給を要求していた。しかし、ハードカレンシーの不足に悩む東ドイツにとって、このような条件で途上国から石油を輸入するのは難しかった。そこで、この報告書は、産油国との間で長期的に安定した原油輸入に関する合意を取り付けるために、地質調査、油田開発、石油採掘などに関する経済技術支援を提供するよう提案した。(59)

具体的な協力相手国としてこの報告書が特に重視したのはイラクであった。その理由として、イラクの石油埋蔵量が莫大であると見込まれること、イラクが石油探鉱調査で外国からの技術支援を必要としていること、イラクが一貫して石油産業国有化の政策をとっていること、そしてイラク自身が社会主義諸国との協力に大きな関心を示していること、などが挙げられた。これに対して、一九六〇年代後半に有望視されていたエジプトとの協力については、エジプトの石油埋蔵量が豊富ではないため、重視されなくなっていた。(60)

ソ連政府も、長期的にはコメコン諸国はイラクなどの産油国からの石油輸入を拡大せざるをえなくなるとの認識のもと、石油輸入に関するコメコン諸国間の協調を本格的に強化しようとしていた。ＩＰＣ国有化の翌月に、ＧＫＥＳ議長代理アルヒポフは、イラクからの石油輸入のためのコメコン内の政策協調に関する素案を作成し、ウラジーミル・ノヴィコフ首相代理に提出した。この報告書のなかでアルヒポフは、この問題に関心を持つコメコン諸国がイラクやそれ以外の途上国から石油を共同で輸入するために、石油産業に関する国際経済組織「インテルネフチ」を設立するよう提案した。インテルネフチがコメコン諸国を代表して途上国の国営石油会社と石油輸入に関する合意を締結することで、好条件で石油を輸入できるようになると期待してのことであった。同時にアルヒポフは、イラクにおける石油採掘へのコメコン諸国の参加形態について検討するのも適切であると指摘し、コメコン諸国がＩＮＯＣに合弁企業の形態で参加することを提案した。彼は、このような合弁企業を通じてコメコン諸国がイラクの油田操業に直接参加すれば、長期にわたり安定した石油供給源を確保できるし、国際石油市場よりも安価に石油を調達できると期待していた。(61)このようにアルヒポフは、ＩＰＣの国有化を、コメコン諸国がイラク石油産業に進出するための好機と捉えていた。

この提案を受けて、コスイギン首相もイラク石油に関するコメコン諸国の国際経済組織を設立することに前向きになった。彼は、七月一一日の第二六回コメコン総会で、次のように述べて、コメコン諸国の「共同の組織設立の可能性」を検討するよう求めた。やや長くなるが、当該箇所をそのまま引用しよう。

「コメコン諸国と発展途上諸国との互恵的な経済関係の発展との関係で、好ましい可能性が生まれている。一例として、我々の国々の国民経済の石油需要のより良い充足という非常に重要な問題を取り上げてみよう。一九九〇年までのエネルギーバランスの構造を改善するという必要のために、明らかにすべてのコメコン諸国はそのときまでに毎年一億トンの石油を第三国から追加で獲得しなければならない。

当然、我々はソ連における石油採掘拡大のためにできることはすべてやるつもりであるが、コメコン諸国におけるエネルギーや化学〔工業〕の嵐のような成長のもとでは、これは課された課題の完全な解決のためには十分ではないだろう。

我々は、第三国市場での共同行動に際しての我々の努力を統一するためのプログラムを作成しなければならない。その際、展望計画に相応する資源をあらかじめ組み入れておく必要がある。

そのような共同プログラムに基づいて、イラク、シリア、アラブ連合共和国などのいくつかの発展途上国と、これらの国々における石油産業の発展のための措置で合意する必要がある。それは、彼らから長期的に我々が必要とする大量の石油を獲得するためである。我々の資源の統合のための効果的なやり方を見つける必要があるし、共同組織設立の可能性を試すべきであり、発展途上国にとって必要な商品の生産に向けられた輸出基盤の発展の問題を考慮する必要がある。

こうした措置がもたらす経済的成果のほかに、我々はこれらの諸国に独占との闘い、彼らの国民的独立の強化における支援を提供するし、帝国主義に反対し平和と社会的進歩を目指す共同の闘争における新しい貢献をするだろう」[62]。

このコスイギンの演説からは、途上国からの資源輸入をめぐるコメコン政策協調に関する、第一次石油危機前夜のソ連の指導部の基本方針を読み取ることができる。コスイギンによれば、一九七〇年代から一九八〇年代にかけて、コメコン諸国のエネルギー資源需要が増加すると見込まれているが、その需要をもっぱらソ連からのエネルギー供給によって満たすことは困難であった。そのため、コメコン諸国は、長期的に安定してイラクなどの産油国から石油を輸入するために、「共同組織」を設立すると同時に、途上国向け輸出拡大のための政策協調を進めるべきであるとされた。

この会談でコスイギンと並んで第三国からの石油輸入をめぐるコメコン経済協調に関心を示したのが、ポーランド首相ヤロシェヴィチであった。一九六〇年代後半までポーランドはソ連からの供給によって石油需要を満たすことを期待していたが、一九七〇年代初頭までに方針を変化させていた[63]。ヤロシェヴィチは、途上国との二国間関係によってこれらの国々から石油を長期にわたって確保するのは「一国の手に負えるものではない」と認めた。そのうえで彼は、この問題に関心を持つコメコン諸国が「国際組織やコンソーシアム」を設立するよう主張した。このように、ポーランド政府は、一九七五年以降はソ連からの供給では必要とする量の石油を確保しきれないと認識し、途上国からの石油輸入をめぐる域内協力に積極的になったのである[64]。

当初、コメコン内には石油輸入のために共同組織を設立することに慎重な見解も存在した。コメコンにおけるソ連代表レセチコによれば、「ある国の閣僚会議議長」は、「資本主義的な独占が去り、ビューローやトラストの形で社会主義的な〔独占〕がやってくるという意味で、これは政治的に不適切なことになるのではないか」との懸念を示した。イラクからの石油輸入をめぐるコメコン内の政策協調が国際石油資本による独占と同一視されることを危惧してのことであった。これに対して、コスイギンと思われる出席者は、「イラク側が自ら執拗に社会主義諸国への石油供給について、まさに自国とのこのような協力の形態を勧めた」と返答した。このコスイギンの発言を受けて、すべての加盟国は石油に関する政策協調を進め、何らかの国際経済組織を設立することに同意した(65)。

この加盟国首相の合意に基づいて、八月三日から四日にかけてモスクワでイラクからの石油輸入に関するコメコン加盟国間の協議が行われた。この会議に参加したのは、各国の計画委員会議長代理、対外貿易相代理、運輸相代理などであり、ゴスプラン議長代理ミハイル・ミスニクが議長を務めた。ソ連・東欧諸国は、彼らとしては異例の速度で協議を始めたことになる。この会談の冒頭でミスニクは、コメコン諸国が一九八〇年にソ連から輸入することを希望している原油は一・四億トンにのぼるが、ソ連が供給できるのはこの半分の量にとどまると指摘した。そのため、彼によれば、コメコン諸国の石油需要を満たすためにはイラクなどの途上国から石油を輸入する必要があるが、イラクは一九七五年に三五〇〇万から四〇〇〇万トンの原油をコメコン諸国に供給できると見込まれていた。ソ連はすでに、一九七三年から一九七五年にかけて毎年七〇〇万トンの原油をイラクから輸入することで合意した。ソ連はこの石油を、東欧諸国に対するソ連の石油供給の一環として再輸出することになるという。このようにソ連自身のイラクからの石油輸入について述べたうえで、ミスニクはイラクからの石油輸入の拡大とそのための支払い手段について意見交換を行うよう提案した。また彼は、コメコン諸国の対外貿易相を中心に、イラク石油の購入および輸送を協調するためのビューローを設置するよう提案した。つまり彼は、コメコン内に大臣級の調整組織を作ることで、イラク石油をめぐる加盟国間の政策協調を速やかに進めようとしたのである(66)。

ルーマニア以外のコメコン諸国はこの提案を支持した。特にポーランドは、いずれこのビューローを国際的な経済組織に発展させるよう提案した。これに対してルーマニアは、調整ビューローの建設に同意せず、自国のイラクとの貿易関係についての情報を提供するにとどめた。それでも、最終的にコメコン諸国は、ビューローの設立に向けた提案を準備することで合意した(67)。

しかし、ビューロー設置の準備は遅れた。その一因は、コメコン常設委員会同士の調整不足にあった。当時、技術支援調整、対外貿易、石油ガス工業の三つの常設委員会がイラクとの経済関係について協議していた。技術支援調整常設委員会はイラクを含む途上国に対する経済技術支援を、対外貿易常設委員会は対外貿易を、石油ガス工業常設委員会は石油・ガスに関する問題を管轄していた。しかし、実際のイラクとの経済関係では、石油輸入、輸入に必要な工業製品の輸出や経済支援などは相互に関連していたことから、どの委員会が石油に関する途上国との経済協力を総合的に検討するかをめぐり、加盟国間で見解の相違が生じたのである。

途上国からの資源輸入をめぐるコメコンの常設委員会同士の対立は、コメコン執行委員会における協議のなかで顕在化した。一九七二年一〇月の第六〇回コメコン執行委員会で、GKES議長スカチコフは、技術支援調整常設委員会の活動について報告した際に、途上国における資源開発をめぐる技術支援協力に関する問題を取り上げ、この問題に関するコメコン諸国間の協調が一向に進展していないことを批判した。技術支援調整常設委員会は資源をめぐる途上国との協力に関する草案を作成し、石油に関してはイラクと、リン鉱石についてはイラク、エジプト、シリア、チュニジアとの協力に集中するという方針を固めた。しかし、通貨・金融問題常設委員会は、経済協力のための借款に関する問題は国際投資銀行の管轄であると主張し、技術支援調整常設委員会がこの問題について検討することに反対した(68)。

同時に、スカチコフは、コメコン諸国の経済機関が短期的な資源供給に注意を集中する一方で、長期的展望に基づいて途上国からの資源獲得に向けた政策調整を行ってこなかったことも問題視した。彼によれば、コメコンの各種委員会はすでに何年も資源開発をめぐる途上国との協力に関する問題を協議してきたが、コメコン諸国が協力して共同で建設した施設は存在しなかった。彼の考えでは、このように多国間協力が遅れているのは、コメコン諸国の対外貿易機関やそれ以外の経済機関が近い将来の原料供給の展望しか考慮に入れていないためであった。そこでスカチコフは、途上国に対する技術支援のために必要な国際投資銀行の特別フォンドを速やかに創設するとともに、資源部門で必要な特殊設備の生産をめぐるコメコン内の生産の専門化を進めるよう求めた(69)。

このように技術支援調整常設委員会が途上国の資源部門に対する技術支援をめぐるコメコン諸国間協調について検討していたのに対して、石油ガス工業常設委員会は、第五五回コメコン執行委員会の決定に基づいて、技術支援調整、対外貿易、運輸の各常設委員会の見解を調整しながら、イラクを含む途上国からの石油の輸入や石油分野での技術支援をめぐるコメコン諸国間協調について総合的な報告書を作成していた。

しかし、石油ガス工業常設委員会に出席した各国石油ガス工業関連省庁の代表者は、対外経済問題を専門としていなかったことから、実際の協力に向けた準備は一向に進まなかった。そのため、果たして石油ガス工業常設委員会が今後もこの問題を検討すべきかをめぐって、加盟国間で対立が生じた(70)。対外貿易常設委員会への委任を最も強く主張したのがポーランドであった。一九七三年一月の第六一回コメコン執行委員会で、ポーランド首相代理ミエチスワフ・ヤゲルスキは次のようにポーランドの主張を説明した。すでに一九七一年四月の執行委員会で、第三国からの石油の購入・輸送の際の協力に関する決定が採択された。それから二年が過ぎようとしているが、「残念ながら我々はあまり前進していない」。石油ガス工業常設委員会が提出した提案は「かなり素晴らしい」ものではあるが、状況説明や各国の石油需要に関する情報がまとめられただけで、協力の具体的な提案は盛り込まれていない。しかも、イラクなどの産油国との関係で共同の組織やコンソーシアムを設立するという点でも前進が見られないという。

このように、ヤゲルスキは具体的な協議が進展していないことを批判したうえで、今後は対外貿易常設委員会がこで構成されているため、石油の輸入量や輸送の条件などについては検討できても、各国の貿易政策と関連づけながら石油供給の問題を検討するのには不向きであった。したがって、各国の対外貿易省の代表で構成される対外貿易常設委員会がこの問題に関する協議を引き継ぐべきである、と彼は主張した(71)。この時期までにポーランドは、ソ連と並んで、イラクからの石油輸入をめぐるコメコン諸国間協調を最も積極的に推進する国の一つになっており、コメコン諸国間協調が一向に進まないことに懸念を募らせていた。そのためヤゲルスキは、対外貿易常設委員会がこの問題を検討することで、実際の政策協調に向けた動きが加速することを期待していたのである。

ソ連とハンガリーはこのポーランドの主張に賛同した。ソ連代表レセチコは、一九七二年八月にイラクの石油購入・輸送に関する調整のためのビューロー設立が適切であると認められてから「すでに長い時間が経過したにもかかわらず、ビューローは依然として組織されず、仕事にも着手していない……。ソ連側はすでにビューローにおける自国の代表を決めた。このビューローは活動しなければならない」と述べて、石油ビューロー設置に向けた準備を加速させるよう強く促した。同時に彼は、今後は石油ガス工業常設委員会ではなく対外貿易常設委員会がこの問題を協議し、一―二カ月以内にビューローが活動を開始できるようにするよう求めた。さらに彼は、ビューローには対外貿易省以外の関連省庁の代表者を含めるべきではないと主張した。これは、コメコンの複数の機関が並行してイラク、アルジェリア、シリアなどで活動することを避け、産油国が購入・販売・契約締結の権限を持った単一の組織と取引できるようにするための措置であった(72)。これに対して、ブルガリア、チェコスロヴァキア、ルーマニアは、石油ガス工業常設委員会がすでにこの問題の検討を始めていることなどを理由に、引き続き同委員会がこの問題を検討すべきであると主張した(73)。

最終的に、第六一回コメコン執行委員会は、イラク石油の購入・輸送に関する具体的提案の準備が遅れている点を批判したうえで、ヤゲルスキやレセチコの要求通り、今後は対外貿易常設委員会が技術支援調整、石油ガス工業、運輸の各委員会と協力しながら、石油の輸入・輸送に関する問題や国際経済組織設立を含めた経済技術支援について具体的な提案を作成・提出すると決定した(74)。

この執行委員会の決定にもとづき、対外貿易常設委員会は三月に二度にわたってこの問題を審議したが、今度はビューローの具体的な権限をめぐって対立が生じた。ソ連はビューローの権限を石油輸入に関する問題に限定し、産油国に対する経済技術支援協力をめぐる協調についてはビューローの管轄外にしようとした。これは、石油ビューローを速やかに設置することで、イラクからの石油輸入をめぐるコメコン諸国間の協調を直ちに実現しようとしてのことであった。これに対して、東ドイツ、ブルガリア、ポーランド、チェコスロヴァキアは、ビューローで途上国からの石油確保に関する問題を総合的に検討するよう主張した。ルーマニアは、ビューローの設立後もコメコン諸国との協調なしに途上国との二国間関係を進める権利を確保しようとして、ビューローの権限を制限しようとした(75)。

最終的に、ビューローでは石油の輸入・輸送のみならず購入費用を確保するための輸出や技術支援の問題についても協議することで合意が成立した。ビューローの具体的な課題としては、国際石油市場の状況や将来の展望についての分析・提言、コメコン諸国の対外経済機関の協力結果の分析、コメコン諸国にとって最適な産油国や輸送方法についての協議、石油輸入・輸送のための国際経済組織の設立についての提案の分析、産油国に対する機械設備品等の輸出に関する協調、などが挙げられた(76)。このように、ビューローは産油国に対するコメコン諸国の方針を調整することで、コメコン諸国が統一した条件で産油国との交渉に臨めるようにすることを目的とした協議機関として構想され、実際の石油購入については個々のコメコン加盟国が産油国と二国間ベースで取引することとされた。

一九七三年四月の第六二回コメコン執行委員会で、ソ連対外貿易相パトリチェフは、この点を改めて強調し、「二国間ベースで途上国や彼らの国営会社と、相応する協定や契約を締結することについての交渉を活性化させる」必要があると指摘した。また彼は、石油輸入に関する国際経済組織の設立については、協議時間の不足を理由に今後の検討課題とした(77)。

東ドイツとハンガリーは対外貿易常設委員会の提案を支持し、チェコスロヴァキアは内容に関する不満を表明しつつもこれに賛同した(78)。ブルガリア代表タノ・ツォロフは、ビューローを対外貿易相代理級の協議機関とするという他のコメコン諸国の案に反対し、対外貿易相を中心とするより高次の機関にするよう求めた(79)。

これに対して、ポーランド首相代理ヤゲルスキは、対外貿易常設委員会の提案に強い不満を表明した。彼は、第三国からの石油輸入については、対外貿易、運輸、技術支援調整の三つの常設委員会が検討しているが、「実際にどのようにして共同で第三国から石油を輸入するかについては、我々は以前同様、分かっていない」と指摘した。彼によれば、「我々は行動計画作成に関する作業予定表作成のためだけに何カ月も費やしており」「アラブ諸国からの石油調達に従事する共同組織設立に関する課題」の解決に向けて前進していなかったという。このようにコメコン内の経済協調が遅れていたのに対して、西側諸国は石油不足を解消するために産油国における活動を強化しており、IPCに出資していたすべての国際石油会社はイラク側と和解していた。ヤゲルスキは、このような状況のなかで石油をめぐる競争についていくのは容易なことではないと指摘したうえで、「もしわれわれが単独で行動したら、三倍多く支払うことになるのは疑いがない」と述べた。それどころか彼は、「近い将来に現れるエネルギー危機について語ることができる」とさえ指摘し、「この問題に関する我々の国々の最も緊密な協力」の必要性を訴えた。最後に彼は、「もちろん、もし対外貿易委員会によって提出された決定が他の国々を満足させるというなら、ポーランド側としても彼らに従う用意がある。しかし、結局のところ、このことから生じるあらゆる負の結果とともに、単独で石油を獲得することになるだろうと我々は考えている」と述べ、コメコン諸国間協調が進まない現状に対する不満を露わにした(80)。

ソ連首相代理レセチコも、対外貿易常設委員会の提案が第二六回コメコン総会時の各国首脳の合意に比べて十分ではないことを認めた。それでも彼は、石油が不足している以上、「あらゆる組織的問題はより迅速に解決されなければならない」と指摘して、たとえ不十分な対応であろうともビューロー設立に向けて動き出すよう求めた。(81)

このように、一年近い議論のすえに設立が決まったコメコン石油ビューローは、当初ソ連側が期待していたようなコメコン諸国の石油コンソーシアムや共同経済組織ではなく、産油国との交渉の際にコメコン諸国の足並みを揃えることを第一の目的としたコメコン諸国間の情報共有のための機関にすぎなかった。(82)

実際の石油ビューローの活動も、情報交換を中心に進められた。一九七三年六月に開催された第一回石油ビューローで、加盟各国はイラクとイランを石油購入の重点国と見なすことで合意した。また、毎月、貿易機関の会合で石油購入の際の契約条件等に関する詳細な情報を交換することも決定された。(83)

しかし、すでにこの時期、イラク石油に対する世界的な需要が急速に拡大し、ロンドンにあるＩＰＣ本部もイラクと和解していたことから、イラクは石油をめぐるコメコン諸国との経済協力に対する関心を失いつつあった。ＩＰＣ国有化後のイラクを取り巻く情勢に目を転じると、すでに一九七二年六月初頭に、ＯＰＥＣはベイルートで特別の会議を開催し、主権国家イラクにはＩＰＣを国有化する権利があると確認し、イラクに対する支援を提供することを約束した。フランスも、フランス石油会社（ＣＦＰ）がＩＰＣに出資していたにもかかわらず、ＩＰＣ国有化を承認した。イラクは即座にフランスとの協議に臨み、国有化後もＣＦＰに石油を供給し続けることで合意した。イタリア、スペイン、西ドイツ、ギリシアなどのヨーロッパ諸国もイラク政府と石油輸入に関する交渉を進めた。このようにイラク石油に対する需要が高まるなか、イラク政府に圧力をかける手段を見つけることができなかったＩＰＣ本部は、一九七三年三月にイラク政府と和解した。(84)

イラク石油に対する需要が伸び続け、ＩＰＣとの和解が成立すると、イラクには自国産石油を販売するためにソ連やコメコン諸国に頼る必要はなくなり、ソ連やコメコン諸国への石油輸出に対する関心を失っていった。当初、イラク政府が社会主義諸国への石油輸出を強く望んでいたことから、一九七二年九月にソ連は、一九七二年から一九八〇年までの九年間で九七〇〇万トンの原油を購入することでイラク政府と合意した。この合意によれば、ソ連は一九七三年には一一三〇万トン、一九七四年には一三四〇万トンの原油を輸入する計画であった。しかし、一九七三年にソ連が同年分の石油供給の増加を求めると、イラクは余剰がないことを理由にソ連の提案を拒否した。さらにイラクは、一九七四年の供給量を当初の合意よりも削減すると通告した。(85)

この時期、イラクとコメコン諸国との関係にも変化のきざしが見られるようになった。一九七三年九月にコメコン諸国の貿易会社の代表者が会合を開いたが、この会議では産油国が自国の提示する条件を「無条件で」受け入れるよう要求するようになったため、コメコン諸国間で石油購入条件を調整することは難しくなったと指摘された。(86)明らかに産油国は、石油消費国が契約条件等を調整したうえで交渉に臨むことを好まなかったのである。これは、少しでも良い条件で消費国に石油を売りつけたい産油国としては当然の主張であった。

産油国における情勢の変化を踏まえ、ソ連の対外貿易省はコメコン諸国による石油産業関連のコンソーシアム設立についても消極的になった。すでに一九七三年三月にソ連対外貿易相代理レオニード・ゾーリンは、対外貿易常設委員会での議論のために作成した報告書のなかで、途上国の石油部門で操業するようなコメコン諸国の「国際経済組織」の設立に慎重な姿勢を示し、このような協力が産油国に及ぼす政治的影響に注意を払うよう促していた。(87)この問題に関するコメコン諸国の対応は割れた。ブルガリア、ポーランド、ルーマニアが、石油の共同購入や共同での輸出などの包括的な任務を帯びた国際経済組織の設立を要求したのに対して、ソ連、チェコスロヴァキア、東ドイツは、こうした包括的な機関の設立に反対した。東ドイツ代表は、このような国際機関が、途上国で「否定的な政治的作用」をもたらすことに危惧の念を示した。(88)

同時に、東ドイツ政府は、石油ビューローにおける政策協調が遅々として進まないことに対する不満を募らせていた。そのため、東ドイツは、イラクにおける石油探鉱調査を支援する際には、ソ連とは緊密に調整するものの、石油ビューローにおける政策調整は行わないという方針を固めた(89)。

このように、IPCの国有化後にイラクが社会主義諸国に接近したことで、コメコン内で対イラク経済政策を協調する好機が生まれたかに見えたが、ソ連やコメコン諸国はこの機会を活かすことができなかった。当初、コメコン諸国は石油輸入や産油国に対する技術支援の協調のためにコンソーシアムや国際経済組織を作る方針であったが、政策協調に関する協議が長引き、イラクが石油に関するコメコンとの協力に消極的になったために、石油ビューローにおける対イラク経済政策の協調は石油輸入に関する情報交換にとどまったのである。

小　括

一九六〇年代末から一九七〇年代初頭のイラク石油産業をめぐる情勢は、社会主義諸国にイラクとの経済関係を強化する機会を与えた。イラク政府はIPCの国有化以前から、国営石油産業の創設のために、ソ連の支援のもとに北部ルメイラなどで油田開発を進めていた。こうした傾向は一九七二年六月のIPC国有化後、一層強まり、イラクは国際石油資本に対抗するためにソ連およびコメコン諸国との経済関係をさらに強化する方針をとった。

コメコン諸国も将来的にイラクから大量の石油を輸入する必要があると認識していたため、石油の開発・輸入などの面でのイラクとの協力に前向きであった。しかし、コメコンでは複数の常設委員会が十分に調整しないままにこの問題について協議したうえ、当初この問題の取りまとめ役を担った石油ガス工業常設委員会が対外関係に精通していなかったため、コメコン諸国は政策調整のための協議機関である石油ビューローを設置するのに一年近くを要した。

しかも、この石油ビューローは石油購入に関する加盟国の情報交換の場として一定の役割を果たしたものの、それ以上の政策協調を実現することはできなかった。この背景には、イラクを取り巻く情勢の変化があった。世界的に石油の需給バランスが逼迫するなか、西欧の石油会社はＩＰＣの国有化後もイラクから石油を積極的に輸入した。このため、イラクはソ連やコメコン諸国との経済関係に依存する必要がなくなり、石油取引に関するコメコンとの協力に次第に消極的になった。

このように、コメコンの構造的問題という内的要因に加えて、石油の需給バランスやそれに伴うイラク政府の方針の変化という外的要因のために、すでに一九七三年一〇月の石油危機前の時点で、石油分野での対イラク政策の協調は困難なものになっていたのである。

第五章　石油危機への対応

一九七三年一〇月六日にエジプトとシリアはイスラエルに対する軍事行動を開始した。第四次中東戦争の始まりである。この戦争中に産油国が石油を「武器」として用いたことで、第一次石油危機が勃発した。まず戦争が膠着した同月一六日にOPEC諸国は原油公示価格を七〇％引き上げると一方的に宣言した。そして翌一七日に、アラブ石油輸出国機構（OAPEC）がエジプトとシリアを支援するために、原油生産量を前月より五％削減するとともに、イスラエルが一九六七年六月に占領した地域から撤退し、パレスチナ人の法的権利が回復するまで毎月、前月比で五％ずつ生産を削減し続けると発表した。さらに、アメリカがイスラエルに対する支援を拡大すると、サウジアラビアはこれに対する報復としてアメリカとオランダに対する全面的な石油禁輸を発表した。第一次石油危機はこのようにして始まったのである。中東では二五日に停戦が成立したものの、その後も原油価格は上昇し続けた。一二月末のOPEC会議では、一九七四年一月以降、アラビアン・ライトの公示価格を一バレル一一・六五ドルまで引き上げることが決定された。もともとアラビアン・ライトの公示価格は一九七〇年代にはいって上昇しており、一九七〇年に一・八ドルだった価格は一九七三年夏には三ドルになっていたが、石油危機を受けて価格はさらに四倍近く上昇したのである。(1)

産油国ソ連はこの石油価格の高騰から莫大な利益を得た。よく知られているように、ソ連はこの収入を元手に、巨大な軍産複合体を建設し、アフガニスタンをはじめとする発展途上国に介入したほか、国内の消費水準を維持するために穀物などの輸入を拡大した。ガディらによれば、資源からの超過利潤は第二次石油危機後の一九八一年にピークに達し、ソ連のＧＤＰの約四割を占めるにいたったという(2)。

しかし、これまでの研究では、第一次石油危機がソ連の内外政に実際にどのような影響を及ぼしたかについては実証的に検討されてこなかった(3)。そこで、第一節では西シベリア資源開発政策を中心に第一次石油危機後のソ連指導部の動向を分析する。

石油危機はソ連・東欧関係やこれらの国々とイラクなどの途上国との関係にも大きな影響を及ぼした。ソ連と東欧諸国の間では、世界市場における石油価格の高騰を域内貿易価格にどう反映させるかが問題となった。それまでコメコン域内の貿易価格は五カ年計画期間ごとに固定されていた。つまり、一九七一年から一九七五年にかけての貿易価格は、一九六五年から一九六九年の世界市場価格の平均値をもとに算出されていた。そのため、一九七三年に石油価格が高騰すると、エネルギー資源を中心に世界市場価格とコメコン域内貿易価格の差が急速に拡大した。これを受けて、資源輸出国であるソ連が域内価格制度を変更するよう強く主張したのに対して、資源輸入国である東欧諸国はこの要求に反発したため、貿易価格をめぐる熾烈な議論が展開されることになった。

同時に、石油危機は、コメコン内で不足する資源を中東・北アフリカなどの資源保有国から輸入するというソ連・東欧諸国の方針を実現困難なものにした。前章で確認したように、イラクはすでに石油危機前からコメコン諸国への石油輸出やこれらの国々との経済協力の拡大に対する関心を徐々に失いつつあったが、石油危機はこうした傾向を強めた。石油危機に対処するために西側の企業がイラクなどの産油国で活動を活発化させたため、市場競争力で劣るソ連・東欧諸国はイラク市場におけるシェアを急速に失っていったのである。しかも、石油価格が高騰したため、東欧諸国はイラクからの石油輸入を拡大するための財源を確保できなくなっていった。その結果、イラクなどの産油国からの資源輸入を拡大するというコメコン諸国の方針は、石油危機後に限界を迎えた。

先行研究では、石油危機がソ連・コメコン諸国間関係やコメコン諸国と第三世界諸国との経済関係に及ぼした影響について十分に研究されてこなかった。このうち、コメコン域内価格制度の変更をめぐるソ連・東ドイツ間の対立については、アーレンスが論じているが、彼はもっぱら東ドイツの視点からこの問題を検討しており、ソ連側の動向を十分に把握していない。イラクとソ連・東欧諸国との経済関係の変化については、さらに研究が乏しい。そこで、本章では、第二節で石油危機後の域内価格制度変更をめぐるソ連・東ドイツ間の交渉を検討し、第三節で一九七〇年代後半のソ連・コメコン諸国とイラクとの関係の変化を分析する(4)。

第一節　ソ連のシベリア開発政策と石油危機

ブレジネフや彼の側近は、石油危機を歓迎した。ブレジネフ自身、石油危機に関心を示し、業務日誌に「同志パトリチェフへ　どのような景気か」と記した。対外貿易相に尋ねていることから、ここでいう「景気」とは資本主義世界の景気動向のことであろう。この日記に日付はないものの、一九七四年八月から一二月のものであったと見られることから、彼は石油危機後の西側の経済動向に関心を持っていたと推測される(5)。

一九七四年八月に、党中央委員会で重工業部門を担当していたウラジーミル・ドルギフ書記も、ブレジネフ宛の報告書のなかで、石油危機に対するソ連の対応について検討する必要があるとして、「世界における非常に緊迫化した燃料・エネルギー問題、我が国および社会主義諸国のますます増大する需要を考慮に入れて、石油ガス工業の今後の発展、社会主義諸国の需要充足、資本主義諸国との貿易、エネルギー資源節約体制の向上などの方向性を明確化させるのが適切であると考えられる〔傍線は原文〕」と指摘した(6)。そのうえで彼は、地質調査による確認埋蔵量の増加、石油とガスの採掘能力の拡大、採掘関連施設の建設、石油・ガスパイプラインの敷設、労働者向け生活・文化設備などの建設について、速やかに措置を講じる必要があると指摘し、石油・ガス工業に設備、機械、物資等を供給する隣接部門を強化することが「最も重要だ」と述べた(7)。ドルギフによれば、これらの課題を解決するうえで重要なのが、石油・ガス工業のための物的・技術的基盤の創出であった。そこで彼は、石油・ガス関連設備、機械、鋼管等を生産するための特別の工場を建設するのに必要な財源を確保するために、原油や石油製品を合計で二〇〇〇万から三〇〇〇万トンほど追加で輸出すべきであると提案した。さらに彼は、エネルギー資源の生産が急速に拡大しているにもかかわらず、翌一九七五年の経済計画の草案で国内の燃料バランスがマイナスであることを重く見て、東シベリアやカザフスタンにおける石炭の採掘を拡大するよう主張した(8)。

ドルギフは石油やガスの輸出についても言及し、原油、石油製品、天然ガスの貿易は「これらの種類の原料が世界で限られているということに関連するあらゆる状況、これらの製品の生産者と消費者の政治経済的な相互関係を考慮に入れ、そのほかにこれらの製品の価格の変化の傾向をも考えながら」実施されるべきであると指摘した。具体的には、彼は、世界市場で石油価格が大きく変動している状況では石油輸出に関する長期契約は控えたほうがよいと提言した。その一方で彼は、社会主義諸国への石油・ガス輸出の拡大には消極的で、一九七四年の原油・天然ガスの輸出量が計画目標を達成できていないことを踏まえて、「石油とガスの供給における我々の可能性を現実的に慎重に考慮に入れる」よう求めた(9)。ブレジネフはこのドルギフの提案を歓迎した。彼は、報告書の欄外に、ゲオルギー・ツカーノフ補佐官に宛てて、「ざっと目を通してほしい。少し後で、私と話し合おう(これは計画について)」と記した(10)。

ブレジネフがドルギフの提案を歓迎した背景には、第一〇次五カ年計画(一九七六—一九八〇年)の草案を作成する段階で、計画目標達成のために必要な投資財が確保できなくなり、ゴスプランが次期五カ年計画に盛り込む投資案件を削減するよう求めていたという事情があった。一九七四年六月にゴスプラン議長バイバコフが政治局に提出した文書からは、第一〇次五カ年計画の作成過程で投資額が過剰に膨れ上がっている様子を読み取ることができる。この報告書のなかでバイバコフは、各種投資プロジェクトに関する党・政府決定などを合計すると、第一〇次五カ年計画期の投資総額は第九次五カ年計画（一九七一―一九七五年）の約二から二・五倍に膨らむと指摘した。ゴスプランの計算では、第一〇次五カ年計画期の投資額は第九次五カ年計画比で二六％増の六〇〇〇億から六三〇〇億ルーブルに抑える必要があった。しかし、巨大な投資プロジェクトが大量に立案されたために、投資総額はこの上限をはるかに上回っていた。なかでも特に大きな比重を占めていたのが、農業関連産業とシベリア開発であった。西シベリアにおける石油・ガス生産などのために、西シベリア全体で第九次五カ年計画の二・一倍にあたる三〇〇〇億ルーブルの支出が見込まれていたほか、バイカル・アムール鉄道（ＢＡＭ鉄道）建設のために五〇〇億ルーブル、コミ自治共和国やネネツ民族管区における地質探鉱調査および石油ガス工業の発展、南ヤクーツク炭田開発、ウスチイリムスク木材工業コンプレックス建設などに合計で八〇〇億ルーブルの支出が見込まれていた。農業関連では、肥料や殺虫剤の生産拡大のために一九〇億ルーブル、灌漑や農地開発などのために九〇〇億ルーブルの投資が予定されていた。バイバコフが主張したように、これらのプロジェクトをすべて実施するのは「非現実的」であった。[11]

おそらくブレジネフは、ドルギフらと話し合ったうえで、政治局向け報告原稿を準備し、そのなかでこのバイバコフの主張に反論しようとしたのであろう。彼はこの原稿のなかで、明らかにバイバコフの批判を意識して、「経済発展やソヴィエト市民の豊かさ向上のテンポを遅らせることで、バランスの欠如や不均衡をなくそうという『単純な』道も正しくない」と主張した。そのうえで彼は、この「状況からの脱出路はどこにあるのか」と問いかけ、「その集中的な発展が最短期間かつ最小の支出で最大の経済効果をもたらしうるような、国民経済上の構成要素（あるいはいくつかの構成要素）を選択すること」こそが重要であると強調した。ブレジネフの考えでは、経済政策上の最重要の「構成要素」は、「西シベリアのエネルギー・コンプレックスの発展の強行の道」であった。[12]

ブレジネフによれば、西シベリアにおけるエネルギー・コンプレックスに投資を集中するという方針は、経済のみならずソ連の冷戦戦略全般との関連で重要であった。彼自身の整理に従えば、この方針には、一、経済発展の諸問題の解決を可能とする、二、外貨収入を大幅に増加させ、技術や大衆消費財を購入することを可能にする、三、「社会主義共同体の統合の強化や世界経済関係における我々の役割の強化に関連した大きな対外政策上の課題の解決を助ける」、四、投資効率が高い、五、このプログラム実現が速やかな見返りをもたらすための前提がすでに形成されている、という五つの利点があった(13)。

このうち、経済問題の解決との関連でブレジネフは、チュメニ州の石油・ガス生産の経済効率が高いことを強調し、西シベリアにおけるエネルギー産業の複合的発展によって、化学工業の急速な発展が可能になると指摘した(14)。

さらにブレジネフは、西シベリアにおける石油・天然ガス開発を強行する根拠として、世界市場における油価の高騰を挙げた。ソ連指導部の石油危機に対する考え方を理解するうえで非常に重要なので、やや長くなるが該当箇所を引用してみよう。

「今日、石油とガスが世界市場で最も不足している原料の一つであることは、周知の通りである。原油および石油製品の価格上昇のため、これらは最も儲かる輸出品目の一つである。現在の価格では、原油でさえ、年一億トン追加で輸出すれば、五〇億から一〇〇億ドルの外貨を追加で得られるかもしれない。

このような情勢は、一方では十分に安定したものではあるが（すなわち、きっと今後一〇年から一五年は維持されるだろう）、他方で一時的なものである。というのも、新たな油田やガス田の探鉱が速いペースで進んでいるし、代替エネルギー源の開発も進められているからである……。したがって、我々は現在の情勢から莫大な利益を得ることができるが、長い間この状態を長引かせたり、引き延ばすことはできない。

炭化水素の大量販売計画との関連で、将来の世代に配慮しなければならないので、我々にはこんなことをする権利はないという論拠を耳にすることがある……。我々の子孫に関していえば、数十年後には疑いなく新しいエネルギー源が現れるだろう。そして、もしわれわれが現在の情勢を利用しなかったら、きっと我々の子孫は我々のことを、国の生産諸力を力強く躍進させるために、現れた可能性をちょうどよいときに利用することのできなかった悪い経営者だと評価するだろう(15)」。

明らかにブレジネフは石油価格の高騰から最大限の利益を得ようとして、西シベリア開発に積極的になっていた。同時に彼は、次のように述べ、西シベリア開発がソ連の対外政策に重要な意味を持つことを強調した。

「この計画の巨大な対外政策上の意義に疑問の余地はない。特に、この計画によって、コメコン諸国の経済統合の物的基礎を本当に強化することができるだろう。この計画は、我々の国際分業への参加を質的に新しい水準まで高めるのも助けるだろうし、平和共存政策の物的基礎を強化し、西欧、日本、そしてある程度はアメリカをより強固に我が国に結びつけるだろう。この関連で、中国石油工業の広範な発展計画のことも考慮に入れなければならない(16)」。

このようにブレジネフは、西シベリアにおける資源開発を国内の経済問題を解決すると同時に、東西デタントを維持し、東欧諸国をソ連に結びつけ、さらには中国を封じ込めるための手段と位置づけた。ブレジネフにとって、西シベリアの石油ガス開発は、内政・外交の両面で、超大国ソ連を運営するための要となったのである。

このプロジェクトを実現するためにブレジネフは、ソ連各地で労働力が不足しているなか、一〇〇万人の労働者を西シベリアに送るよう提案したほか、西側との補償貿易をより広範に利用するよう主張した。補償貿易とは、外国企業からの融資を受けて設備等を建設し、完成後に製品を現物で納入することで債務を返済する取引であった(17)。ブレジネフは「この〔資金〕源は、不足している設備や機械の品目を受け取るのに特に重要である」と述べて、補償貿易を広範に利用するよう主張し、具体的な投資対象として随伴ガスの精製に必要な設備などを挙げた。さらに彼は、必要な資本を確保するために、一時的に西シベリア開発以外のプロジェクトを凍結することも提案した(18)。このように、ブレジネフは率先して西シベリアにおけるエネルギー資源開発を主張していたのである。

ただしこの時期、ブレジネフは重大な健康問題を抱えていたため、政務に専念できる時間は減っていた。一九七四年一一月末に彼は、ヘンリー・フォード大統領とウラジオストクで会談した直後に車中で倒れた。数週間後に回復したものの、これ以後、ブレジネフは文書を読むのにも苦労するようになった。さらに一九七五年夏には、彼はヘルシンキ会議の最中に半ば昏睡状態に陥った(19)。

ブレジネフの体調の急変は、ソ連の経済政策にも影響を及ぼした。一九七五年三月に、ゴスプランは、ソ連経済の深刻な状況を分析した特別報告を準備し、一九七五年三月に中央委員会に提出した。バイバコフの回想録によれば、この報告のなかでは、「経済状況の客観的分析がなされ、その将来的な発展の課題と条件が明確に描かれていた」。具体的には、ソ連が生産する以上の量を消費しており、戦略物資を含む多くの製品で輸入に対する依存が絶えず拡大していることなどが指摘された。これに対してブレジネフは、一九七五年四月の政治局会議で、「同志諸君、ゴスプランが我々に資料を提出した。そのなかには、状況についての非常に陰鬱な見解が含まれている。しかし、我々は諸君とこれほどたくさん仕事をしてきたのだ。これは我々の最良の五カ年計画なのだから……」と発言し、泣きそうになりながら座ったという。周囲は直ちに彼を宥めたが、これで議論は打ち切りとなり、「最良の五カ年計画」という言葉だけがマスメディアを通じて国中に広められた(20)。

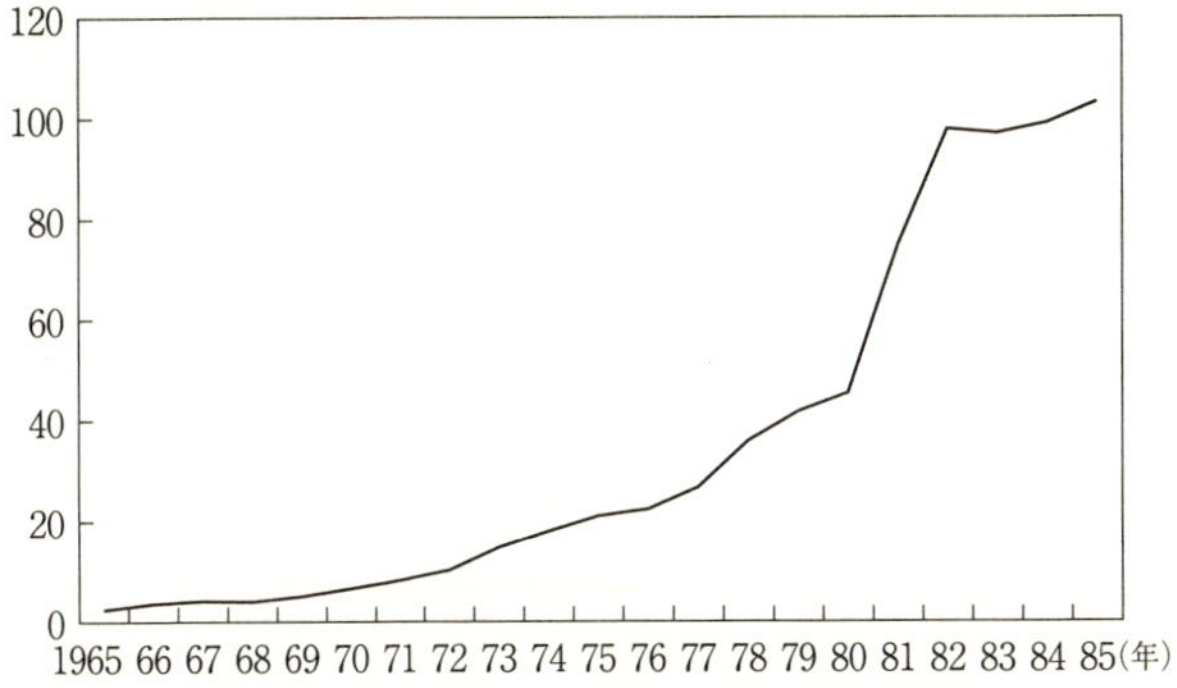

図2　石油工業省・ガス工業省・地質省の西シベリアへの投資額の推移（1億ルーブル）

出所：*Г. Колева.* «Создание Западно-Сибирского нефтегазового комплекса в практике хозяйственного освоения Западной Сибири（1964–1989 гг.）.» Т.2. Докторская диссертация. Тюменский государственный университет. 2011. С. 343–344 より作成.

このように、深刻化する経済状況や五カ年計画のバランスの欠如などに関するゴスプランの分析は無視されたまま、国内の難問に挑む気力を失ったブレジネフのもと、西側からの技術や資本を導入した西シベリア開発が進められていった。西シベリアにおける資源開発と資源輸出への依存は、問題解決能力を喪失しつつあったソ連指導部にとって、最後のよりどころとなっていたのである。一九七六年二月から三月にかけて開かれた第二五回ソ連共産党大会で、ソ連指導部は西シベリアにおける石油ガス生産の大幅な拡大を決定した。それによると、一九七五年に一・四八億トンであった西シベリアの原油生産量を一九八〇年に三億から三・一億トンに倍増させ、ガスの生産についても一九七五年の生産量の四倍にあたる一二五〇億から一五五〇億立方メートルにまで増やすこととされた。[21]

しかし、ソ連の経済機関は党大会で決定された量の原油を生産するのに必要な投資を確保できなかった。資源開発のために投入できる予算には限りがあったことから、工業投資に占めるエネルギー部門の割合は一九七七年まで二八％前後で推移していた。[22]石油工業省、ガス工業省、地質省の西シベリアへの投資は一九七〇年代後半にも一貫して伸び続けたが、伸び率で見ると波はあるものの一九七〇年代前半よりも大幅に増加したわけではなかった（図2）。エネルギー部門全体への投資が強化されるのは、ソ連においても「エネルギー危機」が深刻化する一九七七年以降のことであった。この点については次章で詳しく論じることにして、次節では石油危機がソ連・

東欧関係に及ぼした影響について検討したい。

第二節　コメコン域内価格制度の変更

一九七三年秋以降、国際的に石油価格が高騰したにもかかわらず、当初、ソ連・東欧間の石油取引価格に変化はなかった。コメコン域内貿易は、各五カ年計画に沿う形で、五年ごとの双務協定に基づいて行われていた。その際、貿易価格は、先行する五年間の世界市場価格の平均値をもとに算出され、各五カ年計画期間中は固定されていた。すなわち、一九六六―一九七〇年の五カ年計画期には一九六〇―一九六四年の世界価格の平均値が、一九七一―一九七五年の五カ年計画期には一九六五―一九六九年の平均値が用いられていた。これは、石油危機によって世界中で原燃料価格が高騰するなかでは、ソ連に不利な価格制度であった。東欧諸国は、石油危機後も、一九六五―一九六九年の世界市場価格をもとに算出された価格で、ソ連の天然資源を輸入し続けることができたのである。[23]

当然ながら、このような価格制度はソ連にとって許容できるものではなかった。早くも一九七三年一一月にソ連対外貿易相パトリチェフは、東ドイツ対外経済相ホルスト・ゼレとの会談のなかで、今後、根本的な価格交渉の必要があるかもしれないと告げた。[24] 一二月末には、ゴスプラン議長バイバコフがSED第一書記ホーネッカーに対して、「ソ連は景気動向から利益を得ようとは決して思わないが、実際問題として現在の原料価格は非常に低く、コストは非常に高い。再検討する必要がある」と価格改定の必要性を示唆した。[25] 石油危機勃発直後から、ソ連国内ではコメコン価格制度を再検討する動きが始まっていたのである。そして、一九七四年八月にゼレとの会談のなかで、パトリチェフは、現行の価格制度の変更を正式に要請した。パトリチェフによれば、世界市場において原燃料価格が急騰した原因は、「資本主義工業国と発展途上国との間の根本的矛盾」にあった。途上国は、原料の大半を生産しているにもかかわらず、帝国主義独占企業が定めた非常に安い価格で輸出せざるをえなかった。ソ連もまた途上国と同様に原料を低価格で販売していたため、「莫大な損失」を蒙った。ソ連は世界市場における原燃料価格が高騰するなか、その半額から四分の一の価格でコメコン諸国に原料を輸出しているため、域内貿易で赤字を抱えているが、今後このような事態を避けるために「柔軟な価格形成システムを考慮に入れる必要がある」。このように現行の域内価格制度の問題点を説いたうえで、パトリチェフは、一九七六年以降は貿易価格を先行する三年間の世界価格をもとに毎年改定すべきだと主張した。さらに彼は、現行五カ年計画の最終年にあたる一九七五年についても、いくつかの産品について一九七三―一九七四年の平均価格をもとに価格を改定するよう求めた(26)。

このパトリチェフの主張は、対外貿易省、財務省、ゴスプラン、国家価格委員会などの関係機関が合同でソ連指導部に提出した提案をもとにしたものであった。ソ連共産党中央委員会社会主義諸国部でコメコン問題を担当していたオレグ・チュカーノフに宛てた文書のなかで、国家価格委員会議長代理アナトーリー・コミンは、コメコン域内価格制度の変更を次のように正当化した。彼によれば、コメコン域内の資源価格では、ソ連などの資源輸出国は損失を出している一方で、資源輸入国は資源集約的な生産を発展させており、このために資源不足をさらに悪化させている。しかも、原燃料価格が安いために、コメコン諸国は原燃料の輸入や完成品の生産を拡大し、ハードカレンシー収入増大のためにこれを資本主義諸国に輸出している。このようにコメコン域内価格制度の問題点を指摘したうえで、コミンは、上記の経済関係機関と合同でコメコン域内価格制度を改善するよう提案した(27)。つまり、コミンらの考えでは、コメコンの分業が進まず、東欧諸国で経済的に非効率的な資源集約産業への投資が続いているのは、コメコンの価格制度に基づいて、ソ連が安値で資源をコメコン諸国に提供していたからであった。

実のところ、すでに石油危機前の時点で、ハンガリー社会主義労働者党書記長のカーダールもソ連のコメコン諸国に対する天然資源輸出が孕む問題を認識していた。カーダールは一九七三年三月の党政治局会議において、「状況は少しひっくり返っており、我々はほとんど逆の植民地関係にある。我々がソ連から原料を受け取り、完成品を供給しているのだ。だが、これは我々だけではなくポーランド人やチェコ人などもそうしているのだ」と述べた。ここでカーダールは、本来「宗主国」であるはずのソ連が東欧諸国の「植民地」すなわち原料供給地にして工業製品販売市場となっている逆説的な状況を、「逆の植民地関係」と捉えたのである。(28)

しかし、東ドイツ指導部は、ソ連との交渉の場でこうした主張を認めるわけにはいかなかった。対外貿易相ゼレは、(29)九月にSED中央委員会政治局に提出した書類のなかでソ連側の主張に反駁した。彼によれば、ソ連側は途上国と資本主義工業国の関係の変化や原料不足のみを物価高騰の要因として挙げており、投機の問題を無視している。たしかに原料を生産する途上国が自らの望む価格で原料を販売するようになったために原料価格は上昇したが、独占企業がこの状況を利潤最大化のために利用したため、原料価格がさらに上昇した。(30)つまりゼレは、石油価格高騰の主要因は西側独占企業の投機的行動にあるので、社会主義諸国はこの価格変動を域内価格に反映する必要はないという論拠で、ソ連に反論しようとしたのである。(31)

このように、ソ連と東ドイツは価格制度の変更をめぐり真っ向から対立した。一一月六日にゼレと会談した駐東ドイツ通商代表クティリョフは、域内制度の変更についてチェコスロヴァキアおよびブルガリアと協議し、一九七五年の貿易価格については一九七二年から一九七四年の平均価格を用い、一九七六年以降は毎年、先行する五年間の平均価格をもとに価格を改定するという条件で合意したと告げた。そのうえで彼は、パトリチェフの言葉として、東ドイツは依然として交渉を行う用意がないようであるが、ソ連としては価格制度の変更後も東ドイツへの供給量を変えるつもりはないこと、東ドイツが対ソ貿易赤字を抱えた場合は支払い猶予や借款を認めること、さらには貿易収支均衡のために現在輸入を制限している製品についても輸入する用意があることを伝えた。(32)

同月一一日には、訪ソしたゼレに対してパトリチェフが、ソ連側提案に同意したチェコスロヴァキアとブルガリアを例に挙げ、「この根本的な問題の解決のさらなる延期は正当化するのが非常に難しい」と述べて、価格制度の変更を受け入れるよう改めて要求した。パトリチェフによれば、コメコン諸国は資本主義経済の危機を全く感じていない。イタリア、フランス、イギリス、日本のような主要資本主義諸国が直面している困難はコメコン諸国には無縁であるが、その理由は社会主義体制が優れているからというだけではない。ソ連が世界価格よりもはるかに安い価格でコメコン諸国に資源を供給しているからである。だが、「なぜソ連の生活水準は、例えばハンガリーよりも低くならなければならないのか」とパトリチェフは問いかけ、「もはや変化は避けられない」と主張した。これに対してゼレは、すでにコメコン諸国には独自の価格基盤が生じている以上、一九五八年の第九回コメコン総会で決定された現状の価格制度に基づいてこの傾向をさらに発展させるべきであると主張し、パトリチェフの要求を改めて退けた。(33)

しかし、東ドイツの抵抗にも限界が訪れた。強まるソ連の圧力に抗しきれず、一二月九日にホーネッカーは、ブレジネフ宛書簡のなかで、「現行価格の修正が理に適ったものであること」が「判明した」と記し、ソ連の要求を受け入れることを伝えたのである。(34)

翌一九七五年から新コメコン域内価格が適用されると、ソ連の対東欧貿易赤字は一挙に解消し、逆に貿易黒字が急増した。さらに、一九七五年から一九八五年の一〇年間で、ソ連の対東ドイツ輸出は名目で一四五％増加した。これは、ソ連の対東ドイツ輸出の七割を原燃料が占めたことによるものであった。しかし、実質では、この数字はわずか七％の増加にとどまった。(35)

このように、一九七四年にソ連・コメコン諸国間で議論の的となった域内価格をめぐる問題は、価格制度の変更によって一時的に「解決」された。この価格制度改正の結果、東欧諸国の経済的負担は大幅に増加したが、それでも先行する五年間の平均価格を用いたため、域内での資源価格の上昇率は西側市場ほど急激なものではなかった。その結果、石油価格が暴落する一九八〇年代半ばまでコメコン諸国はソ連から有利な条件でエネルギー資源を輸入し続けることができた。しかも、ソ連が要求したのは価格面での変更のみで、供給量については一九八一年までコメコン諸国に計画通りの量を供給し続けた(36)。このように、ソ連は石油危機後もコメコン諸国のエネルギー資源需要を満たし続けたのである。これは、次節で見るように、途上国からのエネルギー資源輸入の拡大が非常に困難になるなかでは、コメコン諸国の経済を支える重要な支柱であった。

第三節　途上国における経済協力の失敗

石油危機後、コメコン諸国で不足する天然資源を途上国から輸入するという方針は、大きな困難に直面した。第一に、石油資源をめぐる国際的な競争が激化し、石油価格が高騰した結果、コメコン諸国は十分な量の石油を途上国から輸入できなくなった。第二に、ハードカレンシーの不足に悩むコメコン諸国は、イラクなどの産油国とのバーター貿易を望んでいたが、石油危機後、産油国への工業製品の輸出や産油国における建設プロジェクトへの参加はますます困難になっていった。多くの西側企業が、莫大な外貨を保有するようになった産油国との取引に強い関心を抱くようになったため、市場競争力のないソ連・東欧の工業製品はイラクなどの産油国から次第に相手にされなくなった。それでも、東欧諸国は一九七〇年代後半にも石油をはじめとする資源を途上国から輸入し続けたが、東ドイツに関していえば、これはエネルギー資源を確保するための手段というよりも、輸入した原油を精製後に世界市場に輸出することで極度に不足していた外貨を獲得するための措置にすぎなかった(37)。そこで、本節では、多くのコメコン諸国にとってエネルギー資源調達という点で最も重要な産油国であったイラクとの関係を例に、石油危機がイラクとコメコン諸国の関係に及ぼした影響について検討していきたい。

一　石油危機とコメコン石油ビューロー

当初、ソ連もコメコン諸国も石油危機の影響を十分に理解できなかった。ＯＡＰＥＣ諸国が減産を表明した直後の一九七三年一〇月二四日から二六日にモスクワで開催された第二回コメコン石油ビューローで、ソ連代表は「アラブ諸国が西側の石油輸入国に対して圧力（供給削減）をかけている」点を認識していた一方で、コメコン諸国が石油を輸入するための「肯定的な発展傾向」があると主張した。この時点では、ソ連対外貿易省は始まりつつあった石油危機の影響を理解しきれていなかったのである。ソ連代表もこの点を率直に認め、現状では短期的な展望について「信頼に足る評価」を下すのは難しいと述べ、この問題についてのさらなる議論を一九七四年三月に予定されている第三回石油ビューローに持ち越した(38)。

この第二回石油ビューローでは、国際石油市場の動向に関する分析のほかに、コメコン加盟国が途上国に工業製品などを輸出し、石油を輸入する際の行動を調整するために国際経済組織を設立するという問題についても協議されたが、加盟国の見解は割れた。ブルガリア、ポーランド、ルーマニアは、国際経済組織の設立は途上国から石油を輸入するために不可欠であると主張した。これに対して、それ以外の加盟国は途上国からの反発を懸念してこれに反対した。特にソ連代表は、石油の輸入に際してコメコン諸国が「協調行動」をとっていることについてソ連対外貿易相パトリチェフがイラク側から批判されたことを明らかにし、国際経済組織の活動のための「現実の前提条件」は存在しないと指摘した。明らかにイラク政府は、石油消費国が契約条件等を調整したうえでイラクとの交渉に臨むことを好まなかったのである。これは、少しでも良い条件で消費国に石油を売りたい産油国としては当然の主張であった。ＩＰＣ国有化の直後には、石油の販売先を確保する必要があったことから、イラクはコメコン諸国のコンソーシアムと協力する用意があったが、石油危機前後までに石油販売先のめどがついたため、コメコン諸国に頼る必要がなくなっていたのである[39]。最終的に、一九七四年二月の第三回石油ビューローで、コメコン諸国は石油市場の情勢が国際経済組織の設立に適したものとなるまでこの問題を棚上げすることで合意した[40]。石油輸入のためのコンソーシアムを設立するというコスイギンの構想は、石油をめぐる世界的な情勢が急変するなかで破綻したのである。

このような状況を受けて、ソ連の対外貿易省は石油ビューローに対する関心を失った。第三回石油ビューローでソ連代表イヴァン・グリシン対外貿易相代理は、一、石油市場での最近の事態は不可逆的である、二、ソ連やコメコン諸国は市場シェアが小さいために石油購入条件等について本質的な影響を及ぼすことはできない、三、途上国からの石油輸入については、各国が経済的影響を踏まえて自ら検討すべきである、と指摘した[41]。そのうえで彼は、第三国から石油を輸入するのはソ連にとって効率的ではないと述べた。これは産油国ソ連からすれば当然の指摘であるが、ビューローで指導的役割を果たすべきソ連代表がこの問題に対する関心を示さなくなってしまっては、ビューローの活動が成功するはずもなかった[42]。

しかし、ソ連の全ての関係機関がこの対外貿易省の方針に同意していたわけではなかった。コメコンにおけるソ連代表を務めたレセチコ首相代理は、対外貿易省と違ってこの問題に関する加盟国間の協調を重視していた。一九七四年四月の第六七回コメコン執行委員会で、議長役を務めたブルガリアのツォロフ首相代理は、ソ連からの定期的な石油供給のおかげでコメコン諸国へのエネルギー危機の影響は限定的なものにとどまったが、それでも影響は存在したと指摘した。そのうえで彼は、すでに一九七三年に「我々は価格の急騰のためにアラブ諸国から計画で予定されていた量の石油を購入することができなかった」し、一九七四年には「これらの国々からの輸入を半分に減らさざるをえない」ので、もしコメコンの枠内で効果的な措置が実行されなければ今後悪影響はますます深刻になるだろうと述べて、資源輸入をめぐる協力を強化するよう求めた。具体的には、彼は、「コメコン加盟諸国が、非社会主義圏の石油やそのほかの資源の輸出国との関係で、より効率的で調整された行動をとる」よう求める文言を、次期コメコン総会の決定草案に盛り込むことを提案した(43)。他の東欧諸国の代表もこのブルガリア提案に賛同した。

これに対して、ソ連のレセチコ首相代理は、「いくつかの我々の首尾一貫性のなさ」を批判した。彼によれば、すでに一九七二年時点でコメコン諸国が協力して石油を購入し、アラブ諸国に工業製品等を輸出することが政府代表の会合で合意されていた。しかし、「残念ながら、我々は、我々がこの問題について何もしなかったということを事実として認めなければならない」。レセチコはこのように現状を批判したうえで、次のように述べてコメコン諸国の政策協調が進んでいないことに強い不満を示した。

「執行委員会は我々の政府首脳の決定を実行しなかったのだ。もちろん、誰かが何かをやった。しかし、言いたいのは、もし我々が今後もこのようなやり方と形態で燃料・エネルギー危機と戦うのなら、我々は完全にこの問題を解決することはないだろうということだ。そのような決定を採択したら、我々はそれぞれが、問題に真剣に取り組まなければならない。何人かの同志たちが自力で動こうと望んだときの我々の古い構想が、このような結末をもたらした。国家計画委員会議長が集まり、ソ連代表がイラクを訪問するよう語った(44)。イランのシャーは一緒に働こうと提案した。彼はどこにでも石油を売るが、単一の機関を通じて彼らのところから〔石油を〕持っていくよう提案した。しかし、我々にあったのは、各国が独自に行動するというあの古い構想であった。我々は何も解決しなかった。私がこのことを話すのは、もし今も我々が以前と同様のやり方を続けるにとどまり、総会のための我々の提案を採択して、採択された決定を実現しようと首尾一貫して努力しないのであれば、我々は望ましい結果をえることはできないだろう〔と考える〕からだ(45)」。

レセチコは第三国からの石油をめぐるコメコン協調政策の失敗をこのように痛烈に批判した。しかし、彼が述べている「単一の機関」を通じた石油購入という方針は、対外貿易省のパトリチェフやグリシンが政治経済的に難しいとして退けたものであった。このようにレセチコとパトリチェフらとの間で意見の相違が存在した背景には、それぞれの立場の違いがあったと見られる。パトリチェフら対外貿易省の幹部はイラクをはじめとする多くの国々と交渉していたことから、現地の情勢に精通しており、彼らとの接触から石油輸入のためにコメコンに国際経済組織を設立することは好ましくないと判断していた。これに対してレセチコは閣僚会議でコメコンに関する問題を担当しており、コメコン経済統合を促進することに強い関心を持っていた一方で、イラク情勢には疎かった。こうした関心の相違が途上国からの石油輸入をめぐる両者の見解を異なったものにしたのであろう。

いずれにせよ、この問題で中心的な役割を担っていたソ連の対外貿易省が石油ビューローに対する関心を失いつつあるなかでは、石油ビューローの活動はますます形骸化せざるをえなかった。現に、一九七四年一一月の第四回石油ビューローに関する報告のなかで、東ドイツのオイゲン・カトナー対外貿易相代理は、コメコン諸国には石油ビューローで石油購入に関する協調を実現することに対する関心が見られないと指摘した。彼によれば、コメコン諸国は個々の問題について方針を決定したのちに、石油ビューローに事後的に報告しているにすぎないという(46)。

この傾向は、ときとともにますます顕著になった。そして一九七七年一二月の第九回石油ビューローで、グリシンは、「対外貿易委員会よりも大きな権限を持った単一の機関によって、原料・エネルギー問題の総合的な取り扱い」をする必要があると主張した。グリシンは、国際石油市場に関する評価やコメコン諸国間の調整に関する提案を準備するために、石油ビューローでの活動は継続されなければならないと主張したが、彼の関心は明らかにこの新たな機関設立へ向かっていた。このグリシンの提案に、ほかのコメコン諸国も賛同した。このように、コメコン石油ビューローは、ほかの多くのコメコン組織と同様に、何らの成果もあげることなくその活動を事実上終えることとなった(47)。

この石油ビューローが象徴するように、コメコンは加盟国と途上国との経済関係を調整するという役割をほとんど果たすことができなかった。一九八一年にソ連科学アカデミー付属世界社会主義体制経済研究所（ＩＥＭＳＳ）のニコライ・シュメリョフはこの点を鋭く批判した。彼によれば、一九八〇年代初頭以来、ソ連は資源開発コストや国内資源需要の増大のために、原燃料輸出を削減せざるをえなくなっていた。コメコン諸国には、このソ連からの石油供給削減に対処するために、自国産燃料の生産拡大、途上国からの石油の輸入拡大、ソ連のガスパイプライン建設への参加によるガスの追加供給の確保、という三つの選択肢があった。しかし、コメコン諸国の燃料増産には限界があり、ソ連からのガス供給の拡大も十分なものではないと見込まれていた。そのため、コメコン諸国には途上国からの石油輸入増しか残されておらず、一九八一年から一九八五年の五カ年計画期に、三〇〇〇万から三五〇〇万トンの石油を途上国から輸入する必要があった。だが、これはソ連を除くコメコン諸国の途上国に対する輸出総額に等しく、すでに巨額の対外債務を抱えていたコメコン諸国にとって、この額を払うのは「非常に困難」であった。[48] したがって、途上国からの資源確保のための方策として最も有望なのは、途上国におけるコメコン諸国の「生産協力」で、これは、一九七〇年代にソ連・東欧双方から繰り返し提案されていた方式であった。しかし、途上国に対する開発支援の協調は、コメコン諸国による経済技術支援全体の二％にすぎなかった。一九八〇年時点でコメコン諸国の支援によって途上国で建設中および建設予定の施設は一〇〇〇件にのぼったが、一九八〇年の第四〇回コメコン技術支援調整常設委員会において、一九八一年から一九八五年に生産協力を行うことが決定されたプロジェクトは三五件にすぎなかった。[49] 明らかに、コメコン諸国間の協力体制は、途上国との関係ではほとんど機能していなかったのである。

二　ソ連・イラク経済関係の後退

コメコン諸国間の政策協調が進まない一方で、イラク市場における競争が激化したため、イラクにおけるソ連・東欧諸国の経済的プレゼンスは急速に低下した。イラクの輸入総額に占める社会主義諸国からの輸入額の割合は、一九七三年の二四・六%から一九七九年には六・九%まで縮小した[50]。では、ソ連の経済機関はこの状況をどのように認識していたのであろうか。

一九七三年一二月にイラク灌漑相ムカラム・タラバニは、ソ連の駐イラク大使ヴェンヤミン・リハチョフに対して、一九六八年のイラクの石油収入が一・七億ドルしかなかったのに対して、一九七三年の石油収入は一〇億ドル以上になるだろうと見込まれている、「イラクは非常に豊かな国になっているし、その指導部は今や、これほどの額をどうやってより良く使うか分かってさえいない」と述べて、石油価格の高騰を歓迎した。タラバニによれば、西側諸国や企業は、イラクが非常に有益で将来性のある市場であると認識して活動を活発化させており、いたるところから有益な提案がなされている。イラクの政治指導部は、自らの権威を向上させるためにできる限り速やかに経済発展計画を実現する必要があり、時間が重要である。二年で一〇〇億ディナールかけて実現可能なプロジェクトを一年で実現できるのなら二〇〇億ディナール出す用意がある。イラクでの経済プロジェクトがこのような状況にあるのに、ソ連が依然として、「このプロジェクトは明日まで待ってもよいし、これは明後日まで」などと言っているようなら、そのプロジェクトは西側企業に発注されてしまうかもしれないという[51]。実際に、ソ連側との会談のなかでイラク側は、ソ連によるリン化合物コンプレックスや火力発電所の建設が遅いことに不満を述べていた。特にリン化合物精製工場については、すでに一九七一年四月の合意でソ連が建設を請け負うことが決定されていたが、ソ連機関の作業が進まないことに業を煮やしたイラクは、このプロジェクトに関する競争入札を実施した[52]。このように、イラク政府が予算の制約を気にせずに経済開発に乗り出すと、西側企業ほど迅速に工業設備の出荷や現地での建設・組み立てを実施できないソ連企業は劣勢に立たされた。

在イラク大使館経済顧問ホツィアロフも、GKESに送った報告書のなかで、現地の動向を詳細に報告していた。

彼によれば、イラク政府は受注価格が安く短期間で契約を履行する西側企業との交渉に関心を持っており、ソ連・イラク間の合意に基づいてソ連が引き受けたプロジェクトについても、西側企業に発注することにためらいを感じていない。西側企業はイラクにおけるプラントなどの建設の対価を原油で受け取っている。特にイラク市場で精力的に活動しているのはフランスと日本であり、この両国は納期、技術仕様、価格などについてイラク側の要求にほぼ完全に応えており、彼らと競争するのは非常に困難である。こうした競争の激化のために、当初はソ連が建設する方向で交渉が進められていたモスルの製油所、石油製品地下貯蔵施設、バグダッド―バスラ間石油製品パイプラインなどのプロジェクトに関する交渉も困難になっているという(53)。

ホツィアロフは、イラクにおける西側企業との競争の激化をこのように報告したうえで、ソ連の経済機関がこうした現地の状況を考慮することなく従来通り活動していることを批判した。彼によれば、貿易公団「テフノエクスポルト」は、ガラス容器製造工場の拡張に関して、一七三〇万ドルで二年後に完成という条件を提示したが、アメリカ企業は六九〇万ドルで一年後に完成という提案でこの事業を落札した。ソ連以外に、チェコスロヴァキア、ハンガリー、ルーマニア、東ドイツ、ブルガリアなどの社会主義諸国もイラク市場で活発に活動しているが、「いかなる具体的な成果もなかった」。特に競争が激しいのが石油関連部門であり、石油輸送施設の建設はほぼ完全に西側や日本の企業の手に渡ったという(54)。ソ連をはじめとする社会主義諸国は、石油危機後に激化した産油国市場における企業間の競争に太刀打ちできなかったのである。

三　東ドイツの対イラク経済政策

それでも、イラク市場をめぐる競争が激化しつつあるこの時期に、東ドイツ指導部はイラクからの石油輸入の拡大に向けて本格的に動き出した。東ドイツ指導部は、一九七二年六月のＩＰＣ国有化の前後にはイラク産石油の輸入拡大に慎重であったが、一九七六年から一九八〇年に関する五カ年計画を作成するなかで、イラクからの輸入量を大幅に増加させる必要があると認識するようになった。これは、一九七三年八月のコスイギン・シュトフ会談の結果を受けてのものであった。既述のように、この会談で東ドイツ側は一九八〇年に二三〇〇万から二四〇〇万トンの原油を供給するよう要求したものの、コスイギンは一九〇〇万トン以上の供給は不可能であると返答した。このため、東ドイツ指導部は、一九八〇年に四〇〇万トン以上の原油をソ連以外の国から調達する必要に迫られたのである。[55]

そこで東ドイツ指導部はイラクからの原油輸入を年四〇〇万トンにまで増やす方向で検討を始めた。当時、東ドイツはINOCとの間で一九七五年まで毎年一〇〇万トンの原油を輸入する契約を締結していたが、一九七四年三月にはこの輸入量を一九七四年に一九〇万トンにまで拡大することでイラク側と合意し、一九七五年についても二四〇万トンにまで輸入量を増やす計画であった。[56] しかし、コスイギン・シュトフ会談を受けて、一九七六年以降はイラクからの輸入をさらに拡大する必要が生じたことから、一九七四年七月にSED政治局は一九八〇年の原油輸入量を四〇〇万トンまで増加するために、イラクへの輸出を増加する必要があると確認した。具体的には、イラクへの設備・プラントの供給やイラクでの地質探鉱調査・試掘などが石油輸入の対価として検討されていた。[57] 一九七四年九月には、この政治局決定を踏まえて、対外貿易相代理ヘルベルト・クロリコフスキがイラク、シリア、アルジェリア、イェメン、ソマリアとの関係の長期的な発展に関する構想を政治局に提出し、承認された。この構想のなかでクロリコフスキは、一九七六年から一九八〇年にかけて毎年最大で四〇〇万トンの原油を輸入するのに必要な資金を獲得するために、石油輸入に関する長期協定の締結、機械・設備品などの輸出のさらなる拡大、石油探鉱調査での協力の強化などを提案した。[58]

この問題は、一一月一八日から二一日にかけてホルスト・ジンダーマン首相がイラクを訪問し、サダム・フセイン副大統領をはじめとするイラク要人と会談した際に、中心的な議題の一つとなった。この一連の会談のなかで、フセインは中東情勢との関連でアメリカ、特にキッシンジャーに対する「深い不信感」を露わにして、ジンダーマンに軍事技術の供給を要請したほか、東ドイツ内務省や国家保安省とのより緊密な協力を求めた。このイラク側の要請を受けて、東ドイツ側は「特別技術」の供給問題についてイラク側と特別に協議したほか、イラク内務相の東ドイツ訪問に同意した(59)。兵器輸出は貴重な外貨収入源であったことから、東ドイツもイラクの求めに応じて軍事技術を提供することに前向きだったのである。

経済問題に関する交渉では、イラク指導部は石油からの莫大な収入を元手に経済発展や国防力の強化を目指している点を強調し、設備一式を即使用できるところまで現地で組み立て、完成させるというターンキー方式を要求した。この要求を受けて、東ドイツは石油と引き換えに設備やノウハウの提供や専門家などの人材養成などで協力することに同意した(60)。このように、ジンダーマンはイラクからの石油輸入量の増加および対イラク輸出の加速という当初の交渉目標を達成することができたのである。一九七五年四月には、ジンダーマンとフセインの交渉をもとに、一九七六年から一九八〇年までの時期を対象とするイラクとの貿易協定が締結された。東ドイツはこの条約締結の際に書簡のなかで、一九八〇年までにイラクからの原油輸入量を二〇〇万トンから四〇〇万トンに拡大することを約束した。

しかし、世界市場で原油価格が上昇し、イラクへの工業製品の輸出をめぐる西側企業との競争が激化するなか、これほどの量の原油をイラクから輸入することは容易なことではなかった。一九七三年まで東ドイツの対イラク貿易収支は一貫して大幅な黒字であったが、一九七四年以降は石油価格の高騰のために貿易赤字が常態化した。一九七四年の貿易収支は輸出一・〇六億外貨マルクに対して輸入三・五億外貨マルクであり、二億外貨マルク以上の輸入超過となった。一九七五年には貿易収支はおおむね均衡したものの、貿易赤字はその後再び増加に転じ、その額は一九七六年に一・〇八億外貨マルク、一九七七年には一・六七億外貨マルクに増加した(61)。

対イラク貿易収支が大幅な赤字となったため、東ドイツは当初予定していた量の原油をイラクから輸入することができなかった。イラクからの原油輸入量は一九七四年の一七六万トンをピークにそれ以降減少に転じ、一九七五年に一四五・四万トン、一九七六年に一五七・六万トン、一九七七年と一九七八年は一〇〇万トン前後にまで落ち込んだ。つまり、石油危機後、東ドイツは四〇〇万トンどころか二〇〇万トンの原油をイラクから輸入することもできなかったのである。[62] イラクは、東ドイツが石油輸入に関する約束を履行しなかったことに対する報復措置として東ドイツ企業に対する発注を減らしたため、イラクへの輸出の拡大という東ドイツ政府の方針は一層実現が困難なものとなった。[63]

このように、年四〇〇万トンの原油を輸入するという一九七五年四月のイラクとの合意にもはや実現の見込みがなくなったことから、一九七八年一一月二三日に東ドイツ閣僚会議幹部会では、この合意を破棄してイラクと新たな協定を締結するという提案が承認された。当初、東ドイツ政府は一九八〇年にイラクを含む非社会主義圏から五〇〇万トンの原油を輸入する方針であったが、新提案はこの原油輸入量を一九七九年に一〇五万トン、一九八〇年に一二五万トンにまで削減するよう求めた。その際、アルジェリアなどの一部の産油国とは原油輸入に関する協定が締結済みであることから、これらの国から協定通りの九二・五万トンの原油を輸入する必要があった。これに対してイラクからの原油の輸入量は協定ではなく書簡による合意であったことから、イラクからの輸入量は一九七九年から一九八〇年にかけて年一〇〇万から一二〇万トンに削減することが決定された。イラクからの輸入だけで非社会主義圏からの原油輸入目標量を上回ることから、余剰原油については外貨獲得のために西側市場で売却することとされた。[64]

このように、一九七〇年代末までに東ドイツ指導部の方針は大きく変化していた。一九七五年時点では、東ドイツ政府は国内のエネルギー需給バランスを改善するためにイラク石油を必要としていた。しかし今や、東ドイツ指導部はイラクから輸入した原油を精製して西側諸国に売却することで外貨を獲得するために、イラクとの貿易を望んでいたのである。

東ドイツ政府が方針を変更した背景には、対外債務の膨張という問題が存在した。ある試算によれば、一九七一年に一四億ドルであった対外債務は一九七五年に四九億ドル、一九七七年に七五億ドルに膨張し、一九七九年には一〇〇億ドルを突破した[65]。この問題に対処するために、東ドイツ政府はイラクのみならずソ連から輸入した石油も精製後に西側に転売した。その結果、一九七八年に二三〇万トンだった東ドイツの原油・石油製品の輸出量はその後も増加の一途をたどり、一九七九年に三三〇万トン、一九八〇年に四〇〇万トン、一九八四年には一三二〇万トンにまで増加した。これは、当時の東ドイツの原油・石油製品輸入量の五六％に相当した[66]。このように、石油危機後、自国で必要とするエネルギー資源を調達するためにイラクとの貿易を拡大するという東ドイツ指導部の方針は完全に破綻し、石油輸入の目的自体も大きく変質したのである。

小　括

一九七三年秋に始まった第一次石油危機は、ソ連のシベリア開発政策、ソ連・東欧経済関係、ソ連・東欧と途上国との経済関係のすべてに大きな影響を及ぼした。

ブレジネフは石油価格の高騰から最大限の利益を得ようとして、西シベリアにおける石油・ガス開発を拡大するよう主張した。その際に彼は、西シベリアのエネルギー資源を単にソ連の非効率な重化学工業を維持し、外貨収入を増やすために活用しようとしたのではなかった。彼は石油やガスの取引を通じて西側諸国との関係を強化できると期待していたほか、東欧諸国への資源供給を通じて東欧圏の安定を維持しようとしていた。その意味で、ブレジネフにとってシベリアの天然資源は内政・外交の主要問題を解決するための中心的な手段だったのである。このブレジネフの方針を受けて、第二五回ソ連共産党大会は西シベリアにおける石油ガス生産を大幅に拡大することを決定した。西シ

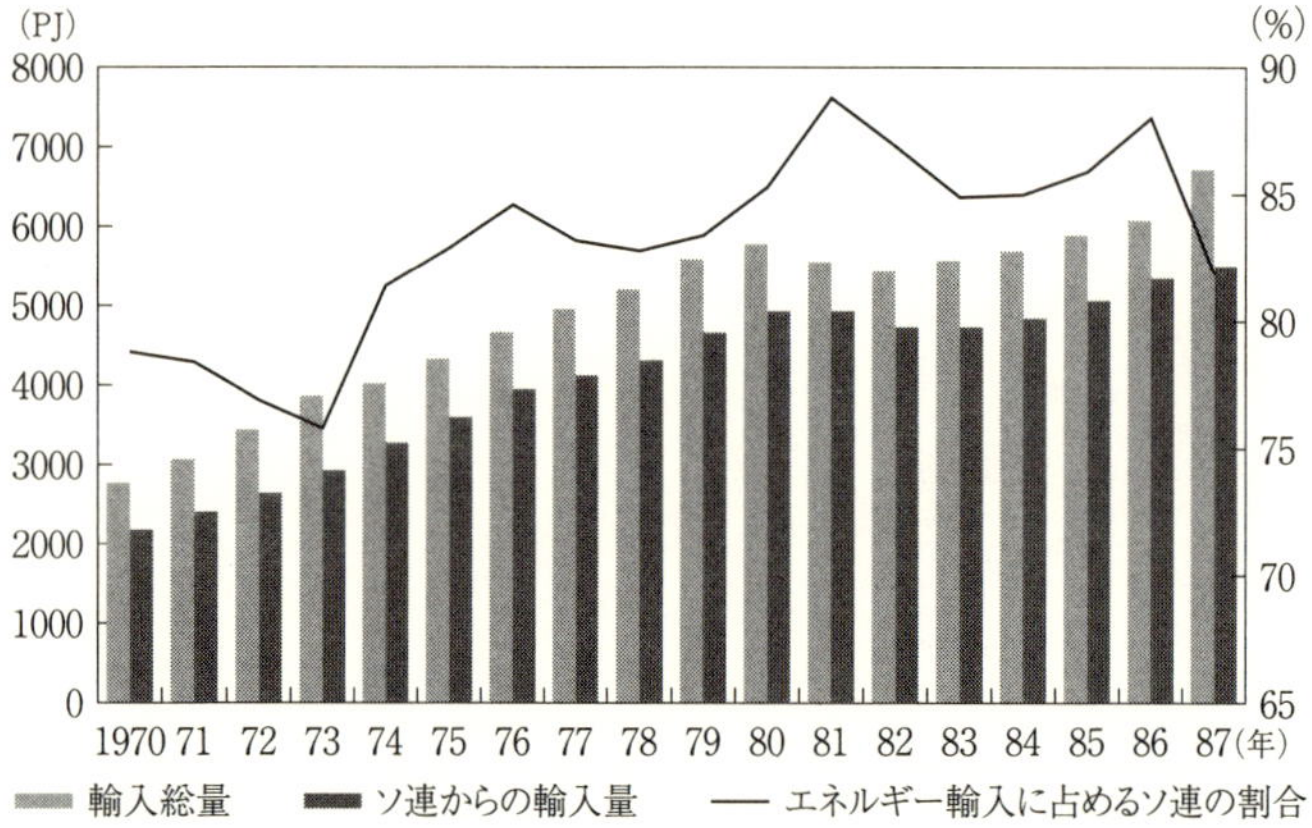

図3 コメコン5カ国のエネルギー輸入に占めるソ連の割合

注：エネルギー量（左軸）の単位はPJ（ペタジュール）で表す．コメコン5カ国とは，ルーマニアを除く東欧コメコン諸国のことで，東ドイツ，ポーランド，チェコスロヴァキア，ハンガリー，ブルガリアを指す．

出所：Jochen Bethkenhagen, *Die Energiewirtschaft in den Mitliedsstaaten des Rates für Gegenseitige Wirtschaftshife. Entwicklungstendenzen in den achtziger Jahren*, Berlin, 1990, S. 222–223, 235–236 より作成．

ベリアの石油やガスは、ソ連経済が停滞しつつあるなかでソ連の超大国としての地位を維持するための最後の拠り所になっていたのである。

ソ連が石油危機から利益を得たのに対して、東欧諸国には石油危機を歓迎する理由はなかった。第一に、石油危機後に、ソ連の強い要求を受けて、世界市場価格をより直接的に反映するような域内価格制度が採用された。この変更の結果、天然資源の域内価格は大幅に上昇した。第二に、石油危機を受けて石油価格が高騰すると、ソ連・コメコン諸国にとってイラクなどの途上国から石油を輸入し続けるのは経済的に難しくなった。しかも、イラクが石油輸入に関するコメコン加盟国間の協調を望まなくなったため、途上国資源をめぐるコメコン諸国間の協調も停滞した。当初は不足する石油をイラクからの輸入によって賄おうとしていた東ドイツ指導部も、石油危機後に対イラク貿易収支が赤字に転落すると、イラクからの輸入を縮小せざるをえなくなった。

このように石油危機の結果、ソ連も東欧諸国もそれまで以上にグローバル経済の変動に影響されるようになった。このことを象徴的に示していたのが、ソ連・東欧諸国の対外債務の増加であった。東欧諸国、とくに東ドイツはこの債務を返済するために、貴重な石油資源の輸出を拡大せざるをえなくなった。

同時に、コメコン諸国がグローバル経済に取り込まれていくなかで、最低限のセーフティネットの役割を果たしたのがソ連からの資源供給とコメコンの域内貿易であった。新価格制度は東欧諸国の経済を圧迫したが、それでも域内価格は世界市場ほど急激に変化したわけではなかったため、東欧諸国は西側諸国よりも安定した条件でソ連から天然資源を輸入し続けることができた。

この傾向は、図3のグラフからも確認できる。中近東諸国からの資源・エネルギー輸入を拡大するという方針のもと、ルーマニアを除く東欧五カ国のエネルギー資源輸入に占めるソ連からの輸入の割合は一九七〇年代前半に減少した。しかし、第一次石油危機の結果、途上国で石油などのエネルギー資源を調達するのが難しくなると、この割合は上昇に転じた。その後、一九七〇年代後半には、東欧諸国は必要に迫られて再び途上国からの石油輸入を拡大しようとしたが、第二次石油危機がそのような試みを頓挫させた。このような石油市場の動向を受けて、東欧諸国はますますソ連との経済関係を緊密化させることで、東欧経済の要となるエネルギー資源を安定的に確保しようとするようになったのである。

第六章　資源超大国構想とその限界

前章で詳細に検討したように、東欧諸国に途上国からの天然資源の輸入を拡大させることで増大し続ける域内資源需要に対応しようというソ連の方針は、石油危機後に事実上破綻した。その結果、ソ連・東欧諸国に残されていたのは、一、資源超大国ソ連からの資源供給、二、東欧諸国における石炭・褐炭などの生産拡大、三、原子力発電の強化、四、エネルギー消費の節約という四つの対応策であった。このうち、二から四については東ドイツの事例を中心に多くの先行研究が存在することから、本章では一のソ連からの資源供給について、コメコン諸国によるソ連資源開発への投資参加やソ連の「エネルギー危機」の影響に注目しながら検討していきたい(1)。

第二章で検討したように、一九七一年七月の第二五回コメコン総会で採択された「総合計画」は加盟国間の要求の寄せ集めという色彩が非常に強かったが、それでもソ連・東欧諸国にとって二つの重要な側面を持っていた。第一に、コメコン域内の経済関係に市場主義的要素を導入しようとしたポーランドやハンガリーなどの試みは、ソ連、東ドイツ、ブルガリアなどの反対に遭って頓挫した。その一方で、第二に、ソ連が主張した部門別共同計画の作成も当初より実現の可能性が乏しかった。結局、加盟国間で合意成立が容易であったのがソ連における天然資源や資源集約産業のための共同投資であったことから、一九七〇年代のコメコンにおける議論はこの共同投資に関する問題を中心に展開された(2)。

コメコンの共同投資プロジェクトのうち最も重要であったのがソユーズ・ガスパイプラインの建設であった。コスイギン首相は一九七三年六月の第二七回コメコン総会でオレンブルグ州と東欧諸国を結ぶガスパイプラインの共同建設を提案し、東欧諸国から歓迎された。コメコン諸国はエネルギー以外の分野でも共同で投資を行い、イルクーツク州ウスチイリムスクのセルロース工場、オレンブルグ州キエンバエフスクのアスベスト工場、ウクライナのニコポリ、カザフスタンのイェルマク、グルジアのゼスタフォニにおける鉄合金工場の建設に参加した。(3) そのほかに、条件面で合意が成立しなかったため着工にいたらなかったクルスク製鉄コンビナートや、一九八五年に着工したものの一九九三年に建設中止となったクリヴォイログ採鉱コンビナートなども共同投資プロジェクトの一環であった。

このように、東欧諸国はソ連との二国間合意に基づいた通常の投資参加に加えて、コメコンにおける協調に基づいて共同でソ連の資源・エネルギー分野に投資し、その対価として設備の完成後に資源や工業用の素材を長期にわたり安定的に確保しようとした。しかし、共同投資のためにそれまで以上に各国経済を緊密に連携させる必要が生じると、各国の計画経済体制が抱える構造的な問題が、それまで以上にコメコン経済協調に影響を及ぼすこととなった。多くのコメコン諸国で深刻な問題だったのが労働力不足と西側への経済的依存であったが、これらの問題は、共同投資を実現するなかでも大きな問題として顕在化した。

このように、コメコン諸国によるソ連の資源・エネルギー産業および資源集約産業への投資は、一九七〇年代から一九八〇年代におけるコメコン経済協調の成果と限界を象徴していた。しかしながら、これまでの研究ではコメコン諸国によるソ連資源部門への共同投資の実態は十分に解明されてこなかった。例外的に、ソユーズ・パイプラインについては、デイヴィッド・ストーンの優れた研究がある。ストーンはコメコンの国際投資銀行に注目し、同銀行はソユーズ建設に必要な外貨を西側金融市場で調達したが、その結果、莫大な額の債務を抱えることになったと指摘する。この指摘は重要だが、彼は共同投資をめぐるソ連指導部や経済機関の動向については十分に検討していない。(4) したがって、ソユーズの事例も含め、共同投資プロジェクトについて総合的に検討する必要があろう。そこで、この問題について検討するために、第一節では、石油危機以前にさかのぼってコメコン経済統合をめぐるブレジネフ指導部の方針を整理する。

そのうえで、続く第二節では、コメコンによるソ連資源開発への共同投資の成果とその限界について、ウスチイリムスクのセルロース工場、ソユーズ・ガスパイプライン、実現しなかったクルスク製鉄コンビナートの建設を例に検討する。コメコンの共同投資は域内経済統合を促進し西側への経済的依存を減らすという目的を持つものであった。しかし、ソユーズの事例が示すように、東欧諸国は共同投資のために必要な資材や設備を西側で調達する必要があったため、大規模な共同投資は逆に西側市場への依存を増加させた。コメコン経済統合を促進するために西側に頼らなければならないという本末転倒な構造が生まれつつあったのである。

一九七〇年代後半以降、同様の傾向はソ連・東欧経済関係で全般的に見られるようになった。なかでも、西側経済への依存という点で重要なのが原油の供給をめぐる問題であった。そこで、最後に第三節で「エネルギー危機」に直面したソ連指導部が東欧諸国に対するエネルギー資源の輸出を削減する過程とそのソ連・東欧関係への影響を分析することで、コメコン域内経済関係が西側との経済関係とどのように連動していたかについて検討する。ブレジネフは西シベリアの石油・ガス資源を山積する内外政上の問題を解決するための「万能薬」と位置づけ、これに全面的に依存してきたが、一九七〇年代後半に原油生産の成長率が鈍化すると、ソ連のエネルギー産業は国内需要や輸出量の急増に対処しきれなくなった。そこでブレジネフ指導部は、この事態に対処するために一九八一年に東欧諸国に対する原油供給の削減を決断した。

この決定は東欧諸国の経済に大きな打撃を与えた。東欧諸国でエネルギー資源が不足したというだけではない。一九七〇年代にはほとんどすべての東欧諸国で西側諸国との貿易赤字が増大していたため、これらの国々のハードカレンシー建て債務が急速に増大した。東欧六カ国の累積債務は一九七〇年の五八億ドルから一九七九年の五四七億ドルにまで膨らんだ(5)。この対外債務の問題が特に深刻だったのがポーランドで、一九八〇年に同国は債務不履行の状態に陥った。東ドイツの状況も厳しく、一九八二年までに輸出収益の三四%を利子の返済にあてることになった(6)。この事態に対処するために、東欧諸国はソ連から輸入した原油などの資源を精製して西側市場で売却し、その利益をもとに債務を返済した。この措置の結果、東欧諸国は一九八〇年に合計で七二〇〇万トンの原油をソ連から輸入する一方で、一七三〇万トンの石油製品を輸出した(7)。多くの東欧諸国にとって、ソ連からの原油は自国の重化学工業のために必要であると同時に、累積債務を解消するための重要な手段になっていた。

東ドイツの累積債務問題やソ連からの原油供給量の削減をめぐる問題については、すでに多くの研究が存在するが、これらの研究は主にドイツ側の史料に依拠している。そこで、第三節ではソ連側の動向にも目を配りながらこの問題を検討したい(8)。ソ連は自国の豊富な資源をもとに東欧圏を維持しようとしたが、ソ連・東欧双方の西側経済に対する依存が深刻化するなか、石油をめぐるソ連・東欧関係でも西側経済の影響力が拡大していった。ここに、自国の豊富な資源を内政・外交問題解決の「万能薬」として利用しようとした資源超大国ソ連の限界を見ることができるのである。

第一節　コメコン経済統合と一九七三年四月ソ連共産党中央委員会総会

二年間に及ぶ協議のすえに一九七一年の第二五回コメコン総会で採択された「総合計画」であったが、この計画に盛り込まれた共同計画や共同投資の実施に向けた準備は進まなかった。これを受けて、ソ連内部でもコメコン経済協力の遅れを問題視する声が強まり、ブレジネフ自身、異例なことに、一九七三年四月の党中央委員会総会で、「総合計画」実現に向けて十分に指導力を発揮していないソ連経済機関を厳しく批判した。本節ではまず、この問題に関するブレジネフの発言を検討しよう。

一九七三年三月末に、ブレジネフは翌月の党中央委員会総会の準備をするために関係者と協議した。この会合のなかで、ブレジネフは石油やガスの供給が東欧圏の安定に果たす役割を強調したうえで、コメコンにおける活動は不十分であると批判した。やや長くなるが引用してみよう。

「もちろん、ヨーロッパや社会主義諸国では、内政・外交上の諸問題がある。これら全ての諸国が長い間西欧に属し、あらゆるイデオロギー、あらゆるカードル教育政策が西欧風に行われていたことを忘れてはならない。我々は彼らに、銃剣で、ソヴィエト人民の犠牲の上に、革命プロセスと社会主義を贈ったのだ。だからこそ、我々は社会主義を掌中の珠のように大事にしなければならない。これについて私は何度も政治局で語ってきたし、次のように言ったものだ。諸君は「友好、友好」という言葉だけを言っていれば、彼らが諸君に接吻してくれるとでもいうのか、と。馬鹿馬鹿しい。体系的な業務上の交渉、旅行、応対、注意が必要だ。その他に、もしガスや石油を与えなければ（もっと早く発展しなければならないし、経済成長なしには人々にとってのより良い物質的幸福や条件を作り出すことができない、と今やすべての国が理解した）、同様に何も成功しないだろう。すべての国が、自国の能力以上のことをやりたがっている……。私はコメコンが好きではない……。あえてもっと言ってもよい。〔コメコンでは〕ミハイル・ヴァシリエヴィチ〔レセチコ首相代理〕が議長を務め、諸委員会は作業をしているが、真面目な仕事は見受けられない。たしかにこれは一時的な問題であり、修正することができる。我がコメコンは何もやっていない(9)」。

ここで、「ソヴィエト人民の犠牲の上に、革命プロセスと社会主義を贈った」とは、第二次世界大戦時にソ連が膨大な犠牲を払いながら東欧諸国をナチスの支配から「解放」し、社会主義化したことを指す。ブレジネフは、この第二次世界大戦の犠牲を無駄にしないために、東欧における社会主義体制を維持しなければならないと考え、このために東欧諸国に「石油やガス」を供給し続ける用意があった。なるほど東欧諸国は、「自国の能力以上のことをやりたがって」おり、ブレジネフもこの点に不満を持っていたが、それでも彼の方針は変わらなかった。このように東欧諸国の「より良い物質的幸福や条件を作り出すこと」に関心を持っていたからこそ、ブレジネフは一九七一年の「総合計画」採択以後もコメコン経済統合が進んでいないことに不満を抱いていたのである。

彼は、この会合で、肝心の資源問題に関する協力も進展していないことを重く見て、次のように発言した。

「兄弟諸党との経済的な観点でも、さらによく理解する必要があるものの、徐々に経済的な統合や協力のプロセスが進展している。経済的な問題でほかの同志たちが決めた多くの問題は、今日、かなり疑わしい段階にあると感じている。同志バイバコフ、コスイギン、ＧＫＥＳ、経済相互援助会議などが語っていたことをすべて実現することはできないだろう。これは、石油、ガス、金属やその他のものに関することだ。これは、私の予備的な展望だが、私の理解では、同志コスイギンも私との会談で、彼らが自らの力でガスパイプラインを建設するなどといった新しい措置を提案している。しかし、これも予定されていなかったことだ[10]」。

ここでブレジネフが述べている「石油、ガス、金属やその他のものに関すること」とは、共同投資プロジェクトをはじめとする資源部門への投資の問題であろう。つまり彼は、ソ連の経済機関やコメコンが実現しようとしている資源関連プロジェクトをすべて実現することは不可能だと考えており、このような状況でコスイギンがソユーズ・ガスパイプラインの建設を提案したことに対して、若干の不信感を示したのである。

このように、ブレジネフは「総合計画」採択後のコメコン経済協力の遅れに苛立ちを募らせ、四月二六日から二七日にかけて開催された中央委員会総会で、書記長報告としては異例なことに、ソ連のコメコン政策の問題点を詳細に指摘した。長くなるが引用してみよう。

「我々は、一方では、統合の可能性や兄弟諸国の科学・生産ポテンシャルを、我々の国民経済の効率性向上のために十分に利用していない。他方で、ソ連は、経済相互援助会議の決定によって専門化した機械工業製品で、自らのパートナー諸国の需要を満たしていない。

経済相互援助会議におけるソ連代表や各省庁は第一級の意義をもつ諸問題の準備や解決において緩慢だ。総合計画実現の歩みは目標期限よりも遅れている。ソ連領土に共同で建設することが提案されていた、最も重要な原料や資源の生産に関する一〇の施設のうち、今までに一般協定が締結されたのは、ウスチ・イリムスクのセルロース工場に関するものだけだ。大型貨物自動車、貨車、ディーゼル機関車、原子力発電所用設備の共同生産に関する措置や、それ以外の立場に関する方策は期限通り実施されていない。

同志諸君、もちろん、ここで話題になっているのは、解決のためには我々のパートナー諸国の積極性も少なからず必要とされる多国間協力の問題である。しかし、客観的に見て、ソ連が統合発展の決定的役割を担っていることを、我々ははっきりと認識する必要がある。我々のパートナー諸国は、ときおり、ソ連との経済協力で自国の問題を解決できない場合、西側との関係を拡大せざるをえなくなる。そのため、我々の社会主義諸国との相互関係において、経済問題は今日ますます政治的意味を持つようになっているのである」(11)。

この報告でブレジネフは、コメコン経済統合が進まない原因として、ソ連の機械工業が東欧諸国の需要に応えていないことを指摘した。そのうえで彼は、ソ連が経済統合の決定的役割を担っているにもかかわらず、その役目を十分に果たせていない点を厳しく批判した。現に、「総合計画」の採択から二年が経過していたにもかかわらず、コメコン経済統合の中核を担うはずの共同投資プロジェクトのうち一般協定の調印までこぎつけたのは、ウスチイリムスクにおけるセルロース工場の建設プロジェクトのみであった。

このような遅れはブレジネフにとって政治的に許容できるものではなかった。というのも、ソ連が東欧諸国の需要を満たすことができない場合、東欧諸国は西側諸国からの輸入に依存せざるをえなくなり、経済問題は東欧圏への西側の影響力増大という政治問題につながる可能性があったからである。ブレジネフにとって、コメコン統合はなによりも政治問題だったのである。

とはいえ、ブレジネフは経済問題を無視したわけではなかった。彼はソ連・東欧貿易の構造が孕む問題を次のように指摘した。

「貿易取引量の不十分な拡大テンポと並んで深刻な問題なのが、今日の貿易構造である。我々の輸出の半分以上が原料および資材であるのに対して、機械および設備は四分の一強である。経済相互援助会議内においてさえ、機械工業製品の輸出量では、ドイツ民主共和国が我々を追い抜いた。ところで、機械および設備の輸出が経済的に原料輸出よりもはるかに有益であることは、よく知られている」(12)。

このように、ソ連の貿易構造の問題点を指摘したうえで、ブレジネフは機械設備輸出が難しいのはソ連製品が品質・技術水準ともに低く競争力がないためであると述べて、非効率なソ連工業の実態を批判した。

この書記長報告を受けて、経済問題を管轄するコスイギン首相は対東欧経済政策に問題があることを認めた。彼によれば、「兄弟諸国向けの我々の輸出増加は、かなりの程度、彼らへの原燃料供給による」が、「彼らの需要が非常に急速に増大する一方で、この分野における我々の能力は無限ではないため」、東欧諸国との貿易量を増大させるのが難しい。そのため、一九七二年には東欧諸国の対ソ輸出額がソ連の東欧諸国向け輸出額を上回る事態が生じた。また彼は共同投資についても言及し、東欧諸国によるソ連の資源・エネルギー産業への投資が「最重要問題の一つである」と認めた。(13)

この中央委員会総会の議論を受けて、コスイギンは一九七三年六月の第二七回コメコン総会で共同投資の問題を取り上げた。この総会で、コスイギンはまずコメコン経済統合が十分に進んでいない現状に不満を示し、コメコン加盟国が国内の経済計画を作成する際に社会主義的経済統合に関する特別の章を設けるよう主張した。(14)つまり、彼はコメコン加盟国間の経済協力を五カ年計画に直接盛り込むことで、加盟国間の経済計画の協調を強化しようとしたのである。

コスイギンは資源・エネルギー問題についても発言し、原発開発のための協力が遅れている点を問題視した。彼によれば、コメコン機関は前年の第二六回総会で取り上げられた原子力発電の拡大および原発設備の生産に関する問題を検討しているが、一年が経過したにもかかわらず提案が提出されていないという。そこで、彼は原発開発に関する分業を強化するためにコメコン加盟諸国で原発関連のコンソーシアムを設立することを提案した。(15)さらに彼は、加盟国のエネルギー問題を解決するために、コメコン諸国が共同でオレンブルグ州のガス田から東欧諸国までガスパイプラインを建設することを提案した。(16)東欧諸国はコスイギンの提案を歓迎し、遅くとも一九七五年前半には着工できるようにコメコンで協議を進めることに同意した。(17)

ソ連の資源部門への共同投資を中心に各国の経済計画を協調しようとすると、ますますソ連の資源がコメコン経済統合の軸になっていくが、一九七五年五月の第二九回コメコン総会で、コスイギンはこれを受け入れるかのような発言をした。

「原燃料問題解決への参加のような協力の形態の利用は、相互利益をますます完全に考慮しようとする努力の現れである。ソ連における資本集約的な原料生産の発展のために物的・財政的資源を準備することによって、兄弟諸国は我が国における投資ポテンシャルの向上に貢献している。ソ連の側からは、長期にわたって重要な原料の追加供給を保証するだけでなく、他の社会主義諸国の需要を考慮に入れながら原料部門の割合を高めることによって、自らの国民経済構造を一定程度変化させようとしている(18)」。

すでに検討したように、ソ連指導部は東欧諸国に資源を輸出し工業製品を輸入するという貿易構造を改めるよう強く主張していたことから、このコスイギンの発言を字義通りに解釈することはできない。それでもコスイギンは、東欧諸国がソ連の資源部門に投資することで資源開発の負担を積極的にシェアするのであれば、ソ連の「国民経済構造」が資源部門寄りになることをある程度まで許容する用意があったのであろう。

このように、一九七三年四月のソ連共産党中央委員会におけるブレジネフ報告を受けて、コスイギンは資源・エネルギー分野における共同投資を実施するよう東欧諸国に要求し、東欧諸国も自国にとって有益なプロジェクトについては参加の意思を表明したのである。

第二節　コメコン諸国による共同投資の実施過程

では、コメコン諸国による共同投資はどのようにして進められたのであろうか。本節では、ウスチイリムスクにおけるセルロース工場、ソユーズ・ガスパイプライン、クルスク製鉄コンビナートの三つの事例を中心に、コメコン諸国が実際にどのようにしてソ連領内の資源・エネルギー産業や資源集約産業に共同で投資したかについて検討していきたい。なお、本来であれば、特にソユーズ・ガスパイプライン建設プロジェクトについて詳しく検討したいところであるが、残念ながらロシア国立経済文書館では、管見の限り、このプロジェクトに関する史料は一部しか公開されていない。(19) したがって、共同投資の実際のプロセスについては、史料の公開状況が比較的良好なウスチイリムスクの事例を中心に取り上げたい。ウスチイリムスクのセルロース工場の建設はこれまでほとんど注目されてこなかったが、このプロジェクトを分析することで共同投資プロジェクトの問題点が浮かび上がってくるのである。

一　ウスチイリムスクのセルロース工場建設

ウスチイリムスクは、イルクーツク州北西部に位置する小さな町で、州都イルクーツクから六四〇キロほど離れたところにある。同市の歴史は比較的新しく、一九六五年にアンガラ川の水力発電所建設のための労働集落としてスタートした。当初は基本的なインフラ設備もなく、鉄道開通は一九七〇年のことであった。ウスチイリムスクでは、一九六〇年代後半より水力発電所の建設と並行して豊富な森林資源を利用した木材工業コンプレックスの建設準備が進められていた。この都市建設のために多くの若者がコムソモールなどを通じて労働力として集められた。その結果、一九七〇年には人口二万強の集落にすぎなかったウスチイリムスクは、一九八〇年に七万五〇〇〇弱、一九九〇年には一一万の人口を擁する地方都市へと変貌した[20]。

ウスチイリムスクでは、一九六八年以降に木材工業コンプレックス建設のための準備が製材・製紙・木材加工工業省などによって進められていた。その後、一九七〇年に同省が製材・木材加工工業省とセルロース・製紙工業省に分割されると、セルロース・製紙工業省が建設計画案を閣僚会議に提出した。この計画案によれば、セルロース工場は、二九〇万立方メートルの木材を原料として年五〇万トンの漂白セルロースおよび五万トンの非漂白セルロースを生産すると計画されていた[21]。第二章で確認したように、ゴスプランはこのセルロース工場を、コメコン諸国の共同投資プロジェクトの対象とするよう提案した。その後、コメコンにおける協議のすえ、一九七二年にソ連とブルガリア、ルーマニア、ポーランド、東ドイツ、ハンガリーのコメコン加盟五カ国の間でセルロース工場共同建設に関する一般協定が締結された[22]。

しかし、このコメコン初の共同投資プロジェクトは当初より多くの問題を抱えていた[23]。建設コストの見積もり額が間違っており、実際には当初見積もりの一・七倍の費用がかかると判明したのである。そのうえ、ソ連電力・電化相ピョートル・ネポロジニーは、この費用高騰の結果として工期も変更される可能性があると報告した。レセチコ首相代理が議長を務めるソ連閣僚会議幹部会コメコン問題委員会はこの混乱を重く見て、一九七四年四月にゴスプランや国家建設委員会（ゴスストロイ）などの関係省庁がこの問題を検討し、閣僚会議に報告するよう要求した[24]。

政治局も、セルロース工場の建設準備が遅れていることに懸念を募らせ、一九七四年七月にこの問題に関する新たな決定を採択した。この決定によれば、「社会主義的経済統合の総合計画の実現に重大な意味を持つ、ウスチイリムスク木材工業コンプレックスおよびウスチイリムスク都市建設が非常に不十分に実施されている」。セルロース・製紙工業省、電力電化省、製材・木材加工工業省は必要な措置をとっておらず、ゴスプラン、資材・機械補給国家委員会（ゴスナブ）、ゴスストロイ、対外貿易省はこの建設プロジェクトを過小評価している。政治局は関係省庁をこのように批判したうえで、ニコライ・チーホノフ首相代理らに追加措置を講じるよう命じた。また、コメコンにおけるソ連代表であるレセチコ首相代理に対しては、木材工業コンプレックスの建設に参加する東欧諸国の企業・組織との共同作業を改善するよう求めた[25]。このように、ソ連の政治指導部は、ウスチイリムスクにおける木材工業コンプレックスの建設をコメコン経済統合の観点から重視し、問題の早期解決を命じたのである。

建設計画をめぐる混乱が続くなか、チーホノフ首相代理は関係省庁の代表者を招集して会議を開催した。この会議では、セルロース・製紙工業省が当初の期限よりも一年以上遅れてセルロース工場の建設に関する計画書を提出したこと、しかもコスト計算について依然として曖昧な点があることが批判された。さらに、このセルロース工場の問題点として、西側から生産性の高い最新設備を導入するにもかかわらず、労働者一人当たりの生産性は外国企業の四割程度にとどまる見込みであることが指摘された。こうした混乱の結果、セルロースの輸出開始時期は当初計画の一九七九年から一九八〇年ないしは一九八一年に延期されることとなった[26]。

東欧諸国の対応にも問題があった。東欧諸国は、セルロース工場建設のために一九七三年から一九八〇年の八年間に合計三億二九九〇万ルーブル相当の建設資材を供給する計画であった[27]。一九七五年一〇月にソ連対外貿易相代理ニコライ・コマロフは、東欧諸国による建設資材の供給の大幅な遅れを指摘した。東ドイツがおおむね計画通りに鉄骨資材を供給し、ハンガリーが貯蔵施設の供給を完了した一方で、ブルガリアは一九七五年分の壁パネル発送に依然として着手しておらず、ルーマニアにいたっては、一九七五年計画で一万一〇〇〇トンの鉄骨資材供給義務を負っていたにもかかわらず、一〇月時点で二六〇トンしか発送していなかった。ソ連対外貿易省はこの問題についてルーマニア重機械建設省と協議したが、ルーマニア側の情報では、一九七五年に供給可能な鉄骨は三〇〇〇トンにすぎなかった[28]。しかも、ルーマニアはこの三〇〇〇トンすらも供給できず、一九七五年の供給量は二一七五トンにとどまった。一九七六年には、ルーマニアからの鉄骨資材供給は大幅に改善したが、それでも同年第一から第三・四半期の九カ月間にルーマニアは計画量一万六〇〇〇トンに対し一万一〇〇〇トンしか供給できなかった。このようにルーマニアからの資材供給が遅れたのは、ルーマニアの対応がずさんだったからというだけではなかった。この鉄骨供給に関する義務を果たすために、ルーマニアは日本から素材などを輸入したが、その到着が遅れたという[29]。このプロジェクトのために、西側から資材・設備等を輸入したのはルーマニアだけではなかった。先述のように、当初より工場の機械設備は西側から輸入する計画であった。コメコンの共同投資には、加盟国の西側への経済的依存を阻止するという目的もあったが、西側からの技術や資材を導入することなくこれらのプロジェクトを実現することは不可能であった。セルロース工場の場合、これは深刻な問題とはならなかったが、ソユーズ・ガスパイプラインなどの大規模なプロジェクトではこの西側への依存はより重大な結果を引き起こすことになる。

とはいえ、ウスチイリムスクでは、西側への依存以上に労働力の不足が問題となった[30]。このプロジェクトでは、ソ連の労働者が実際の建設・組み立て作業を担当したが、その際にシベリアの慢性的な労働力不足が建設作業の進捗に大きな影響を及ぼした。一九七六年六月にイルクーツク州党委員会第一書記ニコライ・バンニコフは、急ピッチで拡大する建設作業に対処するために労働者の増員を要求した。ウスチイリムスクの木材工業コンプレックスおよび都市建設工事のための投資額は、一九七三年の八三〇万ルーブルから一九七五年には一億二八〇〇万ルーブルへと拡大していたが、一九七六年の見積もりではこの額は一九七七年には二億三四〇万ルーブルに達する予定であった[31]。一九七六年の計画では、この作業量の増大に対処するために、一九七六年中に建設労働者を七〇〇〇人増員し、合計一万四〇〇〇人から二万一〇〇〇人に増強することを予定していた[32]。その内訳はコムソモール員一五〇〇人、退役兵三〇〇〇人、東欧諸国からの国際労働者部隊一五〇〇人、過失犯や条件付き釈放者などの内務省特別人員一四〇〇人などであった。しかし、五月二五日時点で建設現場に来たのは、コムソモール員二〇〇人、退役兵二〇〇人、ブルガリアからの若者一〇〇人の合計五〇〇人にとどまった[33]。

この事態を受けて、ウスチイリムスクで建設工事の大部分を請け負っていたソ連電力電化省特別局「ブラーツクゲスストロイ」局長のA・セミョーノフも労働者数を一九七六年一〇月時点の一万三三〇〇人から一九七七年中に二万人に増強するよう閣僚会議に要請した。こうした要請を受け、第一首相代理チーホノフは、ゴスプランとゴススナブに対して、関係省庁とともに必要な措置をとるよう委任した[34]。しかし、ゴスプラン議長バイバコフとゴススナブ議長ディムシッツはチーホノフ宛報告のなかで、セミョーノフが要求するようにウスチイリムスクで働く過失犯を六〇〇〇人まで増やすことは不可能で、四〇〇〇人が限界であると指摘した。そこで、対応策として、ゴスプランは一九七七年にブラーツクゲスストロイに退役兵のなかから一万人を労働者として採用する権利を与えた。ゴスプランによれば、三〇〇〇人程度がブラーツクゲスストロイの建設現場で働くことを希望するだろうという[35]。

この労働力不足の原因は劣悪な居住環境にあった。同市では、他の多くのシベリアの新興都市と同様に、基本的なインフラが整備されていなかった。そのため、一九八〇年には移住者一〇〇人に対して転出者は七〇人にのぼった。なお、近隣の工業都市ブラーツクでは、移住者一〇〇人に占める転出者の割合は九一人に達した[36]。つまり、多くの移住者はこれらの都市に居つくことなく、より良い生活環境を求めて他都市に流出していったのである。

この事態を受けて、関係省庁は住宅環境の改善に着手したが、十分な成果をあげることはできなかった。一九七七年二月にブラーツクゲスストロイのセミョーノフがチーホノフ第一首相代理に送った書簡によれば、一九七七年一月一日時点で熟練労働者四〇〇〇世帯にアパートがない状態であった[37]。しかも、住宅建設事業自体が、計画目標を全く達成できていなかった。一九七七年上半期にブラーツクゲスストロイが完成させた住宅は計画目標の一九%にすぎなかった[38]。

このように、共同投資を実施するなかで、ずさんな計画、ルーマニアなどの東欧諸国による資材供給の遅れ、慢性的な労働力不足などの問題が次々に生じた。それでも、ソ連政府が問題の解決に努めたため、セルロース工場の操業は当初計画よりも一年遅れただけで完成した。[39]

二　ソユーズ・ガスパイプライン

ソユーズ・ガスパイプラインは、おそらく最も有名なコメコンの共同投資プロジェクトであった。既述のようにコスイギンは、一九七三年六月の第二七回コメコン総会でオレンブルグから東欧諸国にいたる総延長約二七五〇キロメートルのガスパイプラインの建設を社会主義的経済統合の一環として提案した。彼の計算では、これにより東欧諸国に毎年四〇〇億立方メートルの天然ガスを供給できると見込まれていた。コスイギンの提案で最も問題となったのが、パイプラインの各工区の敷設を東欧諸国に担当させるという方針であった。コスイギンは東欧諸国に対して、自国の建設組織や労働者を現地に派遣してパイプラインを建設するよう求めたのである。[40]一九七三年一〇月に、ソ連は東欧諸国にパイプライン建設に関する職業訓練を受けた労働者を最低でも五〇〇〇人派遣するよう要求した。[41]

このような要求の背景には、ソ連における慢性的な労働力の「不足」があった。一九七〇年代のソ連では労働力人口が増加していたが、非合理的な労働力の配置、低い労働生産性、国営企業における「ソフトな予算制約」、資本により労働を代替することに対するインセンティヴの欠如などの問題のために、労働力は慢性的に「不足」していた。一九七〇年代末以降に労働力人口の成長率が大幅に鈍化し、ロシア共和国では労働力人口が減少し始めると、この問題はさらに深刻化した。[42]この状況に対処するために、ソ連は東欧諸国による投資参加の際に労働力や建設組織の供出を要求するようになったのである。

このプロジェクトに関する一般協定は翌一九七四年六月の第二八回コメコン総会で調印された。東欧諸国への天然ガス供給量はコスイギンが当初伝えた四〇〇億立方メートルよりも少ない一五〇億立方メートルとされたが、一九七四年に東欧諸国がソ連から輸入した天然ガスが合計八五億立方メートルにすぎなかったことを考えると、これは東欧諸国の天然ガス輸入を大幅に強化する合意であった(43)。

当初、東ドイツはソ連に自国の建設組織を派遣することに消極的であった。カール・グリューンハイト東ドイツ国家計画委員会議長代理は、第二七回コメコン総会後にゴスプラン議長バイバコフと会談した際に、東ドイツは自国の建設組織をパイプライン敷設に参加させることはできないと伝え、ポーランドに東ドイツの担当区画のパイプライン敷設作業を委託できないか協議中であると述べた(44)。東ドイツが建設組織の派遣に消極的であったのは、主に二つの理由によると見られる。第一に、ソ連と同様に東ドイツでも労働力が慢性的に「不足」していたため、長期にわたってソ連に労働者を派遣することは好ましくなかった(45)。第二に、このパイプライン建設のために、東ドイツ国内ではほとんど使用することのないパイプライン敷設のための特殊な重機を西側から輸入し、労働者に特別訓練を施すことは明らかに効率的ではなかった(46)。

他の多くの東欧諸国も労働者の派遣に難色を示した。ハンガリーやブルガリアでは、パイプライン敷設に熟練した労働者が不足していた。チェコスロヴァキアでは少し状況が異なり、自国内を通過してソ連と西ドイツを結ぶガスパイプラインの建設も担当していたため、ソユーズ・ガスパイプライン建設に必要な建設組織をソ連領内に派遣するのが難しかった。そこで、パイプライン建設の遅れを恐れたソ連は自国の建設組織がこれらの国々の担当工区におけるパイプラインの敷設工事を請け負うことに同意した(47)。

東ドイツもパイプライン敷設工事を完全にソ連に委任することを検討したが、担当工区の半分の区画敷設作業についてはソ連企業に委託するものの、残りの半分については自ら建設すると決定した。これは、ソユーズ・ガスパイプライン建設後もソ連のパイプライン建設に参加することになるだろうという判断に基づいてのことであろう。一九七三年一一月に国家計画委員会議長のシューラーが執筆したと見られる報告では、この問題を検討する際には今後もコメコン諸国が共同でソ連のパイプライン建設に参加する可能性があることを考慮に入れる必要があると記されていた(48)。

一連のソ連・東欧間の交渉の結果、ソ連石油ガス工業企業建設省傘下の組織は総延長二七五〇キロのうち一九〇〇キロの敷設を担当した。東欧諸国のうち実際に自国の建設組織を派遣してパイプラインを敷設したのはポーランドと東ドイツのみであった(49)。ガスパイプライン建設のためには、パイプの敷設のほかにガスコンプレッサーステーションや建設労働者のための居住施設等の建設作業もあり、後者については他のコメコン諸国も建設作業を担当した。このため、一九七六年時点で、ハンガリーから二一〇〇人、東ドイツから四五四〇人、ポーランドから三三六〇人、チェコスロヴァキアから一八五〇人の労働者が実際に建設作業に従事した(50)。このように、当初の計画よりも少ない規模ではあったが、ソユーズ・ガスパイプラインの建設は東欧諸国の労働者をも活用して進められたのである。

一九七八年九月にソユーズ・ガスパイプラインの建設は完了し、東欧諸国に天然ガスの供給を開始した。その結果、一九七八年には一六〇億立方メートルにすぎなかったソ連の東欧諸国向け天然ガス輸出は一九八一年までに年三一〇億立方メートルまで増加した(51)。

このガスパイプライン建設プロジェクトは最も成功した共同投資事業であり、コメコン経済統合の象徴となった。しかし同時に、この事例は共同投資のためには西側からの資材供給が不可欠であることを改めて明らかにした。ソ連では天然ガスの輸送に耐えうる高品質の鋼管が極度に不足していたため、パイプライン建設に必要な鋼管やガスコンプレッサーは西側から輸入された。その際、一九七〇年に設立されたコメコンの国際投資銀行が西ドイツの銀行などから必要な外貨を調達し、コメコン諸国に貸し付けた。その結果、一九七九年初頭までに国際投資銀行の債務は二三・六億ドルにのぼった。しかも、この債務返済をめぐって問題が生じた。返済計画ではコメコン諸国の国際投資銀行への毎年の返済額が同銀行の西側の銀行に対する返済額よりも少なかったため、同銀行は外貨不足に陥り債務の返済が危ぶまれるようになったのである。その後、イギリスと日本の銀行が融資に同意したため、国際投資銀行はこの債務危機を脱したが、これ以降、同銀行はコメコンのほかの事業のために資金を提供することがほとんどできなくなった。[52] つまり、コメコン共同投資の成功例とされるソユーズ・ガスパイプラインの結果、コメコンの組織が金融面で西側への依存を深める事態になったのである。

三　共同投資の限界

ウスチイリムスクのセルロース工場やソユーズ・ガスパイプラインの事例が示唆するように、コメコン諸国による共同投資は労働力不足と西側への依存というソ連・東欧諸国が抱えていた経済問題を露呈させた。すでに一九七六年七月の時点で、ゴスプラン議長代理イノゼムツェフはこの問題について次のように発言していた。

「共同建設は協力の新しい形態であり、はっきりと言えば、我々はこの問題の実現に際して大きな困難に直面した。

このような協力の最も自然な形態は〔コメコン〕諸国の融資による参加のはずであり、つまりある種の物質的な形で彼らはあれこれの施設建設のために必要な資源を提供している。しかし、問題は、〔コメコン〕諸国の経済や経済構造のために、彼らがそのような参加を我々や当該設備にとって必要な形で実現するのがしばしば非常に難しいということにある[53]」。

このようにイノゼムツェフは、共同投資のために必要な物資がコメコン諸国では生産されていないため、コメコン諸国からの供給のみに基づいて共同投資を実現するのが難しいことを認めた。そのうえで彼は、ウスチイリムスクとオレンブルグの例を引きながら次のように続けた。

「ウスチイリムスクのコンプレックス建設を例に挙げよう。〔コメコン〕諸国が提供する物的資源を〔このコンプレックス建設のためという〕目的に沿ったものにするために、ほぼ一年半という莫大な時間が必要であった。黒色・有色金属に取り組んだときはさらに困難であることが判明した。〔コメコン〕諸国はこれらの設備を生産していない。新たにそのような生産〔能力〕を作り出すことは、これらの国で形成された構造を非常に大きくゆがめることになる。例えば、オレンブルグ・ガスパイプライン建設である。ソ連も含めて我々すべてを合わせても、自国の資源によって必要な物的手段を確保するための準備が多かれ少なかれできていないことが明らかになった。我々はハードカレンシーで鋼管、ガス洗浄やガス精製のための部品や設備、ポンプ・コンプレッサーステーションやガスタービンステーションのための設備を購入せざるをえなかった(54)」。

イノゼムツェフは、このように共同投資の限界を指摘したうえで、「もちろん、オレンブルグの設備をモデルにしたような統合の形態を〔コメコン〕諸国と今後も発展させることは難しいということを、諸君はよく理解している。我々はみな鋼管、コンプレッサーステーションの不足を経験しており、今後このようにして協力を組織することはもはや不可能だ」と述べた(55)。つまり「総合計画」の採択から五年しかたたないうちに、ゴスプランで東欧諸国との経済協力を担当していたイノゼムツェフはコメコンの共同投資に見切りをつけていたのである。そこで、イノゼムツェフは新たな措置として、東欧諸国はソ連が必要とする製品の生産を行い、これをソ連に提供するという形で投資の負担をシェアすべきであると主張した(56)。

このようなゴスプランの見解を受けて、一九七八年五月の第三二回コメコン総会で採択された長期目的別協力計画では、エネルギー部門への共同投資は後景に退き、ウクライナにおける原子力発電所の建設などのいくつかのプロジェクトに限定されることとなった。その代わりにこの長期計画で重視されたのが、原子力発電の強化、自国資源のさらなる活用、コメコン諸国の統一電力システムの発展、エネルギー資源の節約などの措置であった[57]。また、この総会では原子力発電をめぐる分業体制を強化するために、原子力発電所建設に必要な設備等の生産で専門化を進めることが合意された[58]。

同様の傾向はほかの資源部門でも見られたが、鉄鋼業では例外的に多くの共同投資プロジェクトが依然として計画されており、ウクライナのクリヴォイログやクルスク州ジェレズノゴルスク近郊における採鉱コンビナートの建設や、クルスク異常磁域の鉄鉱石をもとにした巨大な製鉄所の建設が長期目的別協力計画に盛り込まれた。コスイギン首相は、すでに一九七六年一二月の東ドイツ首相シュトフとの会談のなかでこれらの共同投資案件に言及し、一九八〇年以降の鉄製品の供給を増加させるためには、コメコン諸国が共同で製鉄所を建設するしかないと指摘した。彼は鉄鉱石もコンビナート建設のための場所もあるのに「これまでのところ誰も一コペイカも投資していない」ことに不満を示し、ソユーズ・ガスパイプライン建設完了後に、この建設に参加した建設組織を用いて共同で製鉄コンビナートを建設することを提案した[59]。

最終的に一九七八年一二月に、ソ連はこの製鉄コンビナートの建設計画案を東欧諸国に提出した。これは、一九八三年から一九九〇年にかけてクルスク州の隣のベルゴロド州オスコルに、クルスク異常磁域の鉄鉱石とポーランドのコークス炭を原料として、年間一〇二〇万トンのブルーム（鋼片）を生産する製鉄所を建設するというものであった。投資総額はソユーズ・ガスパイプラインの二・六倍にあたる六一億ルーブルに達すると見積もられていた。ソ連側は、東欧諸国に対して、建設組立作業のために、設備等の供給のほかに現地に建設組織を派遣するよう要求した。建設のために必要な労働者数は合計で五万八〇〇〇人に達すると見積もられていた[60]。

しかし、東ドイツは労働者の派遣に消極的であった。東ドイツ国家計画委員会はソ連がこの製鉄所の建設案を正式に提出する前に情報を入手し、一九七八年一〇月にこの問題を検討していた。それによると、採鉱コンビナートや製鉄所の建設以外にも多くの建設プロジェクトで労働力の派遣が求められているため、東ドイツには製鉄所建設のために自らの建設組織を送り出す余裕はない。それどころか、こうした要求が増えすぎた場合、東ドイツに「解決できない問題」をもたらすかもしれないという。[61] この国家計画委員会の報告をもとに、シュトフ首相も一二月にコスイギンと会談した際に、建設組織と建設労働者を派遣することに消極的な態度を示した。彼によれば、これまでの経験からすると、労働力は東ドイツ国内でソ連に輸出する製品の生産能力を拡大するために用いたほうが効率的であるという。シュトフは、オスコル製鉄所建設プロジェクトには、設備等の供給という形で参加したいと主張した。[62]

このように、東ドイツ政府は労働者の建設現場への派遣に消極的であったが、共同投資の対象が天然ガスや鉄鉱石などの天然資源ではなくブルームであったことも、東ドイツの態度に影響を与えていた。天然資源と異なり鉄鋼製品は東ドイツでも生産できるからである。すでに一九七五年三月の時点で、東ドイツ国家計画委員会議長シューラーはバイバコフとの会談のなかで、ソ連製造業への投資に関する提案がソ連の大臣からあったが、「原料での投資参加はすでにドイツ民主共和国の国民経済に著しい負荷をかけており、原料以外の投資参加は不可能である」と述べていた。[63] 東ドイツ指導部は鉄鋼業についても同様の方針をとり、一九七八年一二月のコスイギンとシュトフの会談の終了後に、もしソ連からの圧延材の供給が増加せず、オスコル製鉄所建設のために労働者を派遣する必要がある場合は、東ドイツ国内で製鉄の全工程をカヴァーできるよう、アイゼンヒュッテンシュタットにあるオスト製鉄コンビナートを拡張するという方針を明らかにした。オスト製鉄所を拡張する場合、労働者を確保し、鉄鉱石やコークス炭の輸入を増やすとともに西側市場で設備等を調達することになるうえ、「明らかにソ連とドイツ民主共和国の冶金業の統合関係は深化しないだろう」と考えられていた。[64] それでも、東ドイツ指導部はソ連に長期にわたって労働力を派遣するよりも自国内の製鉄所を強化することを選んだのである。

東ドイツ以上に強硬にこの製鉄所の建設案に反対したのがポーランドであった。ポーランドはこの製鉄所のためにコークス炭を供給することを拒否した。当時、ポーランドは累積債務危機の只中にあったため、貴重な外貨収入源であるコークス炭をコメコン諸国のために追加で供給する用意はなかったのであろう[65]。このポーランドの決定をうけて製鉄所の建設案が撤回されると、東ドイツ指導部は西側先進国で鉄鋼業が衰退するなか、西側企業の支援のもとにオスト製鉄コンビナートの拡張を決定した[66]。

このようにオスコル製鉄所への投資には消極的だった東ドイツであるが、一九八〇年代には必要量の鉄鉱石を確保するためにクリヴォイログ採鉱コンビナートの共同建設に参加したほか、天然ガスの輸入量を増やすために、ソ連との二国間協定に基づいてウレンゴイやヤンブルグからのガスパイプライン建設に参加し、労働者を派遣した。このうち、ヤンブルグからのパイプライン建設のために、東ドイツ（一九九〇年以後は統一ドイツ）は一九八九年から一九九三年にかけて一万四〇〇〇人の労働者をソ連に派遣した[67]。天然ガスは東ドイツにとって原油に次ぐ最重要資源であったことから、東ドイツ政府は労働者の派遣を承諾したのであろう。

このように、共同投資を実現するためには投資に参加する国の経済計画を相互に調整する必要があったことから、労働力不足などの計画経済の構造的問題の影響を受けやすかった。そのため、オスコル製鉄所のように、実現されないままに終わった提案も少なくなかった。それでも、コメコン諸国は天然ガス、パルプ、鉄鉱石、アスベストなど東欧諸国で不足している天然資源や工業用素材に関する経済政策の協調にある程度成功した。その結果、グローバル経済が大きく変動するなかでも、東欧諸国はこれらの天然資源を不十分ながらもソ連から調達することができた。その一方で、ゴスプラン議長代理のイノゼムツェフが指摘したように、共同投資のために必要な資材・設備はコメコン域内では調達できないことが多く、工作機械、資材、金融面での西側への依存はかえって深まった。この西側への経済的依存という問題は石油をめぐるソ連・東欧諸国間の交渉で非常に明瞭に現れていたことから、次に一九七〇年代末から一九八〇年代初頭にかけてのソ連・東ドイツ間の交渉をもとに、この問題について考えてみたい。

第三節　ソ連の「エネルギー危機」と経済改革の模索

一九七〇年代後半に、ソ連では原油生産が鈍化した一方で、その輸出と国内需要が拡大したため、エネルギーの需給バランスが一層逼迫し、「エネルギー危機」が懸念される事態となった。この状況に対処するために、一九八一年にソ連は東欧諸国に対して翌年から石油の供給量を削減すると通達した。そこで、このソ連の決定は東欧の経済にとって大きな打撃であった。それまで以上に自国内の非効率的な石炭・褐炭産業に投資せざるをえなくなったからというだけではない。既述のように、累積債務問題が深刻化するなか、東欧諸国は外貨建ての債務を返済するためにソ連の原油を精製して西側市場で売却していた。債務危機を回避することは多くの東欧諸国にとって重要な政治課題であったことから、東欧諸国はソ連からの原油供給が減少した場合でも、石油製品の西側市場への輸出を続けるほかなかった。ルーマニアを除く東欧五カ国について見ると、ソ連からの原油輸入量に占める輸出量の割合は一九七五年の五・五％から一九八〇年に一一・八％、一九八三年には一六・五％に上昇した(68)。つまり、一九七〇年代末までにソ連からの石油輸入に関する問題は、エネルギーや化学工業用原料の問題であると同時に、対外債務の返済にかかわる問題となっていたのである。そこで最後に、ソ連の「エネルギー危機」と関連づけながら、一九八一年の原油供給削減に関する問題を分析することで、西シベリアの天然資源を核に東欧圏の安定を維持するというブレジネフ指導部の方針が限界を迎えるなかで、ソ連・東欧関係がどのように変容していったのかについて検討する。

一　ソ連の「エネルギー危機」

ソ連の原油生産の成長率は一九七〇年代後半に鈍化した。一九七〇年代前半には西シベリアにおける生産の拡大もあり、原油生産は前年比で六％以上成長していたが、この成長率は一九七七年に五％、一九七八年に四・七％、一九七九年に二・五％と徐々に鈍化し、一九八一年には前年比で〇・九％にまで落ち込んだ[69]。

このように原油生産が停滞しつつあったのに対して、ソ連はますます多くの石油を西側諸国に輸出する必要に迫られていた。ソ連では、西側諸国から穀物や機械・設備などを輸入するために、大量の石油を輸出して外貨を調達しなければならなかったからである。当時、世界市場でエネルギー資源の価格が高騰し、ソ連の外貨収入は飛躍的に増加していたが、それ以上のペースで工業製品や食料品などの輸入が増加したため、輸出が輸入に追いつかなくなっていた。

一九七六年に党中央委員会に提出した資料のなかで、ゴスプラン議長バイバコフはこの問題を取り上げ、一九七六年から一九七七年に穀物、国防産業向け設備品、消費財等の輸入のために、原油・石油製品を大量に輸出せざるをえないと指摘した。彼によれば、特に穀物をめぐる状況は深刻で、一九七六年と一九七七年の二年間で三一五〇万トンの穀物を輸入するために、四二〇〇万トンの原油・石油製品を輸出する必要がある。これは国内の燃料バランスに深刻な影響を及ぼし、これらの資源のさらなる輸出増加は不可能である。また、これらの物品を輸入するために、本来は対外債務の返済にあてる予定だった原油の売却益を用いなければならないため、債務の返済が進まず、一九七六年に一二億ルーブルになると見込まれるハードカレンシー建て債務は一九七九年には二三億ルーブルにまで増加すると予測される。一九八〇年には、利子の支払いだけで同年の債務返済額の三五％を占めるようになるだろうという[70]。

バイバコフは増え続ける貿易赤字と累積債務に警鐘を鳴らしたうえで、消費財の生産・輸入の増大が見込めないことから、ソ連市民の購買力を削ぐために市民の収入を減らし、一部の商品やサービスの価格を引き上げるよう要請した。もっとも、このバイバコフの値上げ提案は非常に限定的なもので、対象とされたのはワイン、煙草、カーペット、宝石などの嗜好品やタクシー、飛行機等の運賃のみであった[71]。

しかし、ブレジネフの側近として経済問題を担当していた書記長補佐官のツカーノフは、ソ連市民の生活水準の低下につながるとしてこの提案に反対した。彼はこの資料の余白に、「石油産業関係者に石油とガスの採掘を増やせと頼みに行くことを考えるべきだ。彼らには、備蓄やそのような可能性は間違いなく存在する」と書き込んだ。(72) 明らかにツカーノフは、石油の需給バランスが逼迫しつつあることを十分に理解せず、以前と同様に石油の輸出を拡大することで必要な物資を西側から輸入しようとしていた。しかもツカーノフは、一九七七年がソヴィエト政権誕生六〇周年にあたり、「人民が生活水準向上に関して『基本方向』〔五か年計画〕によって見込まれていた措置の実施を我々に求めている」ことを認識すべきであると主張し、一九七七年には消費財などを最大限輸入するよう求めた。(73) ツカーノフはしばしばブレジネフとも協議していたことから、ブレジネフもこのような考えを共有していた可能性がある。

しかし、そのツカーノフにしても、バイバコフとの協議を経て、状況は「本当に単純ではない」と認めざるをえなかった。そこで彼は、ブレジネフ宛の覚書のなかで、物やサービスの価格引き上げを求めるゴスプランの提案を検討する必要があると伝えた。(74) それでも、社会不安を引き起こすことへの懸念から、ソ連指導部は非常に慎重に対応した。一九七七年一月、一九七八年三月に一部の嗜好品の値上げが発表されたが、これは衣類などの日用品の価格引き下げと抱き合わせてのことであった。本格的な価格引き上げは、経済的には必要であったが、政治的にはタブーだったのである。(75)

同時に、ソ連指導部はこの経済的な袋小路を打破するために、西シベリア開発の強化に関する党や政府の決定を次々に採択した。(76) もはや超大国としてのソ連のプレゼンスを維持すると同時に、国民に最低限の生活水準を保証するためには、ほかに有効な手立てはなかったのである。バイバコフは、一九七七年一二月の中央委員会総会で、第一〇次五カ年計画期（一九七六―一九八〇年）の最初の二年間で、計画よりも原油生産が四〇〇〇万トン、石炭生産が一〇〇〇〇万トン少なかったと報告した。そして彼は、原油やガスの生産目標を達成するために、関係省庁は西シベリアやコミ自治共和国などの新規ガス田・油田における工業設備や住宅の建設を加速し、石油パイプラインの建設を急ぐべきであると主張した(77)。

ブレジネフもこの問題を取り上げて、投資拡大に加えてキャンペーン式のイデオロギー的大衆動員によって西シベリアにおける資源開発を強行するよう求めた。

「それ〔燃料エネルギー問題〕は、我々の経済発展のためにも、社会主義諸国の経済のためにも、対外貿易のためにも、重大な意義を持っている……。西シベリアの地下資源の総合的開発および生産力発展は、我々の国民経済にとって特別な意味を持ったプログラムである……。この現代の真に偉大な建設においては、資源、資本建設の可能性を集中し、技術・輸送上の課題をすべて解決することが重要である。経済的措置を大衆政治的措置によって補強するのが有益であろう。私が言おうとしているのは、コムソモール、出版、文学の側が、建設への注意を強化するということである。ここで働く人々の自己犠牲的な労働を顕彰するために、特別なメダルを作る価値があるかもしれない(78)」。

ここでブレジネフが「我々の経済発展のためにも、社会主義諸国の経済のためにも、対外貿易のためにも」と述べたように、西シベリアにおける石油ガス開発はソ連国内経済のみならず対外経済政策上も非常に重要であった。ブレジネフは、東欧諸国に対する義務を果たすと同時に、西側への輸出を増やすことでより多くのハードカレンシーを獲得しようとして、西シベリアにおける石油ガス開発をさらに強行しようとしたのである。

この一二月総会を受けて、バイバコフはただちにゴスプラン参与会を招集した。彼はブレジネフの総会報告を読み上げて、ブレジネフが燃料・エネルギー問題に特別の注意を向けた点を強調した。彼によれば、ゴスプランでもこの問題の緊急性は理解されていた。というのも、「強い寒波」のときに企業の操業が中止に追い込まれるほどソ連国内の燃料・エネルギー事情は切迫していたからである[79]。石油については特に状況が切迫していて、チュメニ州最大のサモトロール油田からの採掘量は最高水準に達していたため、さらなる増産のためには、西シベリアのあまり生産性の高くない油田からの採掘が必要となっていた。バイバコフによれば、一九七八年の一年だけで二八の新規油田を開発する必要があるが、そのためには道路と住宅を建設する必要があった。そこで彼は、「住居がなければ油井もないし、石油もないだろう」と述べて、計画通りの住宅建設を強く要求した[80]。この苦境に対処するために、ソ連政府はエネルギー部門への投資額を増加させた。その結果、工業投資に占めるエネルギー部門の割合は一九七七年の二八・一%から一九七八年に二九・七%、一九七九年三〇・五%、一九八〇年に三一・七%に増え、一九八五年には三八・六%にまで至った[81]。

同時に、シベリア開発に必要な労働力を調達するために、一九六〇年代から実施されていた労働力の動員が強化された。もともと石油やガスの採掘現場となったチュメニ州の環境は非常に厳しく、人口は少なかった。したがって、天然資源開発のために必要な労働力は、他の地方から調達する必要があった。その際に大きな役割を果たしたのが、賃金面での優遇措置やコムソモールなどを通じた労働力の動員であった。第八次五カ年計画期(一九六五―一九七〇年)だけで、コムソモールはチュメニ州とトムスク州に二万人を送り込んでいた[82]。また、バイカル―アムール鉄道の建設工事は、コムソモール主導で進められ、延べ五〇万にのぼる労働者のうち三分の二がコムソモール員であった。建設現場の監督もまた、コムソモールに委ねられていた[83]。このように、ブレジネフ期のシベリア開発は、当初よりコムソモールなどを通じた大衆動員に依存していた。

ブレジネフが中央委員会総会で主張した「大衆政治的措置」も、こうした動員の強化を指すものであった。ソ連ではこのような「大衆政治的」訴えかけは日常的に行われており、ブレジネフもその重要性を繰り返し訴えていた。中央委員会総会の準備のために一九七三年一一月末に開かれた会合で、彼はコスイギンの経済改革を批判しながら次のように述べた。

「工業でも農村でも、何が一九七三年に成功をもたらしたのか。……党の役割を示す必要がある。社会主義的競争の役割だ。これは労働規律の強化だ。これは改革と呼ばれるものに対する修正だ。これは労働生産性の問題であり、この指標を改革は全く考慮に入れなかった。我々はこれを修正し、この指標を導入した。党だ、ほかに勢力は存在しない。[84]……だから、党の役割を巧みに向上させなければならない[85]」。

このように、彼はすでに一九七三年の時点で経済的成功の原因は経済改革ではなく共産党による動員にあると考えていた。そのため、一九七七年にシベリア開発が遅れ、エネルギー資源の需給バランスが逼迫すると、彼はこの「成功体験」に基づいてシベリア開発を強行しようとしたのである。こうした一連の措置の結果、西シベリアにおける一九八〇年の原油生産量は三・一億トン、ガス生産量は一四五七億立方メートルを記録し、第二五回党大会の目標値をかろうじて達成した[86]。

二　エネルギー資源をめぐるソ連・東ドイツ間の交渉

一九七〇年代後半にソ連の石油生産が停滞しつつあることが明らかになると、一九七六年七月の第三〇回コメコン総会で、コスイギンは東欧諸国に対する石油供給量をこれ以上増やすことは不可能であると告げた。彼によれば、ソ連の経済関連省庁は一九九〇年に合計六・八億から七億トンの石油製品を供給するよう求めているが、石油の輸出を考えると、この数値を達成するためには一九九〇年に八・二億から八・五億トンの原油を生産する必要がある。これほどの量の原油を生産するのは「非現実的」であるため、ソ連でも燃料・エネルギーバランスの構造を変える必要があるという。このようにコスイギンはソ連国内で増え続ける石油需要の問題を紹介したうえで、「コメコン諸国に対するソ連の原油・石油製品および燃料向け石炭の供給を一九八〇年に達成されるであろう水準を超えて増やすことはほぼ不可能であろう」と述べて、東欧諸国に石炭・褐炭や水力・原子力発電の利用拡大、燃料・エネルギーのより効率的な利用などを進めるよう求めた(87)。

ゴスプラン議長バイバコフも、一九七七年四月のコメコン計画活動協調委員会で、一九八〇年以降のソ連からの石油供給の拡大は不可能であるというコスイギンの発言を繰り返した。彼によれば、いくつかの東欧諸国が大量の石油の輸入を希望しているためこの問題に関する解決策を見つけるのが「非常に難しい」。一九八〇年水準の石油供給量を維持するために、ソ連は六〇億から六五億ルーブルの投資をする必要があるという。バイバコフはこのようにソ連の状況を説明したうえで、石油を節約し第三国から輸入するよう求めた(88)。

一九七八年になると、ゴスプランは東ドイツ側との交渉のなかで、一九八一年以降の石油の供給を減らすことさえ提案し始めた。一〇月に東ドイツ国家計画委員会議長代理のグリューンハイトを中心とした東ドイツ代表団がモスクワを訪れ、一九八一年以後の資源供給についてゴスプラン議長代理イノゼムツェフと協議した。すでにソ連側は繰り返し一九八一年以後の石油供給量の増大は不可能だと伝えていたが、それでも東ドイツ側は石油と圧延鋼材の供給増加が東ドイツの経済成長のために必要であるとして、そのためにソ連石油産業などに投資参加する用意があると主張した。しかし、ソ連側は、いくつかの重要品目について一九八〇年水準を維持することはできないと述べ、石油については一九八〇年水準の一九〇〇万トンよりも三〇〇万トンも少ない一六〇〇万トン、天然ガスについては一九八〇年水準の六五億立方メートルよりも七億立方メートル少ない五八億立方メートル、圧延鋼材は一九八〇年水準の三二〇万トンより三〇万トン少ない二九〇万トンを提示した。イノゼムツェフはこのような供給削減の理由として、ソ連国内では一九八〇年までの生産計画目標を達成することが不可能となっているのに、ソ連はヴェトナム、モンゴル、キューバなどの社会主義圏の途上国向け原燃料供給を増加させなければならないことを挙げた。グリューンハイトはこの説明に納得せず、「これによってドイツ民主共和国の国民経済の持続的発展が疑問にさらされ、ドイツ民主共和国は政治的にも経済的にも擁護できないような非社会主義圏からの輸入拡大を強いられるだろう」と応じた(89)。

東ドイツ側は、イノゼムツェフとの会談の八日後に行われたバイバコフとの会談でも、ソ連側が通告した原燃料供給量の削減は受け入れがたいと主張した。これに対してバイバコフは従来の説明を繰り返し、ソ連では石油、圧延鋼材、石炭、アスベスト、重要な非鉄金属などで、新規開発に伴う困難のために五カ年計画の目標が達成されていないと述べた。さらに彼は、アメリカに対抗するために軍事的安全保障を強化せざるをえないうえ、農業への投資も必要となるため、一九八〇年以後の原料供給量については変更することはできないと主張し、供給量の削減に理解を求めた(90)。

ソ連の対応に危機感を覚えた東ドイツ政府は、一二月初頭にシュトフ首相をモスクワに派遣した。シュトフはコスイギンとの会談で、ゴスプランから石油、天然ガス、圧延鋼材、重要な非鉄金属、コークス炭などの供給量について、一九八一年以降は一九八〇年の供給水準を下回るような提案を受けたため、「非常に心配」していると述べた(91)。そのうえで彼は、原油については一九八一年以降も一九八〇年の供給水準を維持するだけでなく、ソ連へのさらなる投資参加と引き換えに毎年一五〇万トンを追加で供給するよう要請した(92)。これに対してコスイギンは、もし原油が燃料として必要であるならば他のエネルギー源を利用すべきであるが、化学工業のために利用するというのであれば、一九八一年から一九八五年の五カ年計画期にも一九八〇年水準の一九〇〇万トンを供給すると表明した。彼は天然ガスについても一九八〇年水準を維持できるよう努力すると告げた(93)。

コスイギンによれば、ソ連が一九八〇年の供給水準を維持することに同意したのは、ブレジネフとの会談のなかでホーネッカーがこの問題について直接交渉したためであった。このホーネッカーとの交渉後、「ブレジネフはドイツ民主共和国を支援するような可能性を探すべきであると特別に命じた」という。[94] 一九八一年のソ連の東欧六カ国に対する原油供給量は一九八〇年の水準を維持していることから、東ドイツのみを特別視するかのようなコスイギンの発言がどの程度正しいかは議論の余地がある。[95] それでも、ブレジネフはコスイギンや経済官僚よりもはるかに東欧圏の経済的安定を維持することを政治的に重視していたことから、ホーネッカら東欧首脳の抗議を受けて、エネルギー資源の需給バランスが切迫しているなかでも原油輸出量を維持するよう指示したのであろう。

このコスイギンとの会談の直後に第二次石油危機が勃発した。イランではシャーの退陣を求めるデモやストライキが頻発し、一二月二五日までにイランの石油輸出は全面的に停止した。国内の混乱に対処しきれなくなったシャーは翌一九七九年一月に退位した。このイラン革命をうけて原油価格は一バレル一三ドルから三四ドルまで高騰した。[96] しかし、石油市場が再び混乱するなかでも、東欧諸国は供給量に関するソ連からの約束とコメコンの域内価格制度の恩恵のもとで石油危機の衝撃をある程度緩和することができた。

しかし、この時期、ソ連でも重大な問題が生じていた。第一一次五カ年計画（一九八一―一九八五年）の収支バランスが著しく均衡を欠いていることが明らかになったのである。この問題は一九八一年五月四日のゴスプラン部長会議で協議された。会議の冒頭にゴスプラン議長バイバコフは、外延的発展に基づいて資金と投資を際限なく要求する傾向が依然として続いており、各省庁は合計で一二〇〇億ルーブルの追加投資を要求しているが、これは論外であると主張し、ますます多くの投資を求める各省庁を批判した。[97]

特に危機的な状態にあったのが燃料・エネルギー部門であった。ゴスプラン総合計算センター長ニコライ・レベジンスキーは、燃料エネルギー問題の解決は経済成長のテンポや比率だけではなく、「我が国やコメコン加盟諸国の経済的独立性」にも影響を及ぼす重要な問題であると指摘した。彼によれば、ゴスプランは、ソ連国民経済および輸出の最小限度の必要を計算して、一九八五年に六億四二〇〇万トンの原油を生産するという統制数字（生産目標）を定めたが、石油工業省は目標値を四〇〇〇万トン減らすよう要求した。その結果、一九八五年の生産目標が一九八〇年の生産量を下回る事態が生じた。ガス工業省や石炭工業省も、統制数字をそれぞれ五〇〇億立方メートル、二〇〇〇万トン削減するよう要求してきた。ゴスプランの計算によれば、統制数字の水準まで生産を拡大するためには、さらに二〇〇億ルーブルの投資が必要になるという[98]。燃料バランス部長ヴェルテルによれば、一九八二年から一九八五年の四年間で石炭に換算して一億トンが不足している。これは、四年間の燃料エネルギー需要の二・五％に相当する量であった。特に燃料バランスが厳しくなるのが一九八二年であり、この年について計画を均衡させることは非常に困難であるという[99]。明らかにソ連のエネルギー需給バランスは危機的な状況にあった。

このような報告を受けて、バイバコフは、燃料・エネルギー問題について次のように指摘した。

「この問題は我々を大いに不安にさせている。現在、石油採掘は安定しつつある（これが今後急速に前進し、発展すると期待することはできない。これは非常にゆっくりと成長するだろう）。我々は石油生産で高水準に達したので、我々は現在の水準を維持するためだけに全投資の九〇％から九五％を投入しなければならない……。最も困難な問題の一つは、今や、ヴェトナム、ラオス、カンボジアのためにおよそ五〇万トン〔の原油〕を見つけなければならないということである。彼らは、これなしではもはや動くことさえできない……。今日、〔これらの国々では〕米の収穫は良好だが、我々は南から北へ米を輸送することができない。というのも、彼らには燃料が不足しているからである。ばかげたことだが、誰も支援しないであろうから、我々がこれらの国々をなんとかして助けなければならない。中国人は支援を拒否した、アメリカ人も拒否した。だが、我々はたったの五〇万トンを見つけることができない。国内需要を制限し、我々の指標を悪化させることになる。この状況からの脱出路を探さなければならない[100]」。

当時、年間六億トン以上の原油を生産していたソ連からすれば、ヴェトナムなどが要求していた原油五〇万トンは微々たる量であった。しかし、ソ連国内の燃料の需給バランスが極度に逼迫している状況では、ゴスプランにとって五〇万トンを捻出することさえ容易ではなくなっていたのである。

ここに一九八一年の記録的な不作が加わった。一九八一年の穀物生産高は、一九八〇年よりも二割以上少なかった[101]。この不作に対処するために、ソ連は原油を西側市場に追加で売却し、その資金で大量の穀物を輸入せざるをえなかった。ソ連市民の生活水準を維持する必要があったからである。

原油の需給バランスが逼迫するなかで穀物輸入のための輸出量を確保するには、東欧諸国向けの原油輸出を削減するほかに手段はなかった。そこでソ連指導部は一九八一年夏までにこの措置を検討し始めた。そのうえで、一九八一年八月にブレジネフはホーネッカーに次のようにソ連の苦境について伝えた。

「石油採掘で我々は今大きな困難を抱えている。我々が兄弟諸国に対してさえ原油と石油製品の予定通りの供給を完全に兄弟諸国に実現できる状態にあるかどうか、私は真剣に心配している。我々みなを満足させるような解決策を精力的に探す必要がある[102]」。

このように、すでに一九八一年夏の時点でブレジネフは、東欧諸国に対する原油の供給量を維持できないかもしれないと示唆した。同時に、彼はポーランド危機の状況についてホーネッカーに説明しながら、西側への経済的依存が孕む危険性に注意を促した。

「かつてのポーランド指導部は経済問題でかなりの程度西側への関係を志向した……。社会主義市場での相互関係を犠牲にしてそれ〔西側との経済関係〕を極度に発展させると――そしてポーランドの事例は劇的な形でそのことを示しているのだが――非常に重大な結果を引き起こしうる。要するに、これは社会主義共同体全体にとっての教訓だと言うことができる」[103]。

ブレジネフはこのように西側への経済的依存を戒めたのであるが、東ドイツ側からすると、原油供給は削減されるかもしれないが、その場合でも西側に依存してはならないという要求は受け入れ難いものであった。一九八一年に東ドイツは一九〇〇万トンの原油をソ連から輸入する一方で八〇〇万トンの石油製品を輸出し、その収益を債務返済にあてていた[104]。したがって、原油輸入量が削減されると、債務返済がさらに滞り、金融面での西側への依存が増大する可能性があった。

ブレジネフもこの原油供給量の削減が孕む問題を認識していたと思われるが、それでも彼はこの会談後に東欧諸国首脳に書簡を送り、一九八二年以降に東欧諸国向けの原油供給を削減することに理解を求めた。彼がホーネッカーに送った書簡によれば、第一一次五カ年計画（一九八一―一九八五年）の作成やコメコン諸国との計画調整を行う際に、燃料・エネルギー資源の生産拡大が困難であることを十分に考慮に入れなかったため、第一一次五カ年計画期には計画通りの量の原油を輸出することが不可能であると判明した。しかも、ソ連では不作が続き、一九八一年も不作になると見込まれているため、資本主義諸国で穀物や食料を購入するために、大量の原油および石油製品を西側に輸出せざるをえないという。ブレジネフはソ連の苦境をこのように説明したうえで、ソ連の東ドイツ向けエネルギー輸出を熱量に換算して七％以上削減することに理解を求めた。これは原油に換算すると年間二〇〇万トンに相当し、ソ連から東ドイツへの原油供給量の一〇％に相当した[105]。

ホーネッカーはこのブレジネフの手紙に強く反発した。彼は九月四日の返書のなかで、ソ連からのエネルギー資源供給が減少すると、これによって「ドイツ民主共和国存立の支柱」が損なわれることになるだろうと主張し、ソ連の提案を拒絶した。[106]そこでブレジネフは、社会主義諸国との関係を担当している中央委員会書記のコンスタンチン・ルサコフを東ドイツ、チェコスロヴァキア、ハンガリー、ブルガリアに派遣してホーネッカーらの説得にあたらせた。一九八一年一〇月二一日にホーネッカーと会談したルサコフは、不作のせいで「我々は我々の歴史上ほとんど前例のないような結果に直面している」ため、資本主義諸国への原油輸出を増大して穀物を輸入するしかないと述べて、原油供給量の削減に理解を求めた。[107]彼によれば、「ソ連はすべての社会主義諸国の生活水準の比較でほとんど最下位に位置している。我々ははっきり言うが、もうこれ以上は無理であり、これ以上は後退できない」という。

このようなルサコフの懇願に対して、ホーネッカーも東ドイツの苦境を挙げて譲らず、「レオニード・イリイチ・ブレジネフ同志に、二〇〇万トンの原油にはドイツ民主共和国を不安定化させ、我々の人民の党・国家指導部に対する信頼を揺るがせるだけの価値があるのかとはっきりと聞く」よう求めた。ソ連の要求を受け入れようとしないホーネッカーに対して、ルサコフはブレジネフのＳＥＤ政治局宛て伝言として次のように述べた。

「ソ連では大きな災難があった。諸君がこの災難の結果を我々とともに負担する用意がないのであれば、ソ連は世界における現在の地位を維持できない可能性がある。これは社会主義共同体全体に影響を与えるだろう」。[108]

つまり、ブレジネフは、原油の需給バランスが限界にきており、東欧諸国に対する原油供給を削減することで余剰を確保しない場合、ソ連は超大国としての地位を失うことになるかもしれないとさえ主張したのである。このブレジネフの「伝言」は、東ドイツ指導部に原油供給の削減を受け入れさせるためになされたものであり、文字通りに解釈することはできない。それでも、この「伝言」は、西シベリアの天然資源を核にソ連の内政・外交上の問題を解決し超大国としての地位を維持・向上しようとしたブレジネフの資源超大国構想が限界にきていたことを端的に示していた。

このことを象徴していたのが、「ソ連は事実上再び『ブレスト＝リトフスク』、つまり中核地域を救うために外部勢力地域の一部を放棄するという決断に直面している」というルサコフの発言であった[109]。この会議の議事録を作成したSED中央委員会国際問題部長ギュンター・ジーバーはなぜルサコフがブレスト＝リトフスク条約に言及したのか理解できず、この部分を議事録に盛り込まなかったという[110]。しかし、このルサコフの発言の含意は明白である。一九一八年三月にレーニンがロシア中央部での革命を存続させるために西部諸地域の喪失を受け入れたように、危機的なソ連経済を破綻から救うために東欧諸国を切り捨てるのもやむをえないとルサコフは示唆したのである。もとより一〇月革命直後のロシアと一九八一年のソ連の状況を同一視することはできない。ルサコフも本気でソ連が東欧圏を放棄するかもしれないとは考えていなかったであろう。頑なにソ連の要求を拒むホーネッカーに対して、ソ連は大きな代償を払ってまで東ドイツを維持するつもりはないと示唆することで、彼の態度を改めさせようとしたのかもしれない。それでも、一連の発言を通じて、ブレジネフやルサコフは東欧圏の安定を維持するために天然資源を供給し続けるという対東欧政策の基本方針が限界にきたことを認めたのである。SED中央委員会書記ギュンター・ミッタークの回想によれば、このときルサコフは泣いていたという[111]。

東欧諸国首脳との会談を終えたルサコフは、一九八一年一〇月末の党政治局で交渉結果を報告した。彼によれば、ハンガリーのカーダール、チェコスロヴァキアのグスターフ・フサーク、ブルガリアのトドル・ジフコフはソ連の提案に理解を示し、原油供給の削減は彼らにとってもつらいものだが、「彼らは状況からの出口を見つけるだろうし、我々〔ソ連〕が提案したことを受け入れる」と返答した。つまりホーネッカー以外の東欧首脳はソ連の要求を受け入れざるをえないと考えていたのである。このルサコフの報告を聞いたブレジネフは東欧諸国首脳の不満に理解を示し、「明らかに、チーホノフ同志〔首相〕はもう一度注意深くこの問題を検討する必要があり、もしどんなにわずかであれ緊張を緩和する可能性が生じたら、中央委員会に相応する提案をすべきである」と述べて、原油供給量の削減を避けるためにできる限りの措置をとるよう求めた。[112] そのうえで彼は、次のように述べた。

「石油の供給に関する会談については、とくにドイツ民主共和国が私を不安にさせる。全体として言いたいのは、社会主義諸国が我々のこの提案を受け入れるのは大変だということだ。たとえ明言しなくとも、心の中では彼らはこの決定に不満を抱いている。そして、ルサコフ同志の発言からも明らかなように、何人かの同志はあからさまに不満を表明した。特にホーネッカー同志は不満である。彼は、彼らにはこの決定は受け入れられないとはっきりと語り、彼は文書での返答を要求しさえしている。どのような決定を採択すべきか、私には全くわからない[113]」。

当時、ブレジネフは老衰の極みにあり、長時間政務を遂行することは不可能であった。彼の主治医エフゲニー・チャゾフによれば、一九七〇年代末以降、彼はときにベッドから起き上がることができないほど衰えており、鎮静剤をたびたび服用するようになっていたという。[114] こうした健康不安を抱えながらも、彼は最後まで東欧向けの原油供給を減らすことにためらいを感じ、この状況を回避するための道はないかとソ連の幹部を前に訴えた。死の直前まで、彼は資源超大国としてのソ連を体現する人物だったのである。

アンドロポフKGB議長、ミハイル・スースロフ書記、アンドレイ・キリレンコ書記の三人もブレジネフに同意した。これに対して、経済問題を担当するアルヒポフ第一首相代理とバイバコフは原油供給量の削減を見直すことに反対した。バイバコフは、すべての社会主義諸国は「我々がドイツ民主共和国にどう対応するか」を注視しており、「ホーネッカーが突破口を開くことに成功したら、彼らも〔同じことを〕獲得するだろう」と述べて注意を促した。このように経済専門家はブレジネフらの見解に反対したが、それでも政治局はチーホノフ、ルサコフ、バイバコフに、政治局における議論を踏まえて原油供給の問題をもう一度検討するよう命じた(115)。

この党指導部の要求はソ連の経済機関に難題を突きつけた。閣僚会議やゴスプランは、石油の需給バランスを回復させながらもブレジネフらの要求にできる限り応えるような方策を見つけなければならなくなった。最終的にソ連の経済機関は、東ドイツに対して、通常の二国間貿易の枠内では原油供給量を削減するが、ハードカレンシーと引き換えに年間二〇〇万トン以上の原油を供給することに同意した。この追加供給のための原油は、ソ連国内からだけではなくベルギーにあるソ連の貿易会社を通じて西側市場で調達されることになった。東ドイツはこの特別措置で輸入した原油を精製して西側市場で販売し、その利益を西側の金融機関に対する債務の返済にあてた(116)。

この石油供給をめぐる特別措置は、この時期までにソ連・東ドイツ間の石油取引が西側との経済関係の従属変数となりつつあることを示していた。繰り返しになるが、ソ連ではこの時期、原油生産が停滞するなかで大規模な不作が生じたため、国内のエネルギー需給バランスは危機的な状況に陥った。この危機に対処するには、経済的に非効率的な工場の閉鎖や産業構造の転換を図るなどの経済改革が必要であったが、ブレジネフにはその用意がなかった。そこで、ソ連の経済機関は東欧諸国に対する原油供給を削減するよう提案したが、東欧圏の安定を維持するために原油供給量の維持を重視するブレジネフは、ホーネッカーの反対を受けてこの削減を実施することを躊躇した。そこで、ソ連の経済機関は国内で必要なエネルギー資源とハードカレンシーを確保しつつもブレジネフの要望に応えるという難題に直面することになった。最終的に、ソ連の経済機関は東ドイツに輸出する原油の一部について西側通貨での支払いを条件とすることで、東ドイツに対する供給量を維持しつつも外貨不足に対処しようとした。この措置はソ連・東ドイツ双方の要望をある程度満足させるものであったが、その一方で二国間貿易におけるハードカレンシー決済の割合を高めるものであった。つまり、この措置によって域内貿易への西側の影響が拡大することになったのである。[117]

三　コメコン経済改革の模索

このように、西シベリアの石油ガス資源を核に超大国の地位を維持するというブレジネフの資源超大国構想は、この時期に限界を迎えつつあった。一九八二年以降もソ連は東ドイツに対して原油を供給し続け、それによって東ドイツを支え続けようとしたが、ソ連国内ではこのような東欧諸国との経済関係を根本的に見直すよう求める気運が高まりつつあった。

特にＩＥＭＳＳの研究者などは、このソ連・東欧関係の現状を改革するためにはソ連の経済制度自体を改革する必要があると主張した。一九七二年からＩＥＭＳＳの外交政策問題部長を務めていたヴャチェスラフ・ダシチェフは、コメコン加盟諸国首脳会談のために作成された一九八二年四月のソ連共産党中央委員会宛報告書のなかで次のように指摘した。

「これまでと同様、社会主義諸国間の経済関係の最も顕著な特徴は、この問題がもっぱら国家最高指導部のレベルで管理されているという点である……。現在、このような現実は、社会主義諸国の国内発展、特に経済発展の要請に応えていないし、これらの国々の相互協力や相互関係の必要性にも応えていない」[118]。

つまりダシチェフは、社会主義諸国の中央集権的な経済制度がコメコン加盟諸国の経済発展および域内経済協力の発展を阻害していると指摘したのである。さらに、同年八月の党中央委員会宛の報告でダシチェフは、財、人、思想、資本の国境を越えた自由な移動を可能にするような社会主義的統合を実現するための「決定的な要因」として、「社会領域におけるイニシアチヴや創造的な力を解放するための国内経済改革および社会政治改革の実現」を挙げた[119]。ここでダシチェフは、当時完全に行き詰まっていたソ連・東欧経済関係を改善するためには、ソ連をはじめとする社会主義諸国の経済制度そのものを自由化する必要があるとブレジネフ指導部に提言したのである。一九六〇年代以降、市場経済的要素の導入を含む経済改革を求める議論は、ソ連や東欧諸国の政権内外の改革派知識人の間で珍しいものではなかった[120]。ダシチェフの提案は、ソ連のコメコン政策の観点からソ連経済の根本的な改革を求めたものであった。この提案は、ブレジネフ指導部には受け入れられなかったが、ダシチェフの回想によれば、中央委員会社会主義諸国部には彼の改革案を高く評価した者もいたという[121]。

ゴルバチョフ期にはいると、ダシチェフら改革派研究者のコメコン改革構想はソ連のコメコン政策に影響を及ぼすことになった。ゴルバチョフが書記長に就任した直後に世界市場で原油価格が暴落し、ソ連の経済情勢が一層悪化すると、ソ連の対外経済政策も根本的な見直しを迫られることとなったからである[122]。

一九八六年八月の政治局会議でゴルバチョフは、ソ連の対外経済政策について、以下のように非常に悲観的な見方を示した。

「対外経済政策において、我々は道に迷った。今や解決しなければならない。我々は事実上、原料を採掘しこれを他国に供給するという奴隷労働を担わされてしまった。ブルガリアでさえ、原料と引き換えに我々に機械の供給を提案している。設備、機械技術製品の輸出ですべての国に遅れをとった。石油、燃料、原料採掘増加はますます困難で、そのうえそれらの価格も下落している。何も取引するものがない。大量に借金をせざるをえない[123]」。

ここでゴルバチョフが取り上げた対外経済政策上の問題自体は、すでに一九七〇年代にもたびたび指摘されていた。しかし今回は、原燃料価格が急落するなかで、これらの問題は一層緊迫化していた。

当然ながら、ソ連の対東欧政策も見直しを迫られることとなった。同年一〇月にゴルバチョフは、政治局会議で対東欧政策について、「今日、共同体の防衛もエネルギーも我々に課されている。我々には社会主義共同体の構想がない。我々は新たなタイプの関係について語っている。しかし、この新たなタイプとはどういうものなのか。我々は自らの役割を放棄することはできない。しかし、どこへ行くべきかという問題を提起しなければならない」と指摘した。首相のニコライ・ルイシコフも東欧諸国の方針について、「彼らの構想とは――彼らはエレクトロニクス産業〔のような最先端の分野〕の発展を目指した。彼らはより良い生活を望んでいるが、我々〔ソ連〕が自らの石炭、石油、金属で彼らを下から支えることになるのだ」と非難した。そのうえで、「『共同市場〔ヨーロッパ共同体（ＥＣ）〕』は各国ごとの専門化を導入している。なぜ我々はこれをしないのか。我々には構想がない、政治経済的な構想が」と述べ、ＥＣ市場統合の活発化を意識した新たなコメコン政策構想の立案の必要性を強調した[124]。

このようにコメコン改革に関する議論がゴルバチョフ指導部内で進められていくなかで、ダシチェフらＩＥＭＳＳの研究者たちのコメコン改革構想案は、ゴルバチョフ指導部に受け入れられていった。具体的には、ＩＥＭＳＳの東ドイツ専門家レオニード・ツェディリンによれば、ＩＥＭＳＳのコメコン内経済関係に関する構想は、一九八六年の二つの党・政府決定の作成に影響を及ぼした。これらの決定はいずれも、社会主義諸国との経済関係の重点を国家機関主導の計画調整から企業の自立的な意思決定に基づく企業間関係に移行させることを意図したものであった。これらの決定を踏まえて、ルイシコフは、一九八七年の第四三回コメコン臨時総会で国際社会主義的分業の新しい構想が必要であると述べ、分業に参加する企業に自立的な契約締結と価格設定の権限を付与するよう主張した。そのうえで彼は、域内諸国の企業に域内の卸売市場への参入を認めることで、「統一コメコン市場」を作ることを提案した。

しかし、コメコン域内経済協力を活性化するために大胆な改革を実施しようとしたゴルバチョフ指導部の試みは、東ドイツやルーマニアなどの保守的な指導部の反対のためにほとんど成功しなかった。ルイシコフは、一九八九年夏の第四四回コメコン総会でもコメコン改革を強く迫ったが、東ドイツ・ルーマニア両国の代表は、コミュニケの文言に「徐々に」改革を進めるという言葉を盛り込み、コメコン統一市場の創出に向けた動きを事実上棚上げにすることに成功した。[125] 結局、スターリンが東欧諸国に認めた「拒否権」は、最後までソ連指導部によるコメコン改革の試みを阻止するための手段を東欧諸国に提供することとなったのである。そして、改革をめぐる議論が停滞するなか、一九八九年一一月にベルリンの壁が崩壊したことで、コメコンどころか社会主義圏そのものが急速に解体されていった。

小括

ブレジネフ指導部にとって、資源開発は単に経済的に必要であったというだけでなく、ソ連の諸問題を解決するための「万能薬」であり、超大国としてのソ連の国際的な地位を維持するための要であった。国内政策との関連では、ブレジネフは石油の売却益をもとに大量の穀物等を輸入することで、国民の生活水準を維持し、ソヴィエト体制の安定を維持しようとした。対外的には、とりわけ石油危機後に西側諸国が資源獲得に奔走するなか、自国資源開発に西側からの投資を積極的に呼び込むことで、西側諸国との関係改善を目指した。そして、東欧諸国との関係でいえば、ソ連は石油危機以後、イラクなどの発展途上国から石油をはじめとする天然資源を輸入することが困難になるなかで、ソ連は資源開発への投資の見返りとして天然資源の安定的供給を約束した。こうした政策はある程度成功し、一九七〇年代半ばにソ連は最盛期を迎えた。

しかし、資源を核とした超大国というブレジネフの構想には大きな弱点が存在した。この資源超大国を維持するために、ソ連は絶えず天然資源の開発を強行し、資源採掘量を増加させ続ける必要があったのである。資源開発や輸送のコストが増大すると、ソ連は東欧諸国に対して資源開発や輸送インフラの整備のためにソ連に対する投資を拡大するよう要求した。ブレジネフは、この共同投資プロジェクトによって東欧諸国の西側に対する経済的依存を食い止めることができると期待していた。たしかにこの共同投資は一定の成功を収めたが、共同投資のために各国の国民経済計画の協調を強化しようとすると、労働力不足などの計画経済体制の構造的な問題がコメコン統合の阻害要因として顕在化した。また、共同投資のための資材・設備等は主に西側から輸入する必要があったが、コメコン諸国では外貨が不足していたことから、コメコンの国際投資銀行が西側の金融市場で共同投資のための資金調達にあたった。しかし、ソユーズ・ガスパイプラインの建設完了後に加盟国が十分な額の外貨を返納しなかったために、同銀行は破綻寸前まで追い詰められた。つまり、ソユーズ・プロジェクトは、域内諸国に天然ガスを供給するための基盤を整備した一方で、共同投資の結果、コメコンの組織がかえって西側に対する依存を強めるという逆説的な結果をもたらしたのである。

こうした西側への依存は、ソ連でエネルギーの需給バランスが極度に逼迫すると、一層明瞭になった。一九八一年に、ソ連は、エネルギー資源が不足するなかで、穀物輸入のための外貨を獲得すると同時に東ドイツに対する原油輸出量を維持するという難題を解決する必要に迫られ、ハードカレンシーによる支払いを条件に原油の追加供給に同意した。これは、ソ連経済が必要とする外貨を確保しつつ累積債務危機に直面していた東ドイツを救済するための措置であった。東ドイツはソ連から外貨で購入したこの原油を精製し、西側に売却することで外貨を得ていた。つまり、ソ連・東ドイツにとってこの取引はエネルギー資源不足を解消するための措置ではなく、ドルを融通しあうための方策だったのである。

このように、天然資源を中心にソ連圏を維持するという方針は明らかに綻び始めていたが、それでも一九八〇年代半ばまではかろうじて維持された。しかし、一九八〇年代半ばに世界市場で原油価格が暴落すると、もはやこの政策は維持できなくなった。そこで、ゴルバチョフは改革派研究者の意見を参考にしながらコメコン改革に着手したが、この試みは東ドイツとルーマニアの反対を前に頓挫した。

終章　グローバルな資源・エネルギー史のなかのソ連・コメコン関係

第二次世界大戦後、東西両陣営で「黄金時代」を支えたのは、石油や石炭などの化石燃料であった。西側諸国には主に中近東の産油国が、東側諸国にはソ連が、大量の石油資源を安定的に供給し続けた。これらの安価なエネルギー源を消費することで、戦後復興は加速され、東西双方の陣営で高度経済成長が達成された。このエネルギー資源の安定供給を前提として、ソ連・東欧諸国と西側諸国は、自陣営のみならず相手陣営の人々の「心」をつかむために生活水準に代表される経済水準の維持・向上に努めた。このように、多くの国で戦後の経済政策は冷戦との関係のなかで形成されていった。本書は、エネルギー資源の供給をめぐるソ連・東欧諸国の政策や交渉が、冷戦やグローバル経済の変容から影響を受けながら、どのようにして進められたかを具体的に分析した。

戦後、スターリンは自国の戦後復興のためにドイツをはじめとする旧枢軸国からできる限り多くの賠償を取り立てると同時に、ポーランドなど連合国側に立って参戦した国からも石炭などを安価で調達した。一九四七年のマーシャル演説を受けて、ヨーロッパで冷戦が始まると、スターリンは賠償調達の方針を継続した一方で、東欧諸国に対して西側との経済関係を縮小し、東側陣営内で必要な原料やテクノロジーを調達するよう要求した。このように、冷戦が本格化するなか、ソ連指導部は東欧諸国を西側経済から切り離そうとしたのであるが、冷戦がソ連・東欧関係に及ぼした影響はこれだけではなかった。ベルリン封鎖が始まると、西ベルリンや西側占領地域のドイツ人に対してソ連占領地域の魅力を訴える必要が生じたため、スターリンもドイツ人住民に影響を及ぼすための手段として占領地域の生活水準の向上に関心を示すようになった。また、一九四九年にコメコンを設立した際に、彼はソ連・東欧が西欧に原料を供給することで、西欧社会に影響力を及ぼすことができるのではないかと期待した。このように、冷戦の勃発とともに、スターリンはソ連の影響力を西側に拡大するための手段として対東欧経済政策に注目するようになったのである。

経済発展や経済水準を冷戦の重要な戦場と見る見方は、フルシチョフのもとで「体制間経済競争」として全面的に展開されることになった。彼は体制間経済競争の場として特にドイツに注目し、東ドイツに天然資源を優先的に供給することで、この国を西ドイツに対する経済競争に勝利させようとした。しかし、東ドイツが天然資源の供給拡大を繰り返し要求するようになると、フルシチョフは次第に自国よりも豊かな東ドイツに対する支援を拡大することに消極的になった。そして、ベルリンの壁建設後に東ドイツ情勢が安定すると、フルシチョフは、東ドイツに対してソ連からの天然資源の輸入にばかり頼るのではなく、アルジェリアなどの中近東・アフリカ諸国から資源を輸入するよう求めるようになった。彼は、このような方策によって、東ドイツの石油需要に対処するのみならず、中近東・北アフリカ地域における社会主義陣営のプレゼンスも強化しようとした。冷戦がグローバル化するなか、ソ連の対東ドイツ経済政策もこれに連動してグローバルに展開し始めたのである。

このような途上国との経済関係の拡大と同時に、フルシチョフはコメコン域内経済分業を強化することで、コメコン域内経済全体の経済成長を達成することができると期待した。しかし、コメコン域内経済全体を一元的に計画・管理するという彼のコメコン経済統合案は、ルーマニアの強硬な反対とそれ以外の加盟国の消極的な抵抗に遭い失敗に終わった。東欧諸国がフルシチョフの提案に抵抗したのは、この計画がそもそも実現不可能で、大きな混乱をもたらしかねないと考えられたからであった。このように、東欧諸国はコメコンの場を利用することで、超大国ソ連が提案したリスクの高い提案を廃案に追い込むことに成功した。その一方で、これらの国々はドルージバ・石油パイプラインの建設などを通じて、ソ連からの天然資源の供給を軸に域内経済関係を構築しようとした。

この時期以降、一部のコメコン諸国は域内経済関係を混乱させるリスクがある改革案や、自国の経済的利益に反する提案に反対するようになった。そのため、コメコン内で大胆な経済統合や改革が進められる可能性はますます減少していった。これは、一九六〇年代末にポーランドがコメコン域内の通貨制度や貿易制度の改革を提案したときも同様であった。一九六九年から一九七一年にかけてコメコン内で経済統合に関する協議が進むなかで、ソ連、東ドイツ、ブルガリアなどの保守派諸国はポーランド案を骨抜きにすることに成功した。これはソ連から見れば一定の成果であったが、同時に、ソ連が「総合計画」のなかに盛り込むことに成功した部門別共同計画も、実施過程で東欧諸国によって有名無実化された。このように、ソ連もほかの東欧諸国も、コメコン改革を進めることにほとんど成功しなかった。こうしたなかで、唯一、ほぼすべての加盟国が同意したのが、ソ連の天然資源部門や資源集約産業に対する共同投資であった。このような共同投資は、東欧諸国にとっては負担の増加を意味したが、それでも投資と引き換えに受け取ることができる天然資源は東欧諸国にとって魅力的であった。このようにして、一九七〇年代以降、コメコン経済統合は資源・エネルギー部門を中心に進められた。

同時に、ソ連の経済機関は、自国内でも絶えず不足していた石油などの資源については、中近東・アフリカ諸国から協力して輸入するよう東欧諸国に要求した。その結果、エネルギー資源の調達に関する政策は、次第にグローバルな様相を帯びることになった。石油に関して有望視されたのは、イランとイラクであった。

コメコン諸国が協調してイランから原油を輸入するという方針は、シャー自身がさほど熱心ではなかったこともあり、失敗に終わった。これに対して、イランからのガス輸入をめぐるソ連・イラン経済協力は一九六〇年代から一九七〇年代にかけて進んだ。一九六五年の協定に基づいて、ソ連はイランにおけるガスパイプライン建設に参加し、一九七〇年に建設は完了した。しかし、このイラン縦断ガスパイプラインに第二線を建設するという計画をめぐって、交渉は難航した。イラン政府は、このＩＧＡＴ２については、ソ連側が必要な設備・鋼管等をすべて準備するよう要求したが、当時シベリアなどで大規模な資源開発を進めていたソ連では鋼管が不足しており、イランに鋼管を供給することは難しかった。

それでも、ゴスプラン議長バイバコフは、西シベリアからのガスパイプライン建設のコストやリスクの高さに懸念を募らせていたため、天然ガスの代替供給先としてのイランに期待を寄せていた。ゴスプランの試算でイラン産ガスのほうがチュメニ産ガスよりも安価だと計算されたこともあって、彼はイランへの鋼材供給に前向きであった。これに対して、ガス工業相コルトゥノーフは、ソ連国内の巨大ガスパイプライン網の建設を最重要視し、イランへの鋼材や借款の提供に一貫して反対し続けた。結局、ソ連指導部が西シベリアにおける天然ガス開発を優先したため、イラン向けの鋼材輸出は不可能となり、ＩＧＡＴ２建設をめぐる交渉は一時停滞した。

この停滞を打破したのは西ドイツのオファーであった。西ドイツがパイプライン建設に必要な資材や借款を提供すると約束したことで、ＩＧＡＴ２をめぐる交渉は一気に進展し、一九七〇年代後半には建設工事が始められた。一九六〇年代後半以降、経済問題については冷戦構造を乗り越えるような取引が顕著になっていたが、この西ドイツとの契約も経済的な判断に基づく決定であった。しかし、工事が本格化しつつあるときにイラン革命が勃発したため、建設作業は停止した。

このように、途上国との経済関係では、ソ連はしばしば現地の情勢に翻弄されることとなった。これは、イラクとの関係でも変わらなかった。イラクは国営石油産業を作り出すために、ソ連に対して経済技術支援を要請し、ソ連の支援のもとに北部ルメイラなどで油田開発を進めた。ＧＫＥＳなどのソ連の経済機関はこれを好機と捉え、イラクに対する技術支援を積極的に進めると同時に、東欧諸国をイラクに対する経済技術支援に参加させようとした。

一九七二年六月にイラク政府がソ連の支持を取り付けたうえでＩＰＣを国有化すると、ソ連はイラクに対する支援の一環としてイラクからの石油輸入をめぐるコメコン諸国間協調を強化しようとした。しかし、コメコンでは対外貿易、技術支援調整、石油ガス工業などの複数の常設委員会がイラクを含む途上国との関係や石油輸入に関する調整を進めていたため、コメコン内の調整には時間がかかった。その間に、フランスなどの西欧諸国はイラクとの間で石油輸入に関する交渉をまとめ、イラク政府もロンドンのＩＰＣ本部と和解していた。そのため、石油危機勃発以前に、イラク政府には石油の販売先を確保できないことを恐れる必要がなくなっていた。

一九七三年秋に第一次石油危機が始まると、イラクから石油を調達するというコメコン諸国の方針は一層困難なものとなった。石油危機の影響でイラクからの石油輸入価格が高騰したうえ、イラクが石油輸入に関するコメコン諸国間の協調にはっきりと反対を示すようになったからである。しかも、ソ連・東欧諸国ではハードカレンシーが不足していたことから、イラクから石油を輸入するためには相応の工業製品を輸出する必要があったが、西側企業のイラク市場への進出が活発化するなかで、イラク向け輸出を拡大するのは難しかった。そのため、石油危機以後、イラクからの石油輸入を拡大するという方針は破綻した。

東ドイツは一九七〇年代末後半にもイラクから石油を輸入し続けたが、これは主にハードカレンシー建て債務を返済するために、外貨を稼ぐ必要に迫られたからであった。東ドイツはイラクから輸入した原油を精製し、西側に売却することで外貨を調達しようとしていたのである。このように、一九七〇年代後半には、東ドイツにとって途上国からの石油資源の輸入は国内のエネルギー不足のためというよりも累積債務危機の解決のために必要とされていた。

これに対して、石油危機以後、ブレジネフ指導部は油価の高騰に幻惑されていた。ブレジネフは西シベリアの石油・天然ガスを、内政・外交上の主要課題を解決するための「万能薬」と位置づけて、西シベリアのさらなる開発を進めるよう主張した。しかし、西シベリアの天然資源を超大国としての地位を維持するための核にするというブレジネフの構想には、大きな弱点が存在した。当時、ソ連や東欧諸国のエネルギー資源需要は一貫して増大していたうえ、西側諸国からテクノロジーや穀物を輸入するために石油や天然ガスの輸出を拡大する必要があったため、エネルギー資源の需給バランスは逼迫し続けていた。これに対処するために、ソ連指導部は東欧諸国にソ連の資源部門にさらに多くの投資を行うよう要求するようになった。コメコン諸国によるソユーズ・ガスパイプライン建設もそうした投資の一環であった。その際、パイプライン用の鋼管が域内で不足していたのに加えて、建設労働者もソ連で不足すると見込まれたことから、ソ連はコメコンの国際投資銀行を通じて鋼管を調達するための資金を西側金融市場で調達するとともに、東欧諸国に対して労働者の派遣を要求した。このうち、特に問題となったのが西側からの融資であった。この融資のおかげでパイプラインは建設されたものの、建設後の債務の返済は遅れた。そのため、国際投資銀行は資金繰りに苦労し、ほかの大規模な共同投資プロジェクトに融資することが不可能になった。結局、共同投資プロジェクトもコメコン経済統合を進めるための推進剤とはなりえなかったのである。

このように、コメコンにおける域内協力が限界を迎えつつあるなか、ソ連国内では次第に将来的なエネルギー不足が懸念されるようになった。一九八一年の収穫が記録的な不作になると、ソ連の経済機関は穀物を輸入するために、東欧諸国に対する原油供給を削減するようソ連指導部に訴えた。いったんはこの方針に同意したブレジネフであったが、東ドイツの「存立の支柱」が危険にさらされるというホーネッカーの強硬な反発を受けて、再び考えを変えた。老衰で判断力を失いつつあるなかでも、彼は東欧圏の安定を維持するためには石油の供給量を可能な限り維持する必要があると考え、そのために最大限の努力をするよう経済機関に命じた。ブレジネフは、死の直前まで、天然資源の供給によって東欧圏の安定を維持するよう主張し続けたのである。このブレジネフの命令を受けて、ソ連の経済機関はハードカレンシーでの決済を条件に、東ドイツに追加で石油を供給することに同意した。

このように、経済をめぐるコメコン域内の政治を軸に戦後のソ連・東欧関係を整理すると、この問題が歴代ソ連指導者の対東欧政策の重要な構成要素であったことを確認できる。スターリンは、ソ連の戦後復興とアメリカに対抗できる軍事力を確保することを最優先課題として東欧諸国を経済的に搾取したが、それでも一九四八年以降はヨーロッパの民衆の支持をつかむための手段として生活水準の重要性を理解し始めていた。フルシチョフは体制間経済競争の論理を全面的に展開したが、東欧諸国からの原料供給要請が増加すると、グローバルな冷戦政策と対東欧資源供給政策を結びつけることでこれに対処しようとした。ブレジネフは、安定した超大国としてのソ連の地位を維持・向上させるために最後まで西シベリアの天然資源に依存し続けた。

一九八〇年代半ばまでにこうした資源依存型の政策が維持できなくなると、ゴルバチョフは国内の経済改革と同時にコメコン改革を試みたが、改革よりも東欧圏の安定を重視するホーネッカーとチャウシェスクの反対を受けて「コメコン統一市場」の創出に向けた動きは一向に進まなかった。そして、コメコン内の協議で貴重な時間が浪費されている間に、一九八九年一一月にベルリンの壁が崩壊し、東欧圏の解体が急速に進んだ。こうしたなか、コメコンや振替ルーブルによる域内決済制度はソ連と東欧諸国の経済関係を支えていたか細い紐帯であったが、一九九〇年一月の第四五回コメコン総会で、ソ連は自らコメコン域内経済関係にとどめを刺した。ソ連代表はこの総会で一九九一年以降は域内の決済をハードカレンシーで行うよう提案し、キューバ以外の加盟国の了解を取り付けたのである(1)。この決定は明らかにコメコン解散に向けた動きを加速させた。一九九〇年一〇月のドイツ統一に伴い東ドイツがコメコンを脱退した後、一九九一年六月にコメコンは解散を決定した。一九四九年一月の設立から数えて、四二年六カ月目のことであった(2)。

ソ連・東欧における社会主義体制の崩壊とともに、ロシアにおける石油資源の使途も変化した。一九八九年にロシア共和国は日量五一一万バレルの原油を消費していたが、二〇〇二年にロシア連邦で消費された原油は日量二五四万バレルにすぎなかった。これに対して、原油輸出量は急速に増加した。戦後ソ連が原油生産量の三割前後を輸出していたのに対して、一九九〇年代以降ロシアではこの割合は上昇を続け、二〇一五年には生産量の実に八割弱が輸出さ

（3）もとよりソ連と今日のロシアを同一視することはできないが、それでも全般的な傾向として今日のロシアではソ連時代の非効率な工場が倒産したために石油の輸出量が増大し、それに伴って資源収入への依存も急速に拡大したことが確認できる。このように、ソ連・東欧における体制転換とともに、ソ連の豊富な天然資源に依存したユーラシアのラストベルトとしてのソ連・東欧圏も崩壊した。そして、それとともに、ソ連の資源をもとに巨大な重化学工業を建設することで経済水準を向上させ、それによって西側資本主義と競争しようとした「対抗文明」圏としての「社会主義共同体」も終焉を迎えたのである。

あとがき

本書は、二〇一八年七月に東京大学に提出した博士論文「ソ連のコメコン政策と冷戦―資源・エネルギー問題を中心に」を公刊用に加筆・修正したものである。本書の一部には、以下の既発表論文が形を変えたうえで用いられている。

「第二次ベルリン危機とフルシチョフ外交―一九五八年一一月二七日付最後通牒手交の動機について」（『クリオ』一九号、二〇〇五年）〔第一章第二節の一部〕

「一九七〇年代におけるソ連の対東欧政策―コメコン内経済関係を中心に」（『ロシア史研究』九五号、二〇一四年）〔第五章および第六章の一部〕

「東西冷戦下の経済関係―ソ連・コメコンと西欧」（浅岡善治、池田嘉郎、宇山智彦、中嶋毅、松井康浩、松戸清裕編『ロシア革命とソ連の世紀　第三巻―冷戦と平和共存』、岩波書店、二〇一七年）〔第一章、第二章、第五章の一部〕

「経済開発の冷戦史―グローバル化する『対抗的近代』とその逆説」（『ロシア史研究』一〇二号、二〇一八年）〔序章および終章の一部〕

研究を進める過程で、日本学術振興会科学研究費補助金（特別研究員奨励費、研究活動スタート支援）の支援を受けた。また、本書の刊行に際しても、平成三〇年度科学研究費補助金（研究成果公開促進費（学術図書））の出版助成を得た。

二〇〇六年に博士課程に進学してから、博士論文を書き、本書をまとめるまでに大変長い年月をかけてしまった。その間、何度も研究に行き詰まり研究の道を諦めかけたが、そのたびに多くの人の励ましに支えられて持ち直すことができた。三人の先生方に対しては、とくに感謝の意を記したい。

石井規衛先生には、二〇一三年に退職されるまで指導教授として指導していただいた。ソ連史を研究するからには絶対に大きな二〇世紀史の文脈にソ連を位置付けられるように励め、と何度も叱咤していただいた。思えば、私の大学院時代は、石井先生のソ連論を吸収し、そのうえで自分なりのソ連像・冷戦像を構築しようと足掻く試行錯誤のプロセスであった。

石井先生の退職後は、池田嘉郎先生が指導を引き受けてくださった。池田先生は文字通り Doktorvater として私の原稿を非常に丁寧に読んでくださると同時に、公私の両面にわたり常に暖かく励ましてくださった。池田先生の助言と励ましがあったからこそ、博士論文を完成させ、本書をまとめ上げることができた。今後も研究に精励することで、この学恩に少しでも報いたい。

塩川伸明先生には、学部二年生のとき以来、ずっとお世話になっている。塩川先生は、学部の違う私を温かく演習に迎え入れてくださり、要領をえない私の研究報告や説明にいつも辛抱強く耳を傾けてくださった。

本書のもとになった博士論文の審査では、池田先生のほかにも、勝田俊輔先生、長井伸二先生、吉澤誠一郎先生、守川知子先生から多くの有益なコメントをいただいた。

東京外国語大学の鈴木義一先生は、経済史のイロハすら知らない私の質問に、いつも丁寧に答えてくださった。研究室の先輩にあたる芦部彰氏には、博士論文の執筆や研究の進め方について、いつも助言をいただいた。

神戸大学に着任後は、西洋史学専修の髙田京比子先生、小山啓子先生、佐藤昇先生に大変お世話になった。専修の全教員が参加する論文指導演習での先生方のコメントからは、多くのことを学んだ。また、国際文化学研究科の青島陽子先生とヤロスラブ・シュラトフ先生は、いつも暖かく私を励ましてくださった。

　編集を担当してくださった東京大学出版会の山本徹氏には、辛抱強く原稿の完成を待っていただいただけでなく、校正についても丁寧に進めていただいた。

　最後に、これまで支えてくれた家族に感謝したい。父・利治、母・好江、妹・茉莉子は、研究に行き詰まりがちな私を温かく見守り、物心両面で支援し続けてくれた。博士論文や本書を完成させることができたのは、家族の励ましと理解があったからである。

二〇一九年一月

藤澤　潤

著者略歴

1982 年　新潟県新潟市生まれ
2004 年　東京大学文学部卒業
2014 年　東京大学大学院人文社会系研究科博士課程単位取得満期退学
早稲田大学ロシア研究所招聘研究員，国際医療福祉大学非常勤講師などを経て
現　在　神戸大学大学院人文学研究科特命講師．博士（文学）

主要著作

"The Soviet Union, the CMEA, and the Nationalization of the Iraq Petroleum Company, 1967-1979," Anne-Kristin Hartmetz, Jan Zofka, Anna Calori and Bence Kocsev eds., *The Other Globalization. Spaces of Interaction between the Socialist Camp and the Global South in the Cold War Economy*, De Gruyter, forthcoming

「ブレジネフ外交の岐路—旧東独史料からみる 1970 年代ソ連外交」（『ロシア史研究』90 号，2012 年）

ソ連のコメコン政策と冷戦
——エネルギー資源問題とグローバル化

2019 年 2 月 22 日　初　版

［検印廃止］

著　者　藤澤《ふじさわ》　潤《じゅん》

発行所　一般財団法人　東京大学出版会
代表者　吉見俊哉
153-0041 東京都目黒区駒場 4-5-29
http://www.utp.or.jp/
電話　03-6407-1069　Fax 03-6407-1991
振替　00160-6-59964

印刷所　株式会社平文社
製本所　誠製本株式会社

ISBN 978-4-13-026163-0　Printed in Japan

索　引

あ　行

アフガニスタン　109, 112
アルジェリア　25, 65, 69-73, 97, 147
アルヒポフ，イヴァン　144, 157, 236
アンドロポフ，ユーリー　53, 84-87, 236
イーデン，アンソニー　27
イノゼムツェフ，ニコライ　68, 217, 218, 228
イラク　6, 97, 153, 167, 172, 184, 185, 190, 191, 193, 194, 248
イラク国営石油会社(INOC)　140-143, 192
イラク石油会社(IPC)　140, 153, 154, 166, 168, 248
イラン　97, 247
イラン革命　105, 133-135, 248
イラン縦断ガスパイプライン(IGAT)　116, 117
インテルネフチ　157
ヴァイス，ゲアハルト　146, 155
ヴォロシーロフ，クリメント　49
ウスチイリムスク　98, 201, 209, 210, 212, 213
ウルブリヒト，ヴァルター　31, 39, 56, 58, 60-62, 65-67, 69-73, 81, 82
エジプト　68, 71, 97, 147
エネルギー危機　9, 165, 199, 201, 222
「黄金時代」　5, 6, 245

か　行

カーダール，ヤーノーシュ　60, 181, 182, 235
カートゥシェフ，コンスタンチン　83
カガノヴィチ，ラザリ　49
カダフィ，ムアンマル　151, 152
技術支援調整常設委員会　150, 162
北アフリカ　74
共産党情報局(コミンフォルム)　34
共同投資　78, 97-100, 199, 202, 218, 221, 247
近東　69
クリョフ，イリヤドール　119, 142, 143, 148
クルスク　98, 201, 219
グローテヴォール，オットー　31, 35, 36, 39, 53
グロムイコ，アンドレイ　115, 141
経済改革　79, 80, 227
経済水準　1, 2, 36, 43, 47, 65, 245
「経済の主要課題」　54
国営イラン石油会社(NIOC)　115, 117, 128, 129
国際石油資本　139, 146, 151
国際投資銀行　101, 162, 200, 216
コスイギン，アレクセイ　57, 58, 80, 100, 101, 131, 132, 155, 156, 158, 159, 192, 207, 208, 214, 220, 227-229
ゴスプラン　68, 69, 87, 89-93, 96-98, 110, 119, 121, 126, 145, 174, 178, 230
国家専門委員会　130, 131

コミンテルン　41
ゴムウカ，ヴワヂスワフ　48, 60, 83
コメコン　40, 42, 47, 76, 91, 113
コメコン改革　90
コメコン経済統合　4, 47, 59, 62, 64, 91, 92, 95, 101, 102, 206, 207, 246, 247
コメコン執行委員会　150, 161, 162, 186
コメコン総会　158
コメコンの「グローバル化」　76
コルトゥノーフ，アレクセイ　105, 126, 127, 248
ゴルバチョフ，ミハイル　239, 240
コンソーシアム　151, 159, 162

さ　行

ザイツェフ，グリゴーリー　115-118
在独ソ連軍政部　28, 34, 36
社会主義陣営　51
「自由裁量の余地」　12
ジューコフ，ゲオルギー　28, 49
シューラー，ゲアハルト　68, 155, 220
シュトフ，ヴィリー　155, 156, 220, 229
食糧難　32, 33
シリア　147
ジンダーマン，ホルスト　192, 193
スースロフ，ミハイル　236
スカチコフ，セミョン　107, 108, 111, 115, 128, 134, 161
スターリン，ヨシフ　2, 25, 27-29, 32, 35, 38-42, 74, 75, 245, 246
スターリン批判　48
ストーン，デイヴィッド　78, 200
ストーン，ランダル　12, 78
スミルノフ，アンドレイ　33
スランスキー，ルドルフ　40
生活水準　25, 39, 45, 67, 69
石油ガス工業常設委員会　149, 150, 162
石油ビューロー　160, 161, 164, 166-168, 185, 186, 188
セミョーノフ，ウラジーミル　31, 34
ゼレ，ホルスト　180, 182
「総合計画」　78, 96, 99-101, 199, 202, 247
ソコロフスキー，ヴァシリー　31, 34
ソユーズ・ガスパイプライン　78, 199-201, 214-216, 250
ソ連科学アカデミー付属世界社会主義体制経済研究所（IEMSS）　189, 238, 240
ソ連閣僚会議付属国家対外経済関係委員会（GKES）　107, 108, 111, 116-118, 144, 248
ソ連共産党第二〇回大会　43, 47, 48
ソ連所有株式会社（SAG）　29
ソ連占領地域（SBZ）　26

た　行

第一次石油危機　4, 6, 10, 171, 176, 184, 249
対外債務　194
対外貿易常設委員会　150, 163, 164
第三世界　74
体制間経済競争　3, 25, 36, 40, 43, 67, 74, 75, 246
第二イラン縦断ガスパイプライン（IGAT2）　105, 124, 126-130, 132-135, 248
第二次石油危機　135, 230
第二次ベルリン危機　56
第二三回コメコン総会　94
第二五回コメコン総会　99, 100, 102
第四次中東戦争　171
ダシチェフ，ヴャチェスラフ　238, 239
チーホノフ，ニコライ　211, 236, 237

チェコスロヴァキア　50
チェコスロヴァキア侵攻　93
チャウシェスク，ニコラエ　81, 82, 96
チャゾフ，エフゲニー　236
中央委員会総会　50, 205
中国　111, 112
中東　74
チュメニ州　126, 127
チュルパーノフ，セルゲイ　32, 34
長期目的別協力計画　218
ツカーノフ，ゲオルギー　224
デタント　4
デモンタージュ　27, 28, 32
ドイツの経済的非武装化　29
ドゥプチェク，アレクサンデル　80
ドルージバ・石油パイプライン　8, 121, 145, 154
ドルギフ，ウラジーミル　173, 174
トルコ石油会社　139

な　行

ナセル，ガマル・アブドゥル　71
西シベリア　7, 89, 175, 177, 224, 226, 249
西ベルリン　52
ノヴォチェルカスク　58

は　行

バアス党　143
バイバコフ，ニコライ　90, 105, 118, 120, 122-127, 129, 131, 141, 174, 175, 178, 180, 215, 220, 223-226, 228-231, 236, 237, 248
パトリチェフ，ニコライ　164, 180-183, 185, 188
ハンガリー　93
ハンガリー事件　48, 51
「反党グループ事件」　48
ピーク，ヴィルヘルム　31, 38
東ドイツ　44, 45, 48, 50, 51, 66, 167, 168
フサーク，グスターフ　235
フセイン，サダム　153, 154, 192, 193
部門別共同計画　78, 247
ブリティッシュ・ペトロリアム(BP)　155
フルシチョフ，ニキータ　3, 25, 36, 43, 44-46, 48, 53, 57, 60-64, 69-72, 75, 246
ブレジネフ，レオニード　3, 82, 94, 95, 111, 173-178, 195, 201-206, 225, 226, 229, 230, 232-236, 249, 250
ブレスト＝リトフスク条約　235
平和競争　54
ベルリンの壁　52, 56
ベルリン封鎖　36, 38, 75, 245
ベンベラ，ムハンマド・アフマド　70
ホヴェイダー，アミール・アッバース　120, 123
ホーネッカー，エーリッヒ　183, 230, 232-235
ポーランド　83, 90, 93, 149, 160, 162, 163, 220, 233, 247
北部ルメイラ　143, 144
補助金　11, 12

ま　行

マーシャル，ジョージ　2
マーシャル・プラン　34, 42, 75
マーシャル演説　2, 245
マイスキー，イヴァン　27
マレンコフ，ゲオルギー　28, 49
ミコヤン，アナスタス　50, 71
ミハイル，ミスニク　160
モロトフ，ヴャチェスラフ　27, 30, 33, 49

や 行

ヤゲルスキ，ミエチスワフ　162, 165
ヤロシェヴィチ，ピョートル　88, 149, 159
ヨーロッパ経済共同体(EEC)　59, 62, 64

ら 行

ラストベルト　8
リビア　151, 152
ルイシコフ，ニコライ　240
累積債務　10, 202, 222, 223, 249
ルーマニア　8, 61, 64, 76, 81-83, 96, 122, 149, 161, 211, 212, 241, 246
ルサコフ，コンスタンチン　234-237
冷戦　1, 2, 42, 43, 47, 74
レザー・シャー・パフラヴィー，モハンマド　114, 119, 123-125, 128, 130, 132, 187
レセチコ，ミハイル　68, 73, 80, 81, 88, 94, 121, 122, 163, 165, 186-188
ロイシュナー，ブルーノ　58

わ行・他

ワルシャワ条約機構　12
OPEC　152, 153, 166, 171

注

序　章

(1)　佐々木卓也『冷戦――アメリカの民主主義的生活様式を守る戦い』有斐閣，2011 年，4-5 頁；松戸清裕「冷戦と平和共存・平和競争」松戸清裕，浅岡善治，池田嘉郎，宇山智彦，中嶋毅，松井康浩編『ロシア革命とソ連の世紀――第 3 巻 冷戦と平和共存』岩波書店，2017 年，1-34 頁．Melvyn Leffler, *For the Soul of Mankind. The United States, the Soviet Union, and the Cold War*（New York: Hill and Wang, 2007）, pp. 8-9; Id., *Safeguarding Democratic Capitalism. U.S. Foreign Policy and National Security, 1920-2015*（Princeton: Princeton University Press, 2017）, p. 20. 冷戦の「総力戦」的傾向に注目した研究として，Bernd Stöver, *Der Kalte Krieg 1947-1991. Geschichte eines radikalen Zeitalters*（Bonn: Bundeszentrale für Politische Bildung, 2007）, S. 21-22.

(2)　ロシア経済史家マーク・ハリソンが指摘するように，第二次世界大戦におけるソ連の被害は「敗北した勝者」と呼んでよいほど甚大なものであった．Mark Harrison ed., *The Economics of World War II. Six Great Powers in International Comparison*（Cambridge: Cambridge University Press, 1998）, Chap. 7.

(3)　戦後のスターリンの経済政策については，アレク・ノーヴ著，石井規衛，奥田央，村上範明訳『ソ連経済史』岩波書店，1982 年，第 11 章.

(4)　William Hitchcock, "The Marshall Plan and the Creation of the West," in Melvyn Leffler and Odd Arne Westad eds., *The Cambridge History of the Cold War*, vol. 1,（Cambridge: Cambridge University Press, 2010）, pp. 154-157.

(5)　Stöver（2007）, a. a. O., S. 305-314; ハルトムート・ケルブレ著，永岑三千輝監訳『冷戦と福祉国家――ヨーロッパ 1945-89 年』日本経済評論社，2014 年，106-108 頁．アメリカに注目した研究として，Leffler（2017）, op. cit., pp. 221-242.

(6)　Rüdiger Graf, *Öl und Souveränität. Petroknowledge und Enerigepolitik in den USA und Westeuropa in den 1970er Jahren*（Berlin: De Gruyter Oldenbourg, 2014）, S. 3-4; Eric Hobsbawm, *Age of Extremes. The Short Twentieth Century 1914-1991*（London: Michael Joseph, 1994）, p. 8.

(7)　池田嘉郎「20 世紀のヨーロッパ――ソ連史から照らし出す」近藤和彦編『ヨーロッパ史講義』山川出版社，2015 年，237-238 頁；遠藤乾「ヨーロッパ統合の歴史――視座と構成」遠藤乾編『ヨーロッパ統合史』名古屋大学出版会，2008 年，

7 頁.

（8） ケルブレ（2014），前掲，60–65 頁.

（9） John Hassan and Alan Duncan, “The Role of Energy Supplies during Western Europe’s Golden Age, 1950–1972,” *Journal of European Economic History* 18, 3（1989）pp. 479–508.

（10） Graf（2014）, a. a. O., S. 3–4.

（11） Ebenda, S. 396–397. 日本の動向については，白鳥潤一郎『「経済大国」日本の外交——エネルギー資源外交の形成 1967–1974 年』千倉書房，2015 年.

（12） 樋口豊「デタントのなかの EC　1969–79 年——ハーグから新冷戦へ」遠藤乾編『ヨーロッパ統合史』名古屋大学出版会，2008 年，208–210 頁.

（13） 各油田地帯の原油生産量については，*М. Славкина*. Нефтегазовый фактор отечественной модернизации. 1939–2008. Москва. 2015. С. 164, 268, 284.

（14） Thane Gustafson, *Crisis amid Plenty. The Politics of Soviet Energy under Brezhnev and Gorbachev*（Princeton: Princeton University Press, 1989）, p. 58.

（15） Ibid., pp. 39–40.

（16） Clifford Gaddy and Barry Ickes, “Resource Rents and the Russian Economy,” *Eurasian Geography and Economics* 46, 8（2005）, p. 569.

（17） ロバート・イーベル著，奥田英雄訳『ソビエト圏の石油と天然ガス——その将来の輸出能力を予測する』石油評論社，1971 年，37 頁；Margaret Chadwick, David Long, and Machiko Nissanke, *Soviet Oil Exports. Trade Adjustments, Refining Constraints and Market Behaviour*（Oxford: Oxford University Press, 1987）, p. 32; *Славкина*. Нефтегазовый фактор. С. 291 より計算.

（18） Daniel Chirot, “What Happened in Eastern Europe in 1989,” *Praxis International* 10, 3/4（1990）, pp. 279–281.

（19） イーベル（1971），前掲，29–31 頁.

（20） なお，原油生産量に占める原油・石油製品の輸出量の割合は，1960 年代半ばに増加し，その後は一貫して 3 割前後で推移した．同書，37 頁，Chadwick et al.（1987）, op. cit., p. 32; *Славкина*. Нефтегазовый фактор. С. 291 より計算.

（21） Chadwick et al.（1987）, op. cit., p. 36.

（22） Jochen Bethkenhagen, *Die Energiewirtschaft in den kleineren Mitgliedstaaten des Rates für Gegenseitige Wirtschaftshilfe. Entwicklungstendenzen in den achtziger Jahren*（Berlin: Duncker und Humbolt, 1990）, S. 243.

（23） Rainer Karlsch, „Energie- und Rohstoffpolitik,“ in Dierk Hoffmann hg., *Die Zentrale Wirtschaftsverwaltung in der SBZ/DDR. Akteure, Strukturen, Verwaltungspraxis*（Berlin: De Gruyter Oldenbourg, 2016）, S. 343.

（24） Ebenda, S. 346.

(25)　トニー・ジャット著，浅沼澄訳『ヨーロッパ戦後史――下 1971-2005 年』みすず書房，2008 年，9-11 頁.

(26)　André Steiner, „Abschied von der Industrie? Wirtschaftlicher Strukturwandel in West- und Ostdeutschland seit den 1960er Jahren,“ in Werner Plumpe und André Steinerhg., *Der Mythos von der postindustriellen Welt. Wirtschaftlicher Strukturwandelin in Deutsch-land 1960–1990* (Göttingen: Wallsteir, 2016), S. 26–28.

(27)　Karlsch (2016), a. a. O., S. 344–346.

(28)　Sándor Ausch, *Theory and Practice of CMEA Cooperation*, trans. by J. Rácz (Budapest: Akadémiai Kiadó, 1972), p. 116; Franklyn Holzman, “Soviet Foreign Trade Pricing and the Question of Discrimination,” *Review of Economics and Statistics* 44, 2 (1962), pp. 134–147; Horst Mendershausen, “Terms of Trade between the Soviet Union and Smaller Communist Countries, 1955–1957,” *Review of Economics and Statistics* 41, 2 (1959), pp. 106–118; 野々村一雄『コメコン体制――社会主義的国際経済協力の研究』岩波書店，1975 年，85–93 頁.

(29)　Michael Marrese and Jan Vanous, *Soviet Subsidization of Trade with Eastern Europe. A Soviet Perspective* (Berkley: University of California Press, 1983).

(30)　このマレーズらの見解をめぐる議論については Josef Brada, “Soviet Subsidization of Eastern Europe: The Primacy of Economics over Politics?,” *Journal of Comparative Economics* 9, 1 (1985), pp. 80–92.

(31)　Mark Thomas, “Revisiting Soviet Oil Subsidies to East Europe. System Maintenance in the Soviet Hegemony, 1970–1984,” Ph.D. Dissertation, University of Notre Dame, 2001, p. 3.

(32)　Dina Spechler and Martin Spechler, “A Reassessment of the Burden of Eastern Europe on the USSR,” *Europe-Asia Studies* 61, 9 (2009), pp. 1645–1657.

(33)　Elena Dragomir, *Cold War Perceptions. Romania’s Policy Change towards the Soviet Union, 1960–1964* (Newcastle upon Tyne: Cambridge Scholars Publishing, 2015); Hope Harrison, “Ulbricht and the Concrete ‘Rose’. New Archival Evidence on the Dynamics of Soviet-East German Relations and the Berlin Crisis, 1958–1961,” *Cold War International History Project Working Paper* 5 (1993); Id., *Driving the Soviets up the Wall. Soviet-East German Relations, 1953–1961* (Princeton: Princeton University Press, 2003); Michael Lemke, *Die Berlinkrise 1958 bis 1963. Interessen und Handlungsspielräume der SED im Ost-West-Konflikt* (Berlin: Akademie Verlag, 1995); Ders., *Einheit oder Sozialismus? Die Deutschlandpolitik der SED 1949–1961* (Köln: Böhlau Verlag, 2001).

(34)　Laurien Crump, *The Warsaw Pact Reconsidered. International Relations in Eastern Europe, 1955–69* (London: Routledge, 2015), p. 8.

(35) Randall Stone, *Satellites and Commissars. Strategy and Conflict in the Politics of Soviet-Block Trade* (Princeton and Oxford: Princeton University Press, 1995), pp. 36–39.

(36) Heinrich Machowski, „Der Rat für Gegenseitige Wirtschaftshilfe," in Werner Weidenfeld und Wolfgang Wessels hg., *Jahrbuch der Europäischen Integration 1988/1989* (Bonn: Nomos Verlag, 1989), S. 398.

(37) Harriet Matejka, "More Joint Enterprises with the CMEA," in John Hardt and Carl McMillan eds., *Planned Economies Confronting the Challenges of the 1980s* (Cambridge: Cambridge University Press, 1988), pp. 171–185.

(38) Lee Metcalf, *The Council of Mutual Economic Assistance. The Failure of Reform* (Boulder: East European Monographs, 1997), pp. 8–9, 34–37.

(39) Ralf Ahrens, *Gegenseitige Wirtschaftshilfe? Die DDR im RGW. Strukturen und handelspolitische Strategien 1963–1976* (Köln: Böhlau, 2000).

(40) Edward Hewett, *Energy, Economics, and Foreign Policy in the Soviet Union* (Washington, D.C.: Brookings Institution, 1984), p. 1.

(41) Gaddy and Ickes (2005), op. cit., p. 559.

(42) Ibid., pp. 568–569.

(43) ソ連の石油・天然ガス開発や資源貿易に関する研究は多いが，そのほとんどは統計的な分析を中心にしたものであり，具体的な政策形成過程に踏み込んだ研究は少ない．Marshall Goldman, *The Enigma of Soviet Petroleum. Half-Full or Half-Empty?* (London: Allen & Unwin, 1980); Gustafson (1989), op. cit.; Robert Jensen, Theodore Shabad, and Arthur Wright eds., *Soviet Natural Resources in the World Economy* (Chicago: University of Chicago Press, 1983); Jeremy Russel, *Energy as a Factor in Soviet Foreign Policy* (Lexington, Mass.: Lexington Books, 1976).

(44) *А. Иголкин.* Нефтяная политика СССР в 1928–1940-м годах. Москва. 2005; *А. Иголкин.* Советская нефтяная политика в 1940-м–1950-м годах. Москва. 2009; *А. Соколов.* Советское нефтяное хозяйство 1921–1945 гг. Москва. 2013.

(45) *М. Славкина.* «Влияние нефтегазового комплекса на социально-экономическое развитие СССР в 1945–1991 гг.». Кандидатская диссертация. Москва. 2006. С. 148–162.

(46) *В. Карпов.* «Создание и развитие Западно-Сибирского нефтегазового комплекса (1948–1990 гг.)». Докторская диссертация. Тюмень. 2006; *Г. Колева.* «Создание Западно-Сибирского нефтегазового комплекса в практике хозяйственного освоения Западной Сибири (1964–1989 гг.)». Докторская диссертация. Томск. 2007; *С. Лукьяненков.* «Создание территориально-производственных комплексов Сибири в контексте государственной политики

размещения производительных сил в восточных районах РСФСР в 60–80-е гг. XX века». Докторская диссертация. Армавир. 2007.

(47) Per Högselius, *Red Gas. Russia and the Origins of European Energy Dependence* (New York: Palgrave Macmillan, 2013), pp. 2–8.

(48) Jeronim Perović ed., *Cold War Energy. A Transnational History of Soviet Oil and Gas* (Cham: Palgrave Macmillan, 2017).

(49) Viacheslav Nekrasov, "Decision-Making in the Soviet Energy Sector in Post-Stalinist Times. The Failure of Khrushchev's Economic Modernization Strategy," in Perović ed. (2017), op. cit., pp. 165–199.

(50) Lorenz Lüthi, "Drifting Apart. Soviet Energy and the Cohesion of the Communist Bloc in the 1970s and 1980s," in Perović ed. (2017), op. cit., pp. 371–399.

(51) Suvi Kansikas, "Calculating the Burden of Empire. Soviet Oil, East-West Trade, and the End of the Socialist Bloc," in Perović, et. (2017), op. cit., pp. 345–369.

(52) Mike Bowker, "Brezhnev and Superpower Relations," in Edwin Bacon and Mark Sandle eds., *Brezhnev Reconsidered* (Basingstoke: Palgrave Macmillan, 2002), pp. 90–109; Raymond Garthoff, *Détente and Confrontation. American-Soviet Relations from Nixon to Reagan* (Washington, D.C.: Brookings Institution, 1985), pp. 36–68; Harry Gelman, *The Brezhnev Politburo and the Decline of Détente* (Ithaca and London: Cornell University Press, 1984), pp. 159–161; Jonathan Haslam, *Russia's Cold War. From the October Revolution to the Fall of the Wall* (New Haven and London: Yale University Press, 2011); Vladislav Zubok, *A Failed Empire. The Soviet Union in the Cold War from Stalin to Gorbachev* (Chapel Hill: The University of North Carolina Press, 2007); Vladislav Zubok, "Soviet Foreign Policy from Détente to Gorbachev, 1975–1985," in Leffler and Westad eds. (2010), op. cit., vol. 3, pp. 89–111. 米ソ両超大国の第三世界への介入を実証的に描くことで，冷戦のグローバルな広がりを析出したウェスタッドの研究は特に重要であろう．オッド・A・ウェスタッド著，佐々木雄太監訳『グローバル冷戦史――第三世界への介入と現代世界の形成』名古屋大学出版会，2010 年．

(53) 冷戦と経済との関係については，Ian Jackson, "Economics and the Cold War," in Richard Immerman and Petra Goedde eds., *The Oxford Handbook of the Cold War* (Oxford: Oxford University Press, 2013), pp. 50–66.

(54) Oscar Sanchez-Sibony, *Red Globalization. The Political Economy of the Soviet Cold War from Stalin to Khrushchev* (Cambridge: Cambridge University Press, 2014), pp. 5–7, 127–135, 141–142, 174.

(55) *Б. Шпотов*. Американский бизнес и Советский Союз в 1920–1930-е годы. Лабиринты экономического сотрудничества. Москва. 2013. С. 310–316.

(56) 石井規衛『文明としてのソ連——初期現代の終焉』山川出版社，1995 年，31 頁.

(57) Sanchez-Sibony (2014), op. cit., p. 174.

(58) Elizabeth Valkenier, *The Soviet Union and the Third World. An Economic Bind* (New York: Praeger, 1985). ここでは特に，pp. ix-x, 101-103, 138-139.

(59) 詳しくは，藤澤潤「経済開発の冷戦史——グローバル化する「対抗的近代」とその逆説」『ロシア史研究』102 号，2018 年，3-23 頁；ウェスタッド (2010)，前掲；David Engerman, "The Romance of Economic Development and New Histories of the Cold War," *Diplomatic History* 28, 1 (2004), pp. 23-54; Id., "The Second World' s Third World," *Kritika: Explorations in Russian and Eurasian History* 12, 1 (2011), pp. 183-211; Id., "Development Politics and the Cold War," *Diplomatic History* 41, 1 (2017), pp. 1-19; Id., *The Price of Aid. The Economic Cold War in India* (Cambridge, Mass.: Harvard University Press, 2018); Artemy Kalinovsky and Antonio Giustozzi, *Missionaries of Modernity. Advisory Missions and the Struggle for Hegemony in Afghanistan and Beyond* (London: Hurst & Company, 2016); Guy Laron, *Origins of the Suez Crisis. Postwar Development Diplomacy and the Struggle over Third World Industrialization, 1945-1956* (Washington, D.C.: Woodrow Wilson Center Press, 2013); Paul Robinson and Jay Dixon, *Aiding Afghanistan. A History of Soviet Assistance to a Developing Country* (London: Hurst & Company, 2013).

(60) Ibid., pp. 62-92.

(61) ロレンツィニは主にドイツ語史料をもとにこの問題を検討しているが，本格的な分析は行っていない．Sara Lorenzini, "The Socialist Camp and the Challenge of Economic Modernization in the Third World," in Silvio Pons et al. eds., *The Cambridge History of Communism*, vol (Cambridge: Cambridge University Press, 2017), pp. 341-363.

(62) イーベル (1971)，前掲，147-153 頁；Sonia Bahri, "Economic Relations with OPEC Countries. Not Only Oil," in Marie Lavigne ed., *East-South Relations in the World Economy* (Boulder and London: Westview Press, 1988), pp. 145-169; John Hannigan and Carl McMillan, "CMEA Trade and Cooperation with the Third World in the Energy Sector," in Economic Directorate ed., *CMEA. Energy 1980-1990. Colloquium 8-10 April 1981. Brussels* (Newtonville, Mass.: Oriental Research Partners, 1981), pp. 215-237; Oles Smolansky with Bettie Smolansky, *The USSR and Iraq. The Soviet Quest for Influence* (Durham: Duke University Press, 1991); Aryeh Yodfat, *The Soviet Union and Revolutionary Iran* (New York: St. Martin's Press, 1984), p. 38. 東ドイツ外交史研究の視点からは，ジープスが，途上国市場における販売競争力拡大，および同地域における原燃料確保のために，東ドイツがコメコン諸国間協力に関心を持ってい

たと指摘している．この指摘はその通りであるが，1960 年代から 1980 年代にかけて，石油危機などのグローバルな事件を経るなかで，ソ連・東ドイツの方針がどう変化していったかについても検証すべきであろう．Benno-Eide Siebs, *Die Außenpolitik der DDR, 1976–1989. Strategien und Grenzen*（Paderborn: Ferdinand Schpningh, 1999), S. 299–300.

ディエルク・ホフマンは，ソ連・東ドイツ間の交渉に関する論文集の序文で，1960 年代半ばにはフルシチョフはアルジェリアからの石油輸入を東ドイツ指導部に勧めていたが，東ドイツ・アルジェリア間の交渉は失敗に終わったと指摘する．これはその通りであるが，エネルギー資源をめぐるソ連・東欧諸国間および東欧・中近東諸国間の交渉は，ブレジネフ期に本格化し，1973 年の石油危機前後に大きな転換を迎えることになった．したがって，ホフマンが分析の対象としていない 1960 年代後半以降この問題がどのように展開していったのか，解明する必要がある．Dierk Hoffman und Andreas Malycha hg., *Erdöl, Mais und Devisen. Die ostdeutsch-sowjetischen Wirtschaftsbeziehungen 1951–1967. Eine Dokumentation*（Berlin: De Gruyter Oldenbourg, 2016), S. 9–10. 同様の指摘として，Karlsch（2016), a. a. O., S. 319. なお，このカールシュの研究は，膨大な東ドイツ側史料をもとに東ドイツのエネルギー政策を総合的に分析しており，この問題に関する最重要文献の一つである．

（63） Roham Alvandi and Eliza Gheorghe, “The Shah’s Petro-Diplomacy with Ceausescu. Iran and Romania in the Era of Détente,” CWIHP *Working Paper* 74（2014), pp. 1–11.

（64） Российский Государственный Архив Новейшей Истории（РГАНИ).

（65） Российский Государственный Архив Экономики（РГАЭ).

（66） Государственный Архив Российской Федерации（ГАРФ).

（67） Stiftung Archiv der Parteien und Massenorganisationen der DDR im Bundesarchiv（SAPMO-BArch).

（68） Bundesarchiv Berlin（BArch-B).

（69） Das Politische Archiv des Auswärtigen Amtes（PAAA).

第1章

（1） ここでは，ソ連の対独占領政策に関する研究史については省略する．代表的な研究として，以下を参照．Jochen Laufer, „Konfrontation oder Kooperation? Zur sowjetischen Politik in Deutschland und im Alliierten Kontrollrat 1945–1948,“ in Alexander Fischer hg., *Studien zur Geschichte der SBZ/DDR*（Berlin: Duncker & Humbolt, 1993), S. 57–80; Ders., „Die sowjetische Reparationspolitik 1946 und das Problem der alliierten Kooperationsföhigkeit,“ in Gerhard Schmidt hg., *Ost-West-*

Beziehungen. Konfrontation und Détente 1945–1989 (Bochum: Universitatsverlag Dr. N. Brockmeyer, 1995), S. 53–75; Ders., „Die Verfassungsgebung in der SBZ 1946–1949,“ *Aus Politik und Zeitgeschichte* 32–33/98 (1998), S. 36–41; Ders., „Der Friedensvertrag mit Deutschland als Problem der sowjetischen Außenpolitik. Die Stalin-Note vom 10. März 1952 im Lichte neuer Quellen,“ *Vierteljahrshefte für Zeitgeschichte* 52, 1 (2004), S. 107–117; Wilfried Loth, *Stalins ungeliebtes Kind. Warum Moskau die DDR nicht wollte* (Berlin: Wowohlt, 1994); Gerhard Wettig, „Neue Aufschlüsse über Moskauer Planungen für die politisch-gesellschaftliche Ordnung in Deutschland nach dem Zweite Weltkrieg,“ *Jahrbuch für Historische Kommunismus Forschung* 3 (1995), S. 151–172; Ders., „Stalin. Patriot und Demokrat für Deutschland?“ *Deutschland Archiv* 28 (1995), S. 743–748; Ders., *Bereitschaft zu Einheit in Freiheit? Die sowjetische Deutschland-Politik 1945–1955* (München: Olzog, 1999).

(2) Loth (1994), a. a. O., S. 78, 82.

(3) Gerhard Keiderling, *>Rosinenbomber< über Berlin. Währungsreform, Blockade, Luftbrücke, Teilung* (Berlin: Dietz, 1998), S. 267–274; Volker Koop, *Kein Kampf um Berlin? Deutsche Politik zur Zeit der Berlin-Blockade 1948/1949* (Bonn: Bouvier, 1998), S. 157–183; William Stivers, “The Incomplete Blockade. Soviet Zone Supply of West Berlin, 1948–49”, *Diplomatic History* 21, 4 (1997), pp. 570–579.

(4) Monika Kaiser, „Wechsel von sowjetischer Besatzungspolitik zur sowjetischer Kontrolle? Sowjetische Einflußnahme und ostdeutsche Handlungsspielräume im Übergangsjahr von der SBZ zur DDR,“ in Michael Lemke hg., *Sowjetisierung und Eigenständigkeit in der SBZ/DDR (1945–1953)* (Köln: Böhlau, 1999), S. 197–198.

(5) この問題に関しては，大量の研究がある．詳しくは以下のものを参照．Jörg Fisch, *Reparationen nach dem Zweiten Weltkrieg* (München: C.H.Beck, 1992); Rainer Karlsch, *Allein bezahlt? Die Reparationsleistungen der SBZ/DDR 1945–1953* (Berlin: Ch.Links, 1993); Laufer (1993), a. a. O., S. 57–80; Ders. (1995), a. a. O., S. 53–75; Ders., „Von den Demontagen zur Währungsreform- Besatzungspolitik und Sowjetisierung Ostdeutschlands, 1945–1948,“ in Lemke hg. (1999), a. a. O., S. 163–186; Rainer Karlsch und Jochen Laufer., *Sowjetische Demontagen in Deutschland 1944–1949* (Berlin: Duncker und Humblot, 2002).

(6) *Г. Кынин и Й. Лауфер* сост. СССР и германский вопрос. Т. 1. Москва. 1996. С. 128.

(7) Jochen Laufer, „Politik und Bilanz der sowjetischen Demontagen in der SBZ/DDR 1945–1950,“ in Karlsch und Laufer hg. (2002), a. a. O., S. 36–38.

(8) デモンタージュをめぐるソ連機構内部の無統制，相互対立については，Laufer (2002), a. a. O., S. 45–62; Norman Naimark, *The Russians in Germany. A*

History of the Soviet Zone of Occupation, 1945-1949（Cambridge, Mass.: Harvard University Press, 1997）, pp. 178-186.

(9)　*К. Коваль*. Последний свидетель. «Германская Карта» в холодной войне. Москва. 1997. С. 92.

(10)　Naimark（1997）, op. cit., p. 180.

(11)　Karlsch（1993）, a. a. O., S. 61-63.

(12)　Andrzej Werblan, "The Conversation between Władysław Gomułka and Josef Stalin on 14 November 1945," *Cold War International History Project Bulletin* 11（1998）, p. 137.

(13)　Laufer（2002）, a. a. O., S. 55.

(14)　Naimark（1997）, op. cit., p. 190.

(15)　Laufer（2002）, a. a. O., S. 51.

(16)　*Министерство иностранных дел* ред. Советский союз на международных конференциях периода великой отечественной войны 1941-1945 гг. Т. IV. Крымская конференция руководителей трех союзных держав--СССР, США и Великобритании（4-11 февраля 1945 г.）. Москва. 1984. С. 76.

(17)　Gunther Mai, *Der Alliierte Kontrollrat in Deutschland 1945-1948. Alliierte Einheit-Deutsche Teilung?*（München: R.Oldenbourg, 1995）, S. 316.

(18)　Laufer（1993）, a. a. O., S. 66-77.

(19)　СССР и германский вопрос. Т. 3. С. 713. прим. 94.

(20)　*В. Молотов*. Вопросы внешней политики. Речи и заявления. Апрель 1945 г.-июнь 1948 г. Москва. С. 64.

(21)　この時期のソ連占領地域の経済状況に関しては，以下のものを参照. Naimark（1997）, op. cit., pp. 193-204; Werner Matschke, *Die industrielle Entwicklung in der Sowjetischen Besatzungszone Deutschlands（SBZ）von 1945 bis 1948*（Berlin-Ost: Berlin Verlag A.Spitz, 1988）; Wolfgang Zank, *Wirtschaft und Arbeit in Ostdeutschland, 1945-1949. Probleme des Wiederaufbaus in der Sowjetischen Besatzungszone Deutschlands*（München: R.Oldenbourg, 1987）.

(22)　Harald Winkel, *Die Wirtschaft im geteilten Deutschland, 1945-1970*（Wiesbaden: Franz Steiner, 1974）, S. 36.

(23)　Zank（1987）, a. a. O., S. 23, 192-194.

(24)　СССР и германский вопрос. Т. 3. С. 48.

(25)　Ministerium für Auswärtige Angelegenheiten der DDR hg., *Um ein antifaschistisch-demokratisches Deutschland. Dokumente aus den Jahren 1945-1949*（Berlin-Ost: Staatsverlag der Deutschen Demokratischen republik, 1968）, S. 371.

(26)　СССР и германский вопрос. Т. 3. С. 241.

(27) Там же. С. 261.

(28) Naimark (1997), op. cit., p. 197.

(29) СССР и германский вопрос. Т. 3. С. 314-316. 同様の報告としては，Там же. С. 394.

(30) Там же. С. 741-742. прим. 214.

(31) Там же. С. 398-399.

(32) Там же. С. 450-451.

(33) Там же. С. 450. прим. *.

(34) *Um ein antifaschistisch-demokratisches Deutschland*, S. 504-511.

(35) СССР и германский вопрос. Т. 3. С. 444-445.

(36) Naimark (1997), op. cit., p. 196.

(37) Ibid., p. 196.

(38) СССР и германский вопрос. Т. 3. С. 627-628.

(39) Там же. С. 627-628.

(40) Там же. С. 630.

(41) Ralf Ahrens, „Außenwirtschaftspolitik zwischen Ostintegration und Westverschuldung,“ in Dierk Hoffman hg., *Wirtschaftspolitik in Deutschland 1971-1991. Bd. 3. Die zentrale Wirtschaftsverwaltung in der SBZ/DDR. Akteure, Strukturen, Verwaltungspraxis* (Berlin: De Gruyter Oldenbourg, 2016), S. 525-526.

(42) *Tägliche Rundschau*, 20. Juli, 1948.

(43) Ebenda, 22. Juli, 1948.

(44) Koop (1998), a. a. O., S. 157-183; Stivers (1997), op. cit.

(45) Koop (1998), a. a. O., S. 183.

(46) ««Нужно идти к социализму не прямо, а зигзагами». Запись беседы И.В. Сталина с руководителями СЭПГ. Декабрь 1948 г.» Исторический архив. 2002. № 5. С. 9-10.

(47) Там же. С. 11-12.

(48) Там же. С. 13.

(49) Там же. С. 22-23.

(50) Ahrens (2016), a. a. O., S. 525-526.

(51) Bernd Bonwetsch, „Stalin und die Vorbereitung des 3. Parteitages der SED. Ein Treffen mit der SED-Führung am 4. Mai 1950,“ *Vierteljahrshefte für Zeitgeschichte* 51, 4 (2003), S. 584-586, 591-592.

(52) Ebenda, S. 592-593.

(53) Ebenda, S. 597-598.

(54) Kaiser (1999), a. a. O., S. 198-199.

（55） Karel Kaplan, "The Council for Mutual Economic Aid（1949-1951）（Excerpts of Documents with Commentary.）," *Research Project "The Experience of the Prague Spring 1968" Working Study* 4（1979）pp. 5-7.

（56） Правда, 25. 1. 1949.

（57） Metcalf（1997）, op. cit., pp. 34-36.

（58） スターリンの対東欧経済政策については，吉岡潤「ソ連による東欧「解放」と「人民民主主義」」松戸清裕，浅岡善治，池田嘉郎，宇山智彦，中嶋毅，松井康浩編『ロシア革命とソ連の世紀　第2巻　スターリニズムという文明』岩波書店，2017年，289-314頁．László Borhi, *Hugary in the Cold War 1945-1956. Between the United States and the Soviet Union*（Budapest: Central European University Press, 2004）, pp. 139-196; Walter Iber und Peter Ruggenthaler hg., *Stalins Wirtschaftspolitịk an der sowjetischen Peripherie. Ein Überblick auf der Basis sowjetischer und osteuropäischer Quellen*（Innsbruck: Studien Verlag, 2011）.

（59） 第三世界における経済開発と冷戦との関係については，藤澤（2018），前掲，3-23頁．

（60） XX съезд коммунистической партии советского союза. Стенографический отчет. Т.1. 1956. Москва. С. 35-36.

（61） 松戸清裕「ソ連共産党第20回大会再考　1956年7月16日付中央委員会非公開書簡に注目して」池田嘉郎，草野佳矢子編『国制史は躍動する――ヨーロッパとロシアの対話』刀水書房，2015年，312-314頁．

（62） 松戸清裕『ソ連史』ちくま新書，2011年，123頁．

（63） ロシア語で валютные товары. ここでは，ソ連から東ドイツに供給された天然資源を指す．

（64） *Н. Хрущев*. Воспоминания. Время, люди, власть. Т. 2. Москва. 1999. С. 199.

（65） Leffler（2007）, op. cit., pp. 8-9: ウェスタッド（2010），前掲，73-77，399-401頁．

（66） Никита Сергеевич Хрущев. Два цвета времени. Документы из личного фонда Н. С. Хрущева в 2-х томах. Т. 2. Москва. 2009. С. 720.

（67） Там же. С. 721-722.

（68） XX съезд коммунистической партии советского союза. Стенографический отчет. Т. 1. С. 12-13.

（69） Csaba Békés, "East Central Europe, 1953-1956," Leffler ans Westad eds.（2010）, op. cit., vol 1, pp. 334-352; William Taubman, *Khrushchev. The Man and His Era*（New York and London: W. W. Norton, 2003）, pp. 289-299.

（70） *А.Фурсенко* гл.ред. Президиум ЦК КПСС 1954-1964. Т. 1. Черновые протокольные записи заседаний Стенограммы. 2-е изд. Москва. 2004. С. 258-259.

（71） Taubman（2003）, op. cit., pp. 317-324.

（72） ここで，ミコヤンは，中央委員会総会という非公開ではあっても公の場で，「東ドイツ」という言葉を使用している．

（73） Молотов, Маленьков, Каганович. 1957. Стенограмма июньского пленума ЦК КПСС и другие документы. Москва. 1998. С. 150-151.

（74） Там же. С. 151.

（75） «Н.С.Хрущев. «У Сталина были моменты просветления». Запись беседы с делегацией Итальянской компартии». Источник. 1994. № 2. С. 89-90.

（76） Patrick Major, „Innenpolitische Aspekte der zweiten Berlinkrise（1958-1961）," in Hans-Hermann Hertle, Konrad Jarausch, und Christoph Kleßmann hg., *Mauerbau und Mauerfall. Ursachen-Verlauf-Auswirkungen*（Berlin: Ch. Links Verlag, 2002）, S. 99-100.

（77） Hope Harrison（1993）, op. cit., p. 22.

（78） Henrick Bispinck, „‚Republikflucht': Flucht und Ausreise als Problem für die DDR-Führung", in Dierk Hoffmann, Michael Schwarz, und Hermann Wentker hg., *Vor dem Mauerbau. Politik und Gesellschaft in der DDR der fünfziger Jahre*（München: R. Oldenbourg 2003）, S. 307.

（79） Hope Harrison（1993）, op. cit., p. 22.

（80） Lemke（2001）, a. a. O., S. 362.

（81） Ralph Sowart, „Planwirtschaft und die ‚Torheit der Regierenden'. Die ‚ökonomische Hauptaufgabe der DDR' vom Juli 1958," *Jahrbuch für Historische Kommunismusforschung* 7（1999）, S. 179.

（82） Lemke（2001）, a. a. O., S. 416-417; Sowart（1999）, a. a. O., S. 179.

（83） *Protokoll der Verhandlungen des V. Parteitages der Sozialistischen Einheitspartei Deutschlands. 10. Bis 16. Juli 1958 in der Werner-Seelenbinder-Halle zu Berlin,*（Berlin: Dietz Verlag 1959）, S. 1357.

（84） Sowart（1999）, a. a. O., S. 184.

（85） Hope Harrison（1993）, op. cit., p. 22.

（86） Известия, 29 Сентябрь, 1992.

（87） Mark Trachtenberg, *History and Strategy*（Princeton: Princeton University Press, 1991）, pp. 180-191; Id., *A Constructed Peace. The Making of the European Settlement, 1945-1963*（Princeton: Princeton University Press, 1999）, pp. 193-200.

（88） Hope Harrison（2003）, op. cit., pp. 105-121.

（89） André Steiner, *Von Plan zu Plan. Eine Wirtschaftsgeschichte der DDR*（München: Deutsche Verlags-Anstalt, 2004）, S. 124-126.

（90） Hope Harrison（1993）, op. cit., pp. 73-76.

（91）　SAPMO-BArch, DY30/3566, S. 238–239.
（92）　SAPMO-BArch, DY30/3712, S. 240–241.
（93）　Hoffmann und Malycha（2016）, a. a. O., S. 112.
（94）　Ebenda, S. 112–114.
（95）　Taubman（2003）, op. cit., pp. 518–522
（96）　Philip Hanson, *The Rise and Fall of the Soviet Economy. An Economic History of the USSR from 1945*（London: Longman, 2003）, p. 85.
（97）　栖原学『ソ連工業の研究――長期生産指数推計の試み』御茶の水書房，2013 年，293 頁より計算.
（98）　Ahrens（2000）, op. cit., p. 124.
（99）　野々村（1975），前掲，13–15, 41 頁.
（100）　*М. Липкин*. Советский союз и интеграционные процессы в Европе. Середина 1940-х — конец 1960-х годов. Москва 2016. С. 344–347.
（101）　Там же. С. 349–354.
（102）　Hoffmann und Malycha hg.（2016）, a. a. O., S. 116–117.
（103）　Ebenda, S. 119–120.
（104）　SAPMO-BArch, DY30/3481, Bl. 73, 84.
（105）　SAPMO-BArch, DY30/3481, Bl. 117.
（106）　SAPMO-BArch, DY30/3481, Bl. 120.
（107）　*Н.Хрущев*. «Насущные вопросы развития мировой социалистической системы». Коммунист №12. 1962. С. 6, 12.
（108）　Ahrens（2000）, a. a. O., S. 154–155.
（109）　野々村（1975），前掲，49–51 頁.
（110）　同書，175 頁；Metcalf（1997）, op. cit., pp. 66–68.
（111）　*Липкин*. Советский союз и интеграционные процессы. С. 353–354.
（112）　Президиум ЦК КПСС. Т. 3. С. 730.
（113）　SAPMO-BArch, DY30/3716, S. 30–40.
（114）　SAPMO-BArch, DY30/3716, S. 41.
（115）　SAPMO-BArch, DY30/3716, S. 42.
（116）　SAPMO-BArch, DY30/3716, S. 44.
（117）　РГАЭ. Ф. 4372. Оп. 81. Д. 851. Л. 300–303.
（118）　РГАЭ. Ф. 4372. Оп. 81. Д. 851. Л. 306.
（119）　РГАЭ. Ф. 4372. Оп. 81. Д. 853. Л. 3.
（120）　РГАЭ. Ф. 4372. Оп. 81. Д. 853. Л. 26–27.
（121）　Hoffman und Malycha, hg.（2016）, a. a. O., S. 181.
（122）　Ebenda, S. 193–194.

（123） Президиум ЦК КПСС. Т. 1. С. 1160–1161.

（124） Там же. С. 823.

（125） Внешняя торговля 1918–1966. Статистический сборник. Москва. 1967. С. 69.

（126） Hoffman und Malycha, hg.（2016）, a. a. O., S. 197.

（127） Ebenda, S. 198–199.

（128） РГАЭ. Ф. 4372. Оп. 81. Д. 847. Л. 193.

（129） ヴャチェスラフ・ネクラーソフは，フルシチョフ期からブレジネフ期にかけての石油化学工業を例に，投資割当をめぐる競争を描き出している．*В. Некрасов*. «Советская модель экономики. Институты, нефтегазовые ресурсы и проблема «ресурсного проклятия»». Электронный научно-образовательный журнал «История». №. 10. 2016.

第2章

（1） 正確には，「コメコン加盟諸国による社会主義的経済統合の協力および発展をさらに進化し改善するための総合計画 Комплексная программа дальнейшего углубления и совершенствования сотрудничества и развития социалистической экономической интеграции стран-членов СЭВ」であるが，本章では「総合計画」と略す．

（2） 1960年代から1970年代にかけてのコメコン改革をめぐる動きを整理した研究としては，Jozef van Braband, *Economic Integration in Eastern Europe. A Handbook*（New York: Harvester, 1989）, pp. 71–79, 81–91.

（3） Ahrens（2000）, a. a. O., S. 213–244; Henry Schaefer, *Comecon and the Politics of Integration*（New York: Praeger Publishers, 1972）, pp. 7–9, 12, 18–21, 35, 55, 80–82; David Stone, “CMEA’s International Investment Bank and the Crisis of Developed Socialism,” *Journal of Cold War Studies* 10, 3（2008）, pp. 53–58; Randall Stone（1995）, op. cit., pp. 115–147.

（4） Ibid., pp. 144–145.

（5） David Stone（2008）, op. cit., pp. 65–69, 77.

（6） Peter Rutland, “David Stone. ‘CMEA’s International Investment Bank and the Crisis of Developed Socialism’,” *H-Diplo Article Reviews* 196（2008）, p. 2.

（7） チコシュ－ナジ・ベーラ著，盛田常夫訳『社会主義と市場――経済改革のハンガリー・モデル』大月書店，1981年，12–44頁．Ivan Berend, *An Economic History of Twentieth-Century Europe. Economic Regimes from Laissez-Faire to Globalization*（Cambridge: Cambridge University Press, 2006）, pp. 178–182.

（8） Ivan Berend, *Central and Eastern Europe, 1944–1993. Detour from the Periphery to*

the Periphery（Cambridge: Cambridge University Press, 1996）, pp. 136–146; Galia Golan, *The Czechoslovak Reform Movement. Communism in Crisis 1962–1968*（Cambridge: Cambridge University Press, 1971）, pp. 50–93; Gordon Skilling, *Czechoslovakia's Interrupted Revolution*（Princeton: Princeton University Press, 1976）, pp. 57–62, 412–450; Lee Metcalf, "The Impact of Foreign Trade on the Czechoslovak Economic Reforms of the 1960s," *Europe-Asia Studies* 45, 6（1993）, pp. 1081–1082.

(9)　Hanson（2003）, op. cit., pp. 101–108.

(10)　Ahrens（2000）, a. a. O., S. 191–193; Steiner（2004）, a. a. O., S. 129–142.

(11)　*А. Артизов*. Советско-венгерские экономические отношения, 1948–1973. Москва. 2012. С. 351–352.

(12)　Ahrens（2000）, a. a. O., S. 159–160.

(13)　SAPMO-BArch, DY30/3518, S. 41–47.

(14)　SAPMO-BArch, DY30/3518, S. 121–125, 128.

(15)　PAAA, MfAA, G-A 490, Bl. 110–111

(16)　SAPMO-BArch, DY30/3468, S. 1–46.

(17)　Randall Stone（1995）, op. cit., pp. 115–130; SAPMO-BArch, DY30/3471, Bl. 15; SAPMO-BArch, DY30/3472, Bl. 10–12.

(18)　РГАНИ. Ф. 80. Оп. 1. Д. 314. Л. 14, 17–18.

(19)　РГАНИ. Ф. 80. Оп. 1. Д. 314. Л. 30.

(20)　РГАНИ. Ф. 80. Оп. 1. Д. 314. Л. 30–31.

(21)　РГАНИ. Ф. 80. Оп. 1. Д. 314. Л. 31.

(22)　РГАНИ. Ф. 80. Оп. 1. Д. 314. Л. 32.

(23)　Randall Stone（1995）, op. cit., pp. 33–39.

(24)　SAPMO-BArch, DY30/3409, Bl. 5, 9.

(25)　ソ連の統計における標準燃料とは，良質な石炭1トンを燃焼したときに得られるエネルギーを単位とした数値のことで，標準燃料1トンは7000キロカロリーに相当する．

(26)　РГАЭ. Ф. 4372. Оп. 81. Д. 708. Л. 118–119.

(27)　XXIII Съезд Коммунистической партии Советского Союза 29 марта-8 апреля 1966 года. Стенографичекий отчет. Т.2. Москва. С.365; *Славкина*. Нефтегазовый фактор. С. 284.

(28)　РГАЭ. Ф. 4732. Оп. 81. Д. 2387. Л. 75–78, 85–86.

(29)　РГАЭ. Ф. 4732. Оп. 81. Д. 2387. Л. 133–134.

(30)　ルーマニアは1978年までソ連から原油を輸入しなかったため，ここで計算に入れられていないのであろう．

(31)　РГАЭ. Ф. 4372. Оп. 81. Д. 2389. Л. 205–207.

(32) РГАНИ. Ф. 5. Оп. 60. Д. 388. Л. 35.

(33) РГАНИ. Ф. 5. Оп. 60. Д. 388. Л. 38-39. 1960年代のソ連・ルーマニア関係については，本稿では詳しく述べない．Crump (2015), op. cit, Chap. 5.

(34) РГАНИ. Ф. 5. Оп. 60. Д. 388. Л. 39-40.

(35) РГАНИ. Ф. 5. Оп. 60. Д. 388. Л. 40-41.

(36) РГАНИ. Ф. 5. Оп. 60. Д. 388. Л. 41-42.

(37) РГАНИ. Ф. 5. Оп. 60. Д. 388. Л. 47-48.

(38) Советско-венгерские экономические отношения 1948-1973. С. 404-405.

(39) SAPMO-BArch, DY30/3413, Bl. 8-9.

(40) SAPMO-BArch, DY30/3413, Bl. 9-10.

(41) SAPMO-BArch, DY30/3413, Bl. 13.

(42) SAPMO-BArch, DY30/3414, Bl. 35.

(43) РГАНИ. Ф. 3. Оп. 72. Д. 328. Л. 62-63.

(44) РГАНИ. Ф. 3. Оп. 72. Д. 379. Л. 27-29. これは，単純に計算するならば，第8次5カ年計画期（1966-70）にはソ連の投資総額の1.4%が東欧諸国の原燃料需要を満たすために投資されたことを意味する．Народное хозяйство СССР в 1975 году. Москва. 1976. С. 506-507. なお，ソ連の工業投資額に占める割合でみると，第8次5カ年計画期には4.2%，第9次5カ年計画期（1971-75年）には3.9%となる．

(45) РГАНИ. Ф. 3. Оп. 72. Д. 379. Л. 29.

(46) РГАНИ. Ф. 3. Оп. 72. Д. 379. Л. 36.

(47) РГАНИ. Ф. 3. Оп. 72. Д. 379. Л. 37-38.

(48) РГАНИ. Ф. 3. Оп. 72. Д. 379. Л. 44-46.

(49) РГАНИ. Ф. 3. Оп. 72. Д. 379. Л. 23-26.

(50) Ahrens (2000), a. a. O., S. 232-234; Randall Stone (1995), op. cit., pp. 138-147; *Секретариат Совета Экономической Взаимопомощи* (ред). Основные документы совета экономической взаимопомощи. Т. 1. 4-изд. Москва. 1981. С. 31-122.

(51) BArch-B, DC20-I/3/873, Bl. 92-94.

(52) Ahrens (2000), a. a. O., S. 232-234; Randall Stone (1995), op. cit., pp. 138-147; BArch-B, DC20-I/3/873, Bl. 106. Основные документы Совета Экономической Взаимопомощи. Т. 1. С. 33, 50.

(53) РГАЭ. Ф. 561. Оп. 55с. Д. 4. Л. 61-64, 68.

(54) BArch-B, DC20-I/3/873, Bl. 9-12.

(55) BArch-B, DC20-I/3/873, Bl. 8-9. ランダル・ストーンは，国際投資銀行の融資はもっぱら技術革新のために用いられる方針であったと指摘するが，明らかにコスイギンは当初より資源部門のためにも利用しようとしていた．

第3章

（1）　ウェスタッド（2010），前掲，172–175頁.

（2）　РГАНИ. Ф. 80. Оп. 1. Д. 314. Л. 30–31.

（3）　Robinson and Dixon（2013）, op. cit., p. 51–54; Yodfat（1984）, op. cit., p. 38.

（4）　Robinson and Dixon（2013）, op. cit., Chap. 3. ソ連のアフガニスタン介入についてはすでに多くの研究があるが，本章では触れない．ウェスタッド（2010），前掲，　第8章，Artemy Kalinovsky, *A Long Goodbye. The Soviet Withdrawal from Afghanistan*（Cambridge, Mass.: Harvard University Press, 2011）などを参照.

（5）　Alvandi and Gheorghe（2014）, op. cit., pp. 1–2.

（6）　Ronald Ferrier, "The Iranian Oil Industry," in Peter Avery, Gavin Hambly and Charles Melville eds., *The Cambridge History of Iran, vol. 7. From Nadir Shah to the Islamic Republic*（Cambridge: Cambridge University Press, 1991）, pp. 682–684. ほかに，概説的ながらも言及のある文献として，Yodfat（1984）, op. cit., p. 38.

（7）　Högselius（2013）, op. cit., pp. 40, 172–177.

（8）　Mark Kramer, "The Decline in Soviet Arms Transfers to the Third World, 1986–1991. Political, Economic, and Military Dimensions," in Artemy Kalinovsky and Sergey Radchenko eds., *The End of the Cold War and the Third World. New Perspectives on Regional Conflict*（London and New York: Routledge, 2013）, pp. 50–51.

（9）　Известия, 23. 5. 1966.

（10）　РГАНИ. Ф. 5. Оп. 60. Д. 400. Л. 13.

（11）　РГАНИ. Ф. 5. Оп. 60. Д. 400. Л. 4.

（12）　РГАНИ. Ф. 5. Оп. 60. Д. 401. Л. 5–7.

（13）　РГАНИ. Ф. 5. Оп. 60. Д. 401. Л. 5, 23.

（14）　Robinson and Dixon（2013）, op. cit., pp. 64–65.

（15）　РГАЭ. Ф. 4372. Оп. 81. Д. 1140. Л. 106.

（16）　Robinson and Dixon（2013）, op. cit., p. 65.

（17）　イーベル（1971），前掲，119頁．Gustafson（1989）, op. cit., p. 138.

（18）　РГАЭ. Ф. 4372. Оп. 81. Д. 1140. Л. 111–112.

（19）　РГАЭ. Ф. 4372. Оп. 81. Д. 1813. Л. 55.

（20）　РГАЭ. Ф. 4372. Оп. 81. Д. 1813. Л. 23–24.

（21）　内訳としては，1968年についてはイランから20億立法メートル，アフガニスタンから30億立法メートル，70年にはイランから100億立法メートル，アフガニスタンから40億立法メートルであった．РГАЭ. Ф. 4372. Оп. 66. Д. 1337. Л. 63.

（22）　РГАНИ. Ф. 2. Оп. 3. Д. 297. Л. 76.

(23) РГАНИ. Ф. 5. Оп. 60. Д. 401. Л. 7.

(24) РГАНИ. Ф. 2. Оп. 3. Оп. 159. Л. 37.

(25) РГАНИ. Ф. 3. Оп. 72. Д. 418. Л. 16.

(26) РГАНИ. Ф. 3. Оп. 72. Д. 418. Л. 17.

(27) РГАНИ. Ф. 3. Оп. 72. Д. 418. Л. 17.

(28) РГАНИ. Ф. 3. Оп. 72. Д. 418. Л. 21–23.

(29) Внешняя торговля 1918–1966. С. 62–69; Внешняя торговля 1968. С. 10–14; Внешняя торговля 1970.С. 10–14; Внешняя торговля 1980. С. 9–10.

(30) Laure Després, "Eastern Europe and the Third World: Economic interactions and policies," in Roger Kanet ed., *The Soviet Union, Eastern Europe and the Third World* (Cambridge: Cambridge University Press, 1987), pp. 144–146.

(31) Roham Alvandi, "Guest Editor's Introduction. Iran and the Cold War," *Iranian Studies* 47, 3 (2014), pp. 375–376.

(32) Alvandi and Gheorge (2014), op. cit., pp. 5–7.

(33) Gholam Reza Afkhami, *The Life and Times of the Shah* (Berkeley: University of California Press, 2009), pp. 335–341.

(34) РГАНИ. Ф. 5. Оп. 58. Д. 203. Л. 31–32.

(35) РГАНИ. Ф. 5. Оп. 58. Д. 203. Л. 35.

(36) РГАНИ. Ф. 5. Оп. 58. Д. 203. Л. 35–38.

(37) РГАНИ. Ф. 5. Оп. 58. Д. 203. Л. 41.

(38) РГАНИ. Ф. 5. Оп. 58. Д. 203 Л. 45–46.

(39) РГАНИ. Ф. 5. Оп. 58. Д. 199. Л. 51.

(40) РГАНИ. Ф. 5. Оп. 58. Д. 199. Л. 56.

(41) РГАНИ. Ф. 5. Оп. 58. Д. 199. Л. 51–52.

(42) РГАЭ. Ф. 365. Оп. 2. Д. 2616. Л. 94–95. ソ連製コンプレッサーやネフスキー工場については，Högselius (2013), op. cit., pp. 25–26.

(43) РГАЭ. Ф. 365. Оп. 2. Д. 570. Л. 40–41.

(44) РГАЭ. Ф. 365. Оп. 2. Д. 697. Л. 104–106.

(45) РГАЭ. Ф. 4372. Оп. 81. Д. 2428. Л. 191–192.

(46) РГАЭ. Ф. 365. Оп. 2. Д. 587. Л. 49.

(47) РГАЭ. Ф. 4372. Оп. 81. Д. 1813. Л. 38.

(48) РГАЭ. Ф. 4372. Оп. 81. Д. 2428. Л. 3–4.

(49) РГАЭ. Ф. 4372. Оп. 81. Д. 2428. Л. 45.

(50) РГАЭ. Ф. 365. Оп. 2. Д. 587. Л. 49; РГАЭ. Ф. 4372. Оп. 81. Д. 2428. Л. 40.

(51) РГАЭ. Ф. 4372. Оп. 81. Д. 1813, Л. 34–35.

(52) РГАЭ. Ф. 4372. Оп. 81. Д. 2428, Л. 1–2.

(53)　石油をめぐるイラン・ルーマニア関係については，Alvandi and Gheorge (2014), op. cit.

(54)　РГАЭ. Ф. 4372. Оп. 81. Д. 2428. Л. 4-6.

(55)　РГАЭ. Ф. 4372. Оп. 81. Д. 2428. Л. 40.

(56)　Ferrier (1991), op. cit., pp. 669-672; РГАЭ. Ф. 4372. Оп. 81. Д. 2428. Л. 40-44.

(57)　РГАЭ. Ф. 4372. Оп. 81. Д. 2428. Л. 92-93.

(58)　РГАЭ. Ф. 4372. Оп. 81. Д. 2428. Л. 67, 108.

(59)　РГАЭ. Ф. 365. Оп. 9. Д. 826. Л. 62-65.

(60)　РГАЭ. Ф. 4372. Оп. 81. Д. 2428. Л. 61-63.

(61)　РГАЭ. Ф. 4372. Оп. 81. Д. 2428. Л. 62-66.

(62)　РГАЭ. Ф. 4372. Оп. 81. Д. 2428, Л. 71-73.

(63)　РГАНИ. Ф. 3. Оп. 68. Д. 439. Л. 79.

(64)　7000キロカロリー.

(65)　РГАЭ. Ф. 4372. Оп. 81. Д. 2428. Л. 114-115.

(66)　РГАЭ. Ф. 4372. Оп. 81. Д. 2428. Л. 116-118.

(67)　РГАЭ. Ф. 4372. Оп. 81. Д. 2428. Л. 186-189.

(68)　РГАЭ. Ф. 4372. Оп. 81. Д. 2428. Л. 185.

(69)　Högselius (2013), op. cit., pp. 32-33, 41-42.

(70)　Леонид Брежнев. Рабочие и дневниковые записи в 3-х томах. Т. 1. Леонид Брежнев. Рабочие и дневниковые записи 1964-1982 гг. Москва. 2016. С. 208.

(71)　РГАЭ. Ф. 4372. Оп. 81. Д. 2428. Л. 159-163.

(72)　РГАЭ. Ф. 365. Оп. 9. Д. 406. Л. 40.

(73)　РГАЭ. Ф. 365. Оп. 9. Д. 194. Л. 40.

(74)　РГАЭ. Ф. 365. Оп. 9. Д. 406. Л. 41.

(75)　РГАЭ. Ф. 365. Оп. 9. Д. 821. Л. 29-31.

(76)　РГАНИ. Ф. 5. Оп. 64. Д. 283. Л. 26-27.

(77)　РГАЭ. Ф. 365. Оп. 9. Д. 1105. Л. 23-26.

(78)　РГАЭ. Ф. 365. Оп. 9. Д. 1105. Л. 41.

(79)　РГАЭ. Ф. 365. Оп. 9. Д. 1105. Л. 52-55.

(80)　РГАЭ. Ф. 4372. Оп. 66. Д. 6909. Л. 1.

(81)　РГАЭ. Ф. 4372. Оп. 66. Д. 6909. Л. 9-11.

(82)　РГАЭ. Ф. 4372. Оп. 66. Д. 6909. Л. 57.

(83)　РГАЭ. Ф. 4372. Оп. 66. Д. 6909. Л. 42-43.

(84)　РГАНИ. Ф. 3. Оп. 72. Д. 639. Л. 33-35.

(85)　РГАНИ. Ф. 3. Оп. 72. Д. 639. Л. 35-43.

(86)　РГАНИ. Ф. 3. Оп. 72. Д. 639. Л. 44-45.

(87) РГАЭ. Ф. 365. Оп. 9. Д. 1768. Л. 50-53.

(88) РГАЭ. Ф. 365. Оп. 9. Д. 2022. Л. 79.

(89) РГАЭ. Ф. 365. Оп. 9. Д. 2651. Л. 237.

(90) РГАЭ. Ф. 365. Оп. 9. Д. 2566. Л. 53-59.

(91) РГАЭ. Ф. 365. Оп. 9. Д. 2569. Л. 33-34.

(92) РГАЭ. Ф. 365. Оп. 9. Д. 2651. Л. 237.

(93) РГАЭ. Ф. 365. Оп. 9. Д. 2783. Л. 11-18.

(94) РГАЭ. Ф. 365. Оп. 9. Д. 3447. Л. 79-88.

(95) РГАЭ. Ф. 365. Оп. 9. Д. 2569. Л. 33-34; Центральний державний архів вищих органів влади та управління України (ЦГАВО). Ф. 2. Оп. 14. Д. 2227. Л. 247.

(96) ГАРФ. Ф.Р-5446. Оп. 136. Д. 423. Л. 24.

(97) РГАЭ. Ф. 4372. Оп. 67. Д. 2948. Л. 31-32.

(98) Högselius (2013), op. cit., p. 183.

(99) Després (1987), op. cit., pp. 144-159.

第4章

(1) 国際石油資本と産油国との関係については，Christopher Dietrich, *Oil Revolution. Anticolonial Elites, Sovereign Rights, and the Economic Culture of Decolonization* (Cambridge: Cambridge University Press, 2017); 小野沢透『幻の同盟 冷戦初期アメリカの中東政策 上』名古屋大学出版会，2016年，第3，4章；アンソニー・サンプソン著，大原進・青木榮一訳『セブン・シスターズ——不死身の国際石油資本』日本経済新聞社，1976年；ダニエル・ヤーギン著，日高義樹・持田直武訳『石油の世紀——支配者たちの興亡 上・下』日本放送出版協会，1991年，などを参照.

(2) この間の経緯については，ヤーギン (1991)，前掲，上巻，第10章；Philippe Tristani, "Iraq and the Oil Cold War. A Superpower Struggle and the End of the Iraq Petroleum Company, 1958-1972," in Elisabetta Bini, Giuliano Garvini and Federico Romero eds., *Oil Shock. The 1973 Crisis and its Economic Legacy* (London and New York: I. B.Tauris, 2016), pp. 68-69.

(3) Dietrich (2017), op. cit., pp. 174-177; Tristani (2016), op. cit., pp. 73-74.

(4) ソ連の対イラク政策については，Michael Brown, "The Nationalization of the Iraqi Petroleum Company," *International Journal of Middle East Studies* 10 (1979), pp. 107-124; Robert Freedman, "The Soviet Union and the Politics of Middle Eastern Oil," in Naiem Sherbiny and Mark Tessler eds., *Arab Oil. Impact on the Arab Countries and Global Implications* (New York: Praeger, 1976), pp. 305-327; Id., "Soviet Policy

toward Ba'athist Iraq, 1968-1979'" in Robert Donaldson ed., *The Soviet Union in the Third World. Successes and Failures*（Boulder: Westview, 1981）, pp. 161-191; Smolansky with Smolansky（1991）, op. cit., preface, chap. 2. 東欧諸国とイラクを含む産油国との関係については，Bahri（1988）, op. cit., pp. 145-169; Hannigan and McMillan（1981）, op. cit., pp. 215-237. この時期のアメリカの対イラク政策については，Brandon Wolfe-Hunnicutt, "The End of the Concessionary Regime. Oil and American Power in Iraq, 1958-1972," Ph.D. Dissertation, Stanford University（2011）.

（5） РГАЭ. Ф. 4372. Оп. 81. Д. 2429. Л. 21-23.

（6） *О. Герасимов*. Иракская нефть. Москва. 1969. С. 156-161.

（7） РГАЭ. Ф. 365. Оп. 2. Д. 2678. Л. 28.

（8） РГАЭ. Ф. 365. Оп. 2. Д. 2678. Л. 33.

（9） РГАЭ. Ф. 365. Оп. 2. Д. 2678. Л. 33-34.

（10） *Герасимов*. Иракская нефть. С. 161.

（11） РГАЭ. Ф. 365. Оп. 2. Д. 709. Л. 71-72.

（12） РГАНИ. Ф. 3. Оп. 72. Д. 67. Л. 75; РГАНИ. Ф. 3. Оп. 72, Д. 68. Л. 59.

（13） РГАЭ. Ф. 365. Оп. 2. Д. 2749. Л. 86-89.

（14） РГАЭ. Ф. 365. Оп. 9. Д. 226. Л. 3-6.

（15） РГАЭ. Ф. 365. Оп. 9. Д. 68. Л. 4-8.

（16） РГАЭ. Ф. 365. Оп. 9. Д. 377. Л. 124-125, 127-128.

（17） РГАЭ. Ф. 365. Оп. 9. Д. 405. Л. 20-22.

（18） РГАЭ. Ф. 365. Оп. 9. Д. 717. Л. 48-49.

（19） РГАЭ. Ф. 365. Оп. 9. Д. 669. Л. 73-76.

（20） Karlsch（2016）, a. a. O., S. 324; Staatliche Zentralverwaltung für Statistik hg., *Statistisches Jahrbuch der Deutschen Demokratischen Republik*, Jahrgang. 1973（Berlin: VEB Deutscher Zentralverlag, 1974）, S. 299.

（21） Karlsch（2016）, a. a. O., S. 324. ただし，第一次エネルギー消費に占める褐炭の割合は1970年に76%であったのに対し，石油の割合は12.6%にすぎなかった. Bethkenhagen（1990）, a. a. O., S. 204.

（22） BArch-B, DC20/I-4/1460, Bl. 2.

（23） BArch-B, DC20/I-4/1460, Bl. 44-46.

（24） BArch-B, DC20/I-4/1460, Bl. 47.

（25） BArch-B, DC20/I-4/1514, Bl. 9.

（26） BArch-B, DC20/I-4/1514, Bl. 100-101.

（27） BArch-B, DC20/I-4/1514, Bl. 100-101, 106-108.

（28） BArch-B, DC20/I-4/1514, Bl. 109. 現実に，1972年までは，国際石油メジャーが設立した石油コンソーシアムであるイラク石油会社とバスラ石油会社が，イラ

クで採掘された石油を独占的に輸出していた.

（29） BArch-B, DC20/I-4/1514, Bl. 111-112.

（30） *Statistisches Jahrbuch der DDR*, Jahrgang 1973, S. 288, Jahrgang 1975, S. 266.

（31） *Statistisches Jahrbuch der DDR*, Jahrgang 1975, S. 271.

（32） BArch-B, DC20/11563, Bl. 10-12.

（33） BArch-B, DC20/10325, Bl. 170-182.

（34） アルジャディルはこのクリョフの発言に返答しなかった. РГАЭ. Ф. 365. Оп. 2. Д. 2678. Л. 34.

（35） 1960年代前半のルーマニア外交については, Dragomir（2015）, op. cit. 石油をめぐるルーマニアの対イラン政策については, Alvandi and Gheorghe（2014）, op. cit.

（36） РГАЭ. Ф. 561. Оп. 51с. Д. 15. Л. 146.

（37） РГАЭ. Ф. 561. Оп. 51с. Д. 15. Л. 146, 155.

（38） РГАЭ. Ф. 561. Оп. 51с. Д. 15. Л. 133.

（39） РГАЭ. Ф. 561. Оп. 51с. Д. 15. Л. 146.

（40） РГАЭ. Ф. 561. Оп. 51с. Д. 11. Л. 8-10.

（41） BArch-B, DC20/10068, Bl. 28-44.

（42） «Приложение 4 к протоколу пятьдесят пятого заседания Исполнительного Комитета. Основные проблемы и график работ по вопросу развития сотрудничества заинтересованных стран-членов СЭВ в области закупки и транспорта нефти из третьих стран», BArch-B, DC20/22189, Bl. 1-5.

（43） 事実, 本項で取り上げた史料のほとんどは, 域内石油・ガス関連産業に関するものである.

（44） „Direktive für Konsultationen mit dem GKES der UdSSR zu Fragen der gemeinsamen Unterstützung der ML/RGW gegenüber Entwicklungsländer bei der Gewinnung und Verarbeitung von ausgewählten Rohstoffen zur Erhöhung des Imports dieser Waren in die ML/RGW（12. Oktober 1970 in Moskau）," BArch-B, DL2/VAN489, Bl. 1-5. なお, この会談の議事録そのものは入手できなかった.

（45） James Bamberg, *British Petroleum and Global Oil, 1950-1975. The Challenge of Nationalism*（Cambridge: Cambridge University Press, 2000）, pp. 450-455.

（46） Ibid, pp. 455-466; Dietrich（2017）, op. cit., pp. 221-223. この時期の産油国と国際石油資本との交渉については, サンプソン（1976）, 前掲, 第10章.

（47） Bamberg（2000）, op. cit., pp. 448-449. サンプソン（1976）, 前掲, 270-274頁.

（48） Bamberg（2000）, op. cit., pp. 463-464, 468-469; サンプソン（1976）, 前掲, 262-263頁.

（49） РГАНИ. Ф. 3. Оп. 72. Д. 427. Л. 40-41.

（50）　Smolansky with Smolansky（1991）, op. cit., p. 49.

（51）　РГАЭ. Ф. 365. Оп. 9. Д. 1250. Л. 137-138.

（52）　РГАЭ. Ф. 365. Оп. 9. Д. 1130. Л. 14-15.

（53）　РГАЭ. Ф. 365. Оп. 9. Д. 1127. Л. 29, 68-69; РГАЭ. Ф. 365. Оп. 9. Д. 1130. Л. 16-18. 石油危機後，このパイプライン建設の話は立ち消えになった.

（54）　ただし，東ドイツにとって，イラク産石油はソ連産に比べて輸送コストが高く，品質も悪かった．SAPMO-BArch, DY30/2958, Bl. 27-29.

（55）　BArch-B, DC20/10325, Bl. 205-207. このヴァイスの分析は，対外経済問題にもっぱら経済的観点からアプローチするシャルク・ゴロトコフスキの見解をもとにしたものであった．BArch-B, DC20/11835, Bl. 174-178.

（56）　BArch-B, DC20/19969, Bl. 20-21.

（57）　BArch B, DE 1/VA 56286, Bl. 58-60.

（58）　BArch-B, DC20/I-4/2945, Bl. 112.

（59）　BArch-B, DC20/I-4/2945, Bl. 112-113.

（60）　BArch-B, DC20/I-4/2945, Bl. 123-127.

（61）　РГАЭ. Ф. 365. Оп. 9. Д. 966. Л. 120.

（62）　SAPMO-BArch, DY30//J IV 2/2A/1609, Bl. 86-87.

（63）　РГАЭ. Ф. 561. Оп. 51с. Д. 15. Л. 133.

（64）　РГАЭ. Ф. 561. Оп. 57с. Д. 4. Л. 164-165.

（65）　РГАЭ. Ф. 561. Оп. 59с. Д. 15. Л. 235. ただし，第26回コメコン総会の議事録には，この問題に関する決定は存在しない．«Протокол XXVI Сессии Совета Экономической Взаимопомощи. Москва. Июль 1972», BArch-B, DC20/22105. 東ドイツの文書は，第26回総会中の「閣僚会議議長の合意」と記載しており，合意はコメコン総会の枠外でなされたものとみられる．BArch-B, DC20/19969, Bl. 9-10.

（66）　BArch-B, DC20/19969, Bl. 10-12.

（67）　BArch-B, DC20/19969, Bl. 12-14.

（68）　«Стенограмма шестьдесятого заседания Исполнительного Комитета Совета Экономической Взаимопомощи», BArch-B, DC20/22264, Bl. 81.

（69）　Там же, BArch-B, DC20/22264, Bl. 83-84.

（70）　«Стенограмма шестьдесять первого заседания Исполнительного Комитета Совета Экономической Взаимопомощи», BArch-B, DC20/22264, Bl. 137-139.

（71）　Там же, BArch-B, DC20/22264, Bl. 145-146.

（72）　Там же, BArch-B, DC20/22264, Bl. 140-141, 148-150.

（73）　Там же, BArch-B, DC20/22264, Bl. 139-140, 147-148, 151.

（74）　“Протокол шестьдесят первого заседания Исполнительного комитета Совета

Экономической Возаимопомощи," BArch-B, DC20/22195, Bl. 21-22, 24.

(75) "Bericht über die 36. außerordentliche Tagung der Ständigen Kommission des RGW für Außenhandel (SKAH), 27.-28. März 1973," BArch-B, DL2/VAN489, Bl. 1-2; РГАЭ. Ф. 561. Оп. 59с. Д. 62. Л. 6-7, 21-23, 112.

(76) РГАЭ. Ф. 561. Оп. 59с. Д. 11. Л. 90-91. このほかに対外貿易常設委員会では，産油国への技術支援をめぐるコメコン諸国間協調についても検討された．同委員会で承認された執行委員会宛の報告書は，産油国における石油採鉱，掘削，製油所やパイプラインの建設，石油関連産業への設備等の供給，石油以外の工業への設備等の供給について，コメコン諸国は協力できるかもしれないと分析した．そのうえで，報告書はこれらの分野における国際経済組織の設立や，産油国の国営石油会社への事業参加についても検討するよう提案した．Там же. Л. 93-95.

(77) РГАЭ. Ф. 561. Оп. 59с. Д. 15. Л. 212-213, 215.

(78) РГАЭ. Ф. 561. Оп. 59с. Д. 15. Л. 218-220, 238.

(79) РГАЭ. Ф. 561. Оп. 59с. Д. 15. Л. 217-218.

(80) РГАЭ. Ф. 561. Оп. 59с. Д. 15. Л. 221-226.

(81) РГАЭ. Ф. 561. Оп. 59с. Д. 15. Л. 235-237.

(82) РГАЭ. Ф. 561. Оп. 59с. Д. 11. Л. 90-92.

(83) "Direktive für das Auftreten des Vertreters der DDR auf der 2. Beratung des Erdölbüros, 19.-22. Oktober 1973 in Moskau," BArch-B, DL2/20079, Bl. 3-4.

(84) Wolfe-Hunnicutt (2011), op. cit., pp. 257-261; РГАЭ. Ф. 365. Оп. 9. Д. 1250. Л. 137.

(85) РГАЭ. Ф. 365. Оп. 9. Д. 1250. Л. 137-138.

(86) «Протокол совещания руководителей внешнеторговых организаций стран-членов СЭВ по вопросу координации действии при закупках нефти и запродажах нефтепродуктов на рынках капиталистических стран, состоявшегося 18-21 сентября 1973 г. в г. Плоцке (ПНР)», BArch-B, DL2/16923, Bl. 6.

(87) «Предварительные предложения делегации СССР в Постоянной Комиссии СЭВ по внешней торговле о формах сотрудничества заинтересованных стран-членов СЭВ и СФРЮ в области импорта и транспортировки нефти из третьих стран, а также по оказанию экономического и технического содействия развивающимся странам, включая предложения по созданию международной хозяйственной организации», BArch-B, DL2/16921, Bl. 7-8.

(88) „Direktive für das Auftreten des Vertreters der DDR auf der 2. Beratung des Erdölbüros, 19.-22. Oktober 1973 in Moskau," BArch-B, DL2/20079, Bl. 5.

(89) BArch-B, DC20/I-4/2945, Bl. 109-110, 129-130.

第5章

（1）　Bamberg（2000）, op. cit., pp. 474–485; サンプソン（1976），前掲，284–293頁.

（2）　Gaddy and Ickes（2005）, op. cit., pp. 562, 569.

（3）　研究史については序章を参照．この問題に関する最良の研究としては，Gustafson（1989）, op. cit.; *Некрасов*. Советская модель экономики. 特にネクラーソフは，すでに1950年代末から60年代初頭には石油を輸出して必要な技術を輸入するという方針があったこと，1964年のフルシチョフ失脚後，この方針が顕著になっていたことを指摘する．しかし，彼は1970年代半ばまでしか分析していないことから，それ以後の時期について検討する必要がある．マリヤ・スラフキナも，ソ連の石油ガス産業に関する本のなかで，1970年代半ばではなく西シベリア開発が本格化する1965年を一つの転換点と見なしている．*Славкина*. Нефтегазовый фактор. ただし，スラフキナらの研究ではソ連指導部の動向についてはほとんど言及されていない．

（4）　一例として，Goldman（1980）, op. cit., Chap. 5. 石油危機後のコメコン域内価格メカニズムの変更をめぐるソ連・東ドイツ間の激しい交渉については，アーレンスも指摘しているが，彼の研究はもっぱら東ドイツの対外経済政策を研究の対象としており，ソ連の動向については一般的な内容にとどまっている．Ahrens（2000）, a. a. O., S. 302–311.

（5）　Леонид Брежнев. Рабочие и дневниковые записи. Т. 1. С. 606.

（6）　РГАНИ. Ф. 80. Оп. 1. Д. 322. Л. 80.

（7）　РГАНИ. Ф. 80. Оп. 1. Д. 322. Л. 81–82.

（8）　РГАНИ. Ф. 80. Оп. 1. Д. 322. Л. 86–88.

（9）　原文では，«взвесить реальность наших возможностей в поставках нефти и газа». РГАНИ. Ф. 80. Оп. 1. Д. 322. Л. 87–88.

（10）　РГАНИ. Ф. 80. Оп. 1. Д. 322. Л. 78.

（11）　РГАНИ. Ф. 3. Оп. 72. Д. 625. Л. 4–10.

（12）　РГАНИ. Ф. 80. Оп. 1. Д. 312. Л. 6–9.

（13）　РГАНИ. Ф. 80. Оп. 1. Д. 312. Л. 9.

（14）　РГАНИ. Ф. 80. Оп. 1. Д. 312. Л. 10–12.

（15）　РГАНИ. Ф. 80. Оп. 1. Д. 312. Л. 12–14.

（16）　РГАНИ. Ф. 80. Оп. 1. Д. 312. Л. 14.

（17）　補償貿易はコメコン内でも存在した．『80年代のソ連・東欧のエネルギー問題』国際資源問題研究会，1981年，17頁.

（18）　РГАНИ. Ф. 80. Оп. 1. Д. 312. Л. 17–18.

（19）　Zubok（2007）, op. cit., p. 246.

（20） *Н.Байбаков*. Собрание сочинений. Москва. 2011. Т. 4. С. 116–117.

（21） *В.Карпов*, *Г.Колева*, *Н.Гаврилова*, *М.Комгорт*, *А.Тимошенко*. Тюменский индустриальный «взрыв». С. 118; *Славкина*. Нефтегазовый фактор. С. 284.

（22） Gustafson（1989）, op. cit., p. 25.

（23） Ahrens（2000）, a. a. O., S. 76. アーレンスは東ドイツの視点からこの問題について詳述しており，本節執筆に際して特に参照した.

（24） Ebenda, S. 304.

（25） SAPMO-BArch, DY30/J IV 2/2A/1740, Bl. 27.

（26） SAPMO-BArch, DY30/J IV 2/2A/1805, Bl. 5–8.

（27） РГАНИ. Ф. 5. Оп. 67. Д. 617. Л. 135–138.

（28） *Артизов ред*. Советско-венгерские экономические отношения. С. 496.

（29） 1973 年 12 月に東ドイツ対外経済省は対外貿易省に名称を変更した.

（30） SAPMO-BArch, DY30/J IV 2/2A/1820, Bl. 65–66.

（31） SAPMO-BArch, DY30/J IV 2/2A/1820, Bl. 32.

（32） SAPMO-BArch, DY30/IV 2/2. 036/58, Bl. 212–215.

（33） SAPMO-BArch, DY30/IV 2/2. 036/58, Bl. 172–174.

（34） SAPMO-BArch, DY30/J IV 2/2A/1846, Bl. 22–23.

（35） Ahrens, *Gegenseitige Wirtschaftshilfe?*, S. 332.

（36） 原油供給量をめぐる問題については次章を参照.

（37） この外貨獲得のための途上国との経済関係については，本書では扱わない. Cf. Després（1987）, op. cit., pp. 141–162.

（38） „Bericht über die 2. Tagung des Erdölbüros, 24–26. 10. 1973, Moskau," DL2/20079, Bl. 1–2.

（39） „Bericht über die 2. Tagung des Erdölbüros, 24–26. 10. 1973, Moskau," DL2/20079, Bl. 2–5.

（40） „Bericht über die 3. Tagung des Erdölbüros, 20–21. 2. 1974, Moskau," DL2/20079, Bl. 1.

（41） „Bericht über die 3. Tagung des Erdölbüros, 20–21. 2. 1974, Moskau," DL2/20079, Bl. 2–3.

（42） „Bericht über die 4. Tagung des Erdölbüros vom 14.–15. 11. 74 in Moskau," DL2/20079, Bl. 4.

（43） «Стенограмма шестьдесять седьмого заседания Исполнительного Комитета Совета Экономической Взаимопомощи», BArch-B, DC20/22266, Bl. 100.

（44） これは明らかにイランの間違いであろう.

（45） «Стенограмма шестьдесять седьмого заседания Исполнительного Комитета Совета Экономической Взаимопомощи», BArch-B, DC20/22266, Bl. 109–110.

（46）„Bericht über die 4. Tagung des Erdölbüros vom 14.-15. 11. 74 in Moskau," BArch-B, DL2/20079, Bl. 4.

（47）„Bericht über die 9. Tagung des Erdölbüros vom 29. bis 30. 11. 1977 in Moskau," BArch-B, DL2/20079, Bl. 1-3.

（48）*Н. Шмелев* ред. Возможности ослабления импортной и кредитной зависимости стран СЭВ от несоциалистических государств. М. 1981. С. 89-91.

（49）Там же. С. 98-100.

（50）Smolansky with Smolansky（1991）, op. cit., p. 31.

（51）РГАНИ. Ф. 5. Оп. 67. Д. 874. Л. 1-2.

（52）РГАЭ. Ф. 365. Оп. 9. Д. 1492. Л. 17, 45-46.

（53）РГАЭ. Ф. 365. Оп. 9. Д. 1625. Л. 1-5.

（54）РГАЭ. Ф. 365. Оп. 9. Д. 1625. Л. 5-6.

（55）BArch-B, DE 1/VA 56286, Bl. 58-60.

（56）SAPMO-BArch, DY30/J IV 2/2/1534, Bl. 64.

（57）SAPMO-BArch, DY30/J IV 2/2/1516, Bl. 13.

（58）SAPMO-BArch, DY30/J IV 2/2/1525, Bl. 68-69.

（59）SAPMO-BArch, DY30/J IV 2/2/1539, Bl. 31-32.

（60）SAPMO-BArch, DY30/J IV 2/2/1539, Bl. 33-34.

（61）BArch-B, DC20/I-4/4071, Bl. 6.

（62）BArch-B, DC20/I-4/4071, Bl. 6-7; *Statistisches Jahrbuch der DDR*, Jahrgang 1976, S. 272, Jahrgang 1980, S.243.

（63）BArch-B, DC20/I-4/4071, Bl. 8.

（64）BArch-B, DC20/I-4/4217, Bl. 16-18.

（65）Iliana Zloch-Christy, *Debt Problems of Eastern Europe*（Cambridge: Cambridge University Press, 1987）, p. 34.

（66）Bethkenhagen（1990）, a. a. O., S. 196-198.

第6章

（1）東欧全般のエネルギー情勢についての概説としては，Bethkenhagen（1990）, a. a. O. 東ドイツの事例については，特に Karlsch（2016）, a. a. O., S. 333-362. ほかにも，Friedrich-Ebert-Stiftung hg., *Die Energiepolitik der DDR. Mängelverwaltung zwischen Kernkraft und Braunkohle*（Bonn: Verlag Neue Gesellschaft, 1988）; Paul Jansen, *Die Energiewirtschaft in der Planwirtschaft der DDR*（Frankfurt am Main: HAAG+Herchen Verlag, 1982）; Wolfgang Stinglwagner, *Die Energiewirtschaft der DDR. Unter Berücksichtigung internationaler Effizienzvergleiche*（Bonn:

Gesamtdeutsches Institut, 1985). 東ドイツの原子力エネルギーについては, Wolfgang Müller, *Geschichte der Kernenergie in der DDR. Kernforschung und Kerntechnik im Schatten des Sozialismus. Bd. 3. Geschichte der Kernenergie in der Bundesrepublik Deutschland* (Stuttgart: Schäffer-Poeschel Verlag, 2001); Mike Reichert, *Kernenergiewirtschaft in der DDR. Entwicklungsbedingungen, konzeptioneller Anspruch und Realisierungsgrad* (1955–1990) (St. Katharinen: Scripta Mercaturae Verlag, 1999); Verein für Kernverfahrenstechnik und Analytik Rossendorf e.V. hg., *Zur Geschichte der Kernenergie in der DDR* (Frankfurt am Main: Peter Lang, 2000).

(2) John Hannigan and Carl McMillan, “Joint Investment in Resource Development. Sectoral Approaches to Socialist Integration,” in Joint Economic Committee ed., *East European Economic Assessment. A Compendium of Papers Submitted to the Joint Economic Committee, Congress of the United States. Part 2. Regional Assessments* (Washington, D.C.: Joint Committee Print, 1981), pp. 264–265.

(3) *Л. Абрамов*. СЭВ. Капитальные вложения. Перспективная сфера сотрудничества. Москва. 1987. С. 51.

(4) David Stone (2008), op. cit., pp. 65–72. 1970年代から1980年代には共同投資プロジェクトに関する研究が進められたが, 当時の史料的制約から, こうした研究は統計データや公刊資料などをもとにした推測による部分が多く, ソ連・東欧諸国間で実際にどのような議論が展開されたかについては解明されていない. László Csaba, “Joint Investments and Mutual Advantages in the CMEA. Retrospection and Prognosis,” *Soviet Studies* 37, 2 (1985), pp. 227–247; Hannigan and McMillan (1981), op. cit., pp. 259–295; Marie Lavigne, “The Soviet Union inside Comecon,” *Soviet Studies* 35, no. 2 (1983), pp. 135–153. これに対して, 冷戦終焉後, ランダル・ストーンはソ連・東欧諸国の経済官僚へのインタビューにもとづいてコメコンにおけるソ連・東欧関係を検討し,「総合計画」の成果は資源・エネルギー部門へのいくつかの大規模な共同投資プロジェクトだけであったと指摘するが, その具体的な分析は行っていない. Randall Stone (1995), op. cit., pp. 144–145. 2017年に刊行された論文集『冷戦期のエネルギー』のなかでフレードは1960年代初頭のドルージバ・パイプライン建設について分析しているが, 1970年代は対象外である. リューティはソユーズ・ガスパイプラインやミール送電網について概観しているが, 具体的なソ連・コメコン諸国間の交渉には踏み込んでいない. Falk Flade, “Creating a Common Energy Space. The Building of the Druzhba Oil Pipeline,” in Perović ed. (2017), op. cit., pp. 321–344; Lüthi (2017), op. cit., pp. 371–399.

(5) Zloch-Christy (1987), op. cit., p. 34.

(6) Matthias Judt, *Der Bereich Kommerzielle Koordinierung. Das DDR-*

Wirtschaftsimperium des Alexander Schalck-Golodkowski. Mythos und Realität（Berlin: Ch. Links, 2013）, S. 136.

（7） Bethkenhagen（1990）, a. a. O., S. 171–172, 184–185, 197–198, 210–211, 223–224, 236–237, 247–248.

（8） Hans-Hermann Hertle, *Der Fall der Mauer. Die unbeabsichtigte Selbstauflösung des SED-Staates,* 2.-Aufl.（Opladen: Westdeutscher Verlag, 1999）, S. 34–60; Judt（2013）, a. a. O., S. 132–174; Karlsch（2016）, a. a. O., S. 342–348.

（9） Генеральный секретарь Л.И.Брежнев. 1964–1982. Вестник Архива Президента. Специальное издание. Москва. 2006. С. 131–132.

（10） Там же. С. 131.

（11） РГАНИ. Ф. 2. Оп. 3. Д. 297. Л. 19–21.

（12） РГАНИ. Ф. 2. Оп. 3. Д. 297. Л. 68–70.

（13） РГАНИ. Ф. 2. Оп. 3. Д. 295. Л. 66.

（14） «Выступления участников XXVII Сессии Совета Экономической Взаимопомощи», BArch-B, DC20/22126, Bl. 37–39.

（15） Там же, BArch-B, DC20/22126, Bl. 43–46

（16） Там же, BArch-B, DC20/22126, Bl. 50–52.

（17） SAPMO-BArch, DY30/J IV 2/2A/1691, Bl. 26–32.

（18） SAPMO-BArch, DY30/J IV 2/2A/1895, Bl. 119.

（19） 2016年5月時点の調査では，GARFの閣僚会議フォンドおよびRGAEのゴスプラン，ガス工業省フォンドで関連史料をほとんど発見できなかった．

（20） ウスチイリムスクに関する基本的な情報については *В. Винокуров и А. Суходолов*. Города Иркутской области. 2-ое изд. Иркутск. 2011. С. 280–286.

（21） ГАРФ. Ф.Р–5446. Оп. 109. Д. 696. Л. 54–55.

（22） РГАНИ. Ф. 5. Оп. 66. Д. 737. Л. 80.

（23） なお，1960年代前半に建設されたドルージバ・石油パイプラインの建設も，コメコン諸国による共同のプロジェクトであったが，「共同投資 совместное участие」とは呼ばれなかった．ドルージバについては，Flade（2017）, op. cit., pp. 325–330.

（24） ГАРФ. Ф.Р–5446. Оп. 109. Д. 696. Л. 38–40, 43.

（25） РГАНИ. Ф. 3. Оп. 72. Д. 625. Л. 120–121.

（26） ГАРФ. Ф.Р–5446. Оп. 109. Д. 694. Л. 126; Ф.Р–5446. Оп. 109. Д. 697. Л. 45–47.

（27） ГАРФ. Ф.Р–5446. Оп. 112. Д. 1174. Л. 60.

（28） ГАРФ. Ф.Р–5446. Оп. 109. Д. 694. Л. 49–50.

（29） ГАРФ. Ф.Р–5446. Оп. 111. Д. 749. Л. 9-12. なお，1975年のルーマニアからの鉄骨供給量について，対外貿易省とセルロース・製紙工業省のデータが異なって

いる．前者によれば 2175 トン，後者によれば 1782 トンとなる．

(30) ГАРФ. Ф.Р-5446. Оп. 110. Д. 790. Л. 1.

(31) ГАРФ. Ф.Р-5446. Оп. 110. Д. 792. Л. 1-2.

(32) ГАРФ. Ф.Р-5446. Оп. 110. Д. 792. Л. 39.

(33) ГАРФ. Ф.Р-5446. Оп. 110. Д. 792. Л. 2-4. なお，電力電化省のデータでは，内訳はコムソモール員 2000 人，退役兵 2500 人，コメコン諸国からの国際労働部隊 1500 人，そのほか 2000 人となっており，若干構成が異なる．ГАРФ. Ф.Р-5446. Оп. 110. Д. 792. Л. 39.

(34) ГАРФ. Ф.Р-5446. Оп. 110. Д. 788. Л. 94-96.

(35) ГАРФ. Ф.Р-5446. Оп. 110. Д. 788. Л. 99-100.

(36) *А. Долголюк.* «Создание социально-бытовой инфраструктуры города Усть-Илимска в 1960-1970-е гг.» Усть-Илимск. Вчера, сегодня, завтра. Материалы 1 региональной научно-практической конференции. Братск. 2012. С. 12.

(37) ГАРФ. Ф.Р-5446. Оп. 111. Д. 751. Л. 1-2.

(38) ГАРФ. Ф.Р-5446. Оп. 111. Д. 1315. Л.. 86.

(39) ГАРФ. Ф.Р-5446. Оп. 136. Д. 699. Л. 132-133.

(40) РГАЭ. Ф. 561. Оп. 59с. Д. 5. Л. 82-84.

(41) „Information über eine Tagung des Planungskomitees des RGW, Berlin, 1. November 1973," BArch-B, DE1/56573, Bl. 2.

(42) ソ連の労働力「不足」については，すでに多くの研究が存在する．以下の文献を参照．Jan Adam ed., *Employment Policies in the Soviet Union and Eastern Europe*. 2nd ed.（Hong Kong: MacMillan Press, 1987）; David Lane ed., *Labour and Employment in the USSR*（Brighton: Harvester Press, 1986）; Susanne Oxenstierna, *From Labour Shortage to Unemployment? The Soviet Labour Market in the 1980s*（Stockholm: Almqvist & Wicksell International, 1990）.

(43) このガスパイプライン・プロジェクトの概要については, David Stone（2008）, op. cit., p. 67; Jonathan Stern, "Soviet Natural Gas in the World Economy," in Robert Jensen, Theodore Shabad and Arthur Wright eds., *Soviet Natural Resources in the World Economy*（Chicago: University of Chicago Press, 1983）, pp. 373-374. 統計データについては，Bethkenhagen（1990）, a. a. O., S. 236.

(44) BArch-B, DE1/58726, Bl. 150-151.

(45) Jiri Kosta, "Manpower Problems in the GDR," in Jan Adam ed., Employment Policies in the Soviet Union and Eastern Europe. 2nd ed.（Houndmills and London: Macmillan Press, 1987）, pp. 55-77.

(46) „Brief von Klaus Siebold an Gerhard Schürer, 14. Dezember 1974," BArch-B, DE1/58578, Bl. 1.

(47) Hannigan and McMillan (1981), op. cit., pp. 277–278.

(48) Ibid., pp. 277–278; „Information über eine Tagung des Planungskomitees des RGW, Berlin, 1. November 1973," BArch-B, DE1/56573, Bl. 4.

(49) РГАЭ. Ф. 458. Оп. 1. Д. 4357. Л. 63.

(50) ГАРФ. Ф.Р-5446. Оп. 110. Д. 498. Л. 112.

(51) Bethkenhagen (1990), a. a. O., S. 236.

(52) David Stone (2008), op. cit., pp. 68–72.

(53) РГАЭ. Ф. 365. Оп. 9. Д. 1982. Л. 113.

(54) РГАЭ. Ф. 365. Оп. 9. Д. 1982. Л. 113–114.

(55) РГАЭ. Ф. 365. Оп. 9. Д. 1982. Л. 114–115.

(56) РГАЭ. Ф. 365. Оп. 9. Д. 1982. Л. 114.

(57) *Ю.Пекшев*. Долгосрочные целевые программы сотрудничества стран-членов СЭВ. Москва. 1980. С. 66–71.

(58) Там же. С. 122–123.

(59) „Information über die Beratung mit Genossen Kossygin am 10. 12. 1976 in Moskau," SAPMO-BArch, DY30/7178, Bl. 4.

(60) „Information über die 18. Tagung des RGW-Planungskomitees," SAPMO-BArch, DY30/27075, Bl. 4–5.

(61) „Anlage 6. Probleme der langfristigen Entwicklung der Schwarzmetallurgie der DDR," BArch-B, DE1/58665, Bl. 1–3.

(62) „Stenografische Niederschrift der Beratung des Vorsitzenden des Ministerrates der DDR, Genossen Willi Stoph, mit dem Vorsitzenden des Ministerrates der UdSSR, Genossen Alexej Kossygin, am Freitag, dem 8. Dezember 1978, in Moskau," BArch-B, DE1/58667, Bl. 24–25.

(63) „Information über die Beratung mit Genossen Baibakow, 28. 3. 1975," BArch-B DE1/58575, Bl. 3.

(64) „Auskunft zu einigen Fragen, die während des Treffens des Genossen A.N.Kossygin mit den Genossen Willi Stoph und Günter Mitag am 8. Dezember 1978 im Zusammenhang mit dem Material behandelt wurden, das Genosse Erich Honecker dem Sowjetischen Botschafter übergeben hatte, 14. Februar 1979," BArch-B, DE1/58667, Bl. 3.

(65) 藤澤潤「東西冷戦下の経済関係—ソ連・コメコンと西欧」松戸ほか編（2017），前掲，第3巻，241頁．

(66) „Information über die 31. Tagung des Büros des RGW-Planungskomitees", BArch-B, DE1/56075, Bl. 1; オスト製鉄所については，Jörg Roesler, „'Eisen für den Frieden.' Das Eisenhüttenkombinat Ost in der Wirtschaft der DDR," in von Rosemarie

Beier hg., *Aufbau West — Aufbau Ost. Die Planstädte Wolfsburg und Eisenhüttenstadt in der Nachkriegszeit*（Ostfildern: Hatje Cantz Verlag, 1997）, S. 149–158.

(67)　Karlsch（2016）, a. a. O., S. 352–353.

(68)　産油国ルーマニアは 1978 年までソ連から原油を輸入せず，1979 年以降もソ連以外の国からの輸入量が多かったことから，ソ連からの原油輸入は他の東欧諸国ほど重要な問題ではなかった．Bethkenhagen（1990）, a. a. O., S. 223–224, 236–237 より計算．

(69)　*Славкина*. Нефтегазовый фактор. С. 291 より作成．

(70)　РГАНИ. Ф. 80. Оп. 1. Д. 321. Л. 210–212.

(71)　РГАНИ. Ф. 80. Оп. 1. Д. 321. Л. 212–216.

(72)　РГАНИ. Ф. 80. Оп. 1. Д. 321. Л. 211.

(73)　РГАНИ. Ф. 80. Оп. 1. Д. 321. Л. 199–201.

(74)　РГАНИ. Ф. 80. Оп. 1. Д. 321. Л. 217.

(75)　Известия, 5. 1. 1977, 1. 3. 1978.

(76)　1978 年から 85 年までの 9 年間で，西シベリア石油・ガスコンプレックスに関して 9 つの党・政府決定，17 の政府決定が出された．*Колева*. Создание Западно-Сибирского нефтегазового комплекса. Т. 1. С. 182.

(77)　РГАНИ. Ф. 2. Оп. 3. Д. 452. Л. 11–12, 19–20.

(78)　РГАНИ. Ф. 2. Оп. 3. Д. 452. Л. 71.

(79)　РГАЭ. Ф. 4372. Оп. 67. Д. 1434. Л. 7, 13.

(80)　РГАЭ. Ф. 4372. Оп. 67. Д. 1434. Л. 15.

(81)　Gustafson（1989）, op. cit., pp. 25–29.

(82)　*М. Славкина*. «Влияние нефтегазового комплекса на социально-экономическое развитие СССР в 1945–1991 гг.». Кандидатская диссертация. Москва. 2006. С. 183–184.

(83)　Christopher Ward, *Brezhnev's Folly. The Building of BAM and Late Soviet Socialism*（Pittsburgh: University of Pittsburgh Press, 2009）, p. 8.

(84)　原文では，Партия — другой силы нет.

(85)　РГАНИ. Ф. 80. Оп. 1. Д. 168. Л. 1.

(86)　*Славкина*. Нефтегазовый фактор. С. 284.

(87)　SAPMO-BArch, DY30/J IV 2/2A/1994, Bl. 72–73.

(88)　„Zur Beratung des Planungskomitees des RGW, Moskau, 12. 4. 1977," BArch-B, DE1/56580, Bl. 1–2.

(89)　„Information über Gespräche mit Vertretern des Gosplan der UdSSR auf Expertenebene zu den Fragen der Rohstofflieferungen im Zeitraum 1981 bis 1985, Moskau, den 20. 10. 1978," BArch-B, DE1/58665, Bl. 1–5.

(90)　誰がバイバコフと交渉したのか，史料中に記載がないが，おそらくは東ドイツ側交渉者は国家計画委員会議長シューラーと思われる．„Information über die Beratung mit Genossen Baibakow am 28. 10. 1978,“ BArch-B, DE1/58665, Bl. 2.

(91)　„Stenografische Niederschrift der Beratung des Vorsitzenden des Ministerrates der DDR, Genossen Willi Stoph, mit dem Vorsitzenden des Ministerrates der UdSSR, Genossen Alexej Kossygin, am Freitag, dem 8. Dezember 1978, in Moskau,“ BArch-B, DE1/58667, Bl. 19.

(92)　Ebenda, Bl. 22.

(93)　Ebenda, Bl. 63–66.

(94)　Ebenda, Bl. 65. 残念ながら，このブレジネフ・ホーネッカー会談に関する史料は発見できなかった．

(95)　Bethkenhagen（1990）, a. a. O., S. 236.

(96)　ヤーギン（1991），前掲，下巻，424–435 頁．

(97)　РГАЭ. Ф. 4372. Оп. 67. Д. 3398. Л. 180–181.

(98)　РГАЭ. Ф. 4372. Оп. 67. Д. 3398. Л. 188–190.

(99)　РГАЭ. Ф. 4372. Оп. 67. Д. 3398. Л. 205–209.

(100)　РГАЭ. Ф. 4372. Оп. 67. Д. 3398. Л. 252.

(101)　Hanson（2003）, op. cit., p. 152.

(102)　Hans-Hermann Hertle und Konrad Jarausch hg., *Risse im Bruderbund. Die Gespräche Honecker-Breshnew 1974 bis 1982*（Berlin: Ch.Links, 2006）, S. 200–201.

(103)　Ebenda, Bl. 206.

(104)　Bethkenhagen（1990）, a. a. O., S. 197–198.

(105)　„Breshnew an Honecker, 27. 8. 1981,“ BArch-B, DE1/58725, Bl. 175–177; Karlsch, „Energie- und Rohstoffpolitik,“ S. 344.

(106)　„Honecker an Breshnew, 4. 9. 1981,“ BArch-B, DE1/58725, Bl. 168–169.

(107)　SAPMO-BArch, DY30/J IV 2/2A/2431, Bl. 29–30, 42.

(108)　SAPMO-BArch, DY30/J IV 2/2A/2431, Bl. 43–44.

(109)　Judt（2013）, a. a. O., S. 147.

(110)　Hertle（1996）, a. a. O., S. 47–48.

(111)　Karlsch（2016）, a. a. O., S. 345.

(112)　РГАНИ. Ф. 89. Оп. 42. Д. 48. Л. 2–3.

(113)　РГАНИ. Ф. 89. Оп. 42. Д. 48. Л. 6.

(114)　*Е.Чазов*. Здоровье и влатсь. Воспоминания кремлевского врача. Москва. 2013. С. 144–145.

(115)　РГАНИ. Ф. 89. Оп. 42. Д. 48. Л. 6–7.

(116)　Judt（2013）, a. a. O., S. 148–153.

(117) この措置によっても東ドイツは累積債務を処理しきれず，西ドイツからの大規模な融資に頼らざるをえなくなった．Jonathan Zatlin, *The Currency of Socialism. Money and Political Culture in East Germany*（Cambridge: Cambridge University Press, 2007）, pp. 108–109, 140.

(118) *В. Дашичев.* «Неудавшиеся попытки реформирования Совета Экономической Взаимопомощи. К 60-летию создания СЭВ». Социально-гуманитарные знания. №. 5. 2009. С. 184–186.

(119) Там же. С. 184–186.

(120) Robert English, *Russia and the Idea of the West. Gorbachev, Intellectuals and the End of the Cold War*（New York: Columbia University Press, 2000）, pp. 141–147; 塩川伸明「ペレストロイカからソ連解体へ――過程と帰結」『スラヴ文化研究』1 号，2013 年，10–18 頁．

(121) *Дашичев.* Указ. Соч. С. 186, 192–198.

(122) 1986 年の原油価格暴落については，ヤーギン（1991），前掲，544–545 頁．

(123) *А. Черняев* рук. проекта. В Политбюро ЦК КПСС... По записям Анатолия Черняева, Вадима Медведева, Георгия Шахназарова（1985–1991）. Изд. 2-е. Москва. 2008. С. 73.

(124) Там же. С. 89.

(125) ツェディリンによれば，「対外経済関係の管理の改善に関する措置について」および「社会主義諸国との経済および科学技術協力の管理の改善に関する措置について」の二つである．Leonid Zedilin, „Sowjetunion, DDR und RGW in der Ära Gorbatschow," *Berichte des Bundesinstituts für ostwissenschaftliche und internationale Studien* 34（1995）, S. 21–23.

終章

(1) Zedilin（1995）, a. a. O., S. 28–29.

(2) «Известия». 28 июня 1991.

(3) "BP Statistical Review of World Energy. All Data 1965–2017" より計算．https://www.bp.com/en/global/corporate/energy-economics/statistical-review-of-world-energy.html

文献目録

1. 文書館史料

ドイツ

Bundesarchiv Berlin（BArch-B）

ドイツ民主共和国

閣僚会議（DC20）

国家計画委員会（DE1）

対外貿易省（DL2）

Stiftung Archiv der Parteien und Massenorganisationen der DDR im Bundesarchiv（SAPMO-BArch）

ドイツ社会主義統一党（SED）（DY30）

Das Politische Archiv des Auswärtigen Amtes（PAAA）

ドイツ民主共和国外務省（MfAA）

ロシア

Государственный Архив Российской Федерации（ГАРФ）

ソ連閣僚会議（Ф. Р-5446）

Российский Государственный Архив Новейшей Истории（РГАНИ）

中央委員会総会（Ф. 2）

中央委員会政治局（Ф. 3）

中央委員会部局（Ф. 5）

ブレジネフ文書（Ф. 80）

Российский Государственный Архив Экономики（РГАЭ）

ソ連閣僚会議付属国家対外経済関係委員会（GKES）（Ф. 365）

ソ連ガス工業省（Ф. 458）

ソ連国家計画委員会（ゴスプラン）（Ф. 4372）

経済総合援助会議（コメコン）（Ф. 561）

2. 定期刊行物

Einheit

Neues Deutschland

Tägliche Rundschau

Известия

Коммунист

Правда

3. 刊行史料

Bonwetsch, Bernd, „Stalin und die Vorbereitung des 3. Parteitages der SED. Ein Treffen mit der SED-Führung am 4. Mai 1950," *Vierteljahrshefte für Zeitgeschichte* 51, 4（2003）, S. 575-607.

Hertle, Hans-Hermann und Jarausch, Konrad hg., *Risse im Bruderbund. Die Gespräche Honecker-Breshnew 1974 bis 1982*（Berlin: Ch.Links, 2006）.

Артизов, А. ред. Советско-венгерские экономические отношения, 1948-1973. Москва. 2012.

Внешняя торговля 1918-1966. Статистический сборник. Москва. 1967.

Генеральный секретарь Л. И. Брежнев 1964-1982. Вестник Архива Президента. Специальное издание. Москва. 2006.

XX съезд коммунистической партии советского союза. Стенографический отчет. Т. 1. М. 1956.

Кынин, Г. и Лауфер, Й. сост. СССР и германский вопрос. Т. 1-3. Москва. 1996, 2000, 2003.

Леонид Брежнев. Рабочие и дневниковые записи в 3-х томах. Т. 1. Леонид Брежнев. Рабочие и дневниковые записи 1964-1982 гг. Москва. 2016.

Молотов, Маленьков, Каганович. 1957. Стенограмма июньского пленума ЦК КПСС и другие документы. Москва. 1998.

Народное хозяйство СССР 1922-1982. Юбилейный статистический ежегодник. Москва. 1982.

Народное хозяйство СССР за 70 лет. Юбилейный статистический ежегодник. Москва. 1987.

Никита Сергеевич Хрущев. Два цвета времени. Документы из личного фонда Н.С.Хрущева в 2-х томах. Москва. 2009.

Фурсенко, А. гл.ред. Президиум ЦК КПСС 1954-1964. Т. 1. Черновые протокольные записи заседаний Стенограммы. 2-е изд. Москва. 2004.

Хрущев, Н. «Насущные вопросы развития мировой социалистической системы». Коммунист. №.12. 1962.

«Хрущев, Н. С. «У Сталина были моменты просветления». Запись беседы с делегацией Итальянской компартии». Источник. №.2. 1994.

Черняев, А. рук. проекта. В Политбюро ЦК КПСС... По записям Анатолия Черняева, Вадима Медведева, Георгия Шахназарова（1985–1991）. Изд. 2-е. Москва. 2008.

4. 外国語文献

(1) 英独語文献

Afkhami, Gholam Reza, *The Life and Times of the Shah*（Berkeley: University of California Press, 2009）.

Ahrens, Ralf, *Gegenseitige Wirtschaftshilfe? Die DDR im RGW. Strukturen und handelspolitische Strategien 1963–1976*,（Köln: Böhlau, 2000）.

——— „Außenwirtschaftspolitik zwischen Ostintegration und Westverschuldung,“ in Dierk Hoffman hg., *Wirtschaftspolitik in Deutschland 1971–1991. Bd.3. Die zentrale Wirtschaftsverwaltung in der SBZ/DDR. Akteure, Strukturen, Verwaltungspraxis*（Berlin: De Gruyter Oldenbourg, 2016）, S. 510–590.

Alvandi, Roham and Gheorghe, Eliza, “The Shah's Petro-Diplomacy with Ceausescu: Iran and Romania in the Era of Détente,” *Cold War International History Project*（CWIHP）*Working Paper* 74（2014）.

Ausch, Sándor, *Theory and Practice of CMEA Cooperation*, trans. by J. Rácz（Budapest: Akadémiai Kiadó, 1972）.

Bamberg, James, *British Petroleum and Global Oil, 1950–1975. The Challenge of Nationalism*（Cambridge: Cambridge University Press, 2000）.

Berend, Ivan, *Central and Eastern Europe, 1944–1993. Detour from the Periphery to the Periphery*（Cambridge: Cambridge University Press, 1996）.

——— *An Economic History of Twentieth-Century Europe. Economic Regimes from Laissez-Faire to Globalization*（Cambridge: Cambridge University Press, 2006）.

Bethkenhagen, Jochen, *Die Energiewirtschaft in den kleineren Mitgliedstaaten des Rates für Gegenseitige Wirtschaftshilfe. Entwicklungstendenzen in den achtziger Jahren*（Berlin: Duncker und Humbolt, 1990）.

Borhi, László, *Hugary in the Cold War 1945–1956. Between the United States and the Soviet Union*（Budapest: Central European University Press, 2004）.

Bowker, Mike, “Brezhnev and Superpower Relations,” in Edwin Bacon and Mark Sandle eds., *Brezhnev Reconsidered*（Basingstoke: Palgrave Macmillan, 2002）, pp. 90–109.

Brabant, Jozef van, *Economic Integration in Eastern Europe. A Handbook*（New York: Harvester, 1989）.

Brada, Josef, "Soviet Subsidization of Eastern Europe: The Primacy of Economics over Politics?" *Journal of Comparative Economics* 9, 1 (1985), pp. 80-92.

Brown, Michael, "The Nationalization of the Iraqi Petroleum Company," *International Journal of Middle East Studies* 10 (1979), pp. 107-124.

Brunner, Detlev, „DDR »transnational«. Die »internationale Solidarität« der DDR," in Alexander Gallus, Axel Schildt und Detlef Siegfried hg., *Deutsche Zeitgeschichte-transnational*, Göttingen, 2015, S. 64-80.

Chadwick, Margaret, Long, David, and Nissanke, Machiko, *Soviet Oil Exports: Trade Adjustments, Refining Constraints and Market Behaviour* (Oxford: Oxford University Press, 1987).

Chirot, Daniel, "What Happened in Eastern Europe in 1989," *Praxis International* 10, 3/4 (1990), pp.279-281.

Crump, Laurien, *The Warsaw Pact Reconsidered. International Relations in Eastern Europe, 1955-69* (London: Routledge, 2015).

Csaba, László, "Joint Investments and Mutual Advantages in the CMEA. Retrospection and Prognosis," *Soviet Studies* 37, 2 (1985), pp. 227-247.

——— *Eastern Europe in the World Economy* (Cambridge: Cambridge University Press, 1990).

Després, Laure, "Eastern Europe and the Third World. Economic Interactions and Polocies," in Roger Kanet ed., *The Soviet Union, Eastern Europe and the Third World* (Cambridge: Cambridge University Press, 1987), pp. 141-162.

Dietrich, Christopher, *Oil Revolution. Anticolonial Elites, Sovereign Rights, and the Economic Culture of Decolonization* (Cambridge: Cambridge University Press, 2017).

Dragomir, Elena, *Cold War Perceptions. Romania's Policy Change towards the Soviet Union, 1960-1964* (Newcastle upon Tyne: Cambridge Scholars Publishing, 2015).

Engerman, David, "The Romance of Economic Development and New Histories of the Cold War," *Diplomatic History* 28, 1 (2004), pp. 23-54.

——— "The Second World's Third World," *Kritika: Explorations in Russian and Eurasian History* 12, 1 (2011), pp. 183-211.

——— "Development Politics and the Cold War," *Diplomatic History* 41, 1 (2017), pp. 1-19.

——— *The Price of Aid. The Economic Cold War in India* (Cambridge, Mass.: Harvard University Press, 2018).

English, Robert, *Russia and the Idea of the West. Gorbachev, Intellectuals and the End of the Cold War* (New York: Columbia University Press, 2000).

Ferrier, Ronald, "The Iranian Oil Industry," Peter Avery, Gavin Hambly and Charles

Melville eds., *The Cambridge History of Iran, vol.7. From Nadir Shah to the Islamic Republic*, ed. by (Cambridge: Cambridge University Press, 1991), pp. 639–701.

Flade, Falk, "Creating a Common Energy Space. The Building of the Druzhba Oil Pipeline," in Jeronim Perović ed., *Cold War Energy. A Transnational History of Soviet Oil and Gas*, (Cham: Palgrave Macmillan, 2017), pp. 321–344.

Freedman, Robert, "The Soviet Union and the Politics of Middle Eastern Oil," in Naiem Sherbiny and Mark Tessler eds., *Arab Oil. Impact on the Arab Countries and Global Implications* (New York: Praeger, 1976), pp. 305–327.

Gaddy, Clifford and Ickes, Barry, "Resource Rents and the Russian Economy," *Eurasian Geography and Economics* 46, 8 (2005), p. 559–583.

Garthoff, Raymond, *Détente and Confrontation. American-Soviet Relations from Nixon to Reagan* (Washington, D.C.: Brookings Institution, 1985).

Gelman, Harry, *The Brezhnev Politburo and the Decline of Détente* (Ithaca and London: Cornell University Press, 1984).

Gibianskij, Leonid, „Die Gründung des Rates für gegenseitige Wirtschaftshilfe," in Walter Iber und Peter Ruggenthaler hg., *Stalins Wirtschaftspolitik an der sowjetischen Peripherie. Ein Überblick auf der Basis sowjetischer und osteuropäischer Quellen* (Innsbruck: Studien Verlag, 2011), S. 21–41.

Golan, Galia, *The Czechoslovak Reform Movement. Communism in Crisis 1962–1968* (Cambridge: Cambridge University Press, 1971).

Goldman, Marshall, *The Enigma of Soviet Petroleum. Half-Full or Half-Empty?* (London: George Allen & Unwin, 1980).

Graf, Rüdiger, *Öl und Souveränität. Petroknowledge und Enerigepolitik in den USA und Westeuropa in den 1970er Jahren* (Berlin: De Gruyter Oldenbourg, 2014).

Gustafson, Thane, *Crisis amid Plenty. The Politics of Soviet Energy under Brezhnev and Gorbachev* (Princeton: Princeton University Press, 1989).

Hannigan, John and McMillan, Carl, "CMEA Trade and Cooperation with the Third World in the Energy Sector," in Economic Directorate ed., *CMEA. Energy 1980–1990. Colloquium 8–10 April 1981. Brussels* (Newtonville, Mass.: Oriental Research Partners, 1981), pp. 215–237.

——— "Joint Investment in Resource Development. Sectoral Approaches to Socialist Integration," in Joint Economic Committee ed., *East European Economic Assessment. A Compendium of Papers Submitted to the Joint Economic Committee, Congress of the United States. Part 2. Regional Assessments* (Washington, D.C.: Joint Committee Print, 1981), pp. 259–295.

Hanson, Philip, *The Rise and Fall of the Soviet Economy. An Economic History of the USSR*

from 1945 (London: Longman, 2003).

Harrison, Hope, "Ulbricht and the Concrete "Rose". New Archival Evidence on the Dynamics of Soviet-East German Relations and the Berlin Crisis, 1958–1961," *CWIHP Working Paper* 5 (1993).

——— *Driving the Soviets up the Wall. Soviet-East German Relations, 1953–1961* (Princeton: Princeton University Press, 2003).

Harrison, Mark ed., *The Economics of World War II. Six Great Powers in International Comparison* (Cambridge: Cambridge University Press, 1998).

Haslam, Jonathan, *Russia's Cold War. From the October Revolution to the Fall of the Wall* (New Haven and London: Yale University Press, 2011).

Hassan, John and Duncan, Alan, "The Role of Energy Supplies during Western Europe's Golden Age, 1950–1972," *Journal of European Economic History* 18, 3 (1989), pp. 479–508.

Hertle, Hans-Hermann, *Der Fall der Mauer. Die unbeabsichtigte Selbstauflösung des SED-Staates, 2.-Aufl.* (Opladen: Westdeutscher Verlag, 1996).

Hewett, Edward, *Energy, Economics, and Foreign Policy in the Soviet Union* (Washington, D.C.: Brookings Institution, 1984).

Hobsbawm, Eric, *Age of Extremes. The Short Twentieth Century 1914–1991* (London: Michael Joseph, 1994).

Hoffman, Dierk und Malycha, Andreas hg., *Erdöl, Mais und Devisen. Die ostdeutsch-sowjetischen Wirtschaftsbeziehungen 1951–1967. Eine Dokumentation* (Berlin: De Gruyter Oldenbourg, 2016).

Högselius, Per, *Red Gas. Russia and the Origins of European Energy Dependence* (New York: Palgrave Macmillan, 2013).

Holzman, Franklyn, "Soviet Foreign Trade Pricing and the Question of Discrimination," *Review of Economics and Statistics* 44, 2 (1962), pp. 134–147.

——— *International Trade under Communism. Politics and Economics* (New York, 1976).

Iber, Walter und Ruggenthaler, Peter hg., *Stalins Wirtschaftspolitik an der sowjetischen Peripherie. Ein Überblick auf der Basis sowjetischer und osteuropäischer Quellen* (Innsbruck: Studien Verlag, 2011).

Jackson, Ian, "Economics and the Cold War," in Richard Immerman and Petra Goedde eds., *The Oxford Handbook of the Cold War* (Oxford: Oxford University Press, 2013), pp. 50–66.

Jarzabek, Wanda, "Polish Economic Policy at the Time of *Détente*, 1966–78," *European Review of History* 21, 2 (2014), pp. 293–309.

Jensen, Robert, Shabad, Theodore, and Wright, Arthur eds., *Soviet Natural Resources in the World Economy*（Chicago: University of Chicago Press, 1983）.

Judt, Matthias, *Der Bereich Kommerzielle Koordinierung. Das DDR-Wirtschaftsimperium des Alexander Schalck-Golodkowski. Mythos und Realität*（Berlin: Ch. Links Verlag, 2013）.

Kalinovsky, Artemy, *A Long Goodbye. The Soviet Withdrawal from Afghanistan*（Cambridge, Mass.: Harvard University Press, 2011）.

Kalinovsky, Artemy and Giustozzi, Antonio, *Missionaries of Modernity. Advisory Missions and the Struggle for Hegemony in Afghanistan and Beyond*（London: Hurst & Company, 2016）.

Kansikas, Suvi, "Calculating the Burden of Empire. Soviet Oil, East-West Trade, and the End of the Socialist Bloc," in Jeronim Perović ed., *Cold War Energy. A Transnational History of Soviet Oil and Gas*（Cham: Palgrave Macmillan, 2017）, pp. 345–369.

Kaplan, Karel, "The Council for Mutual Economic Aid（1949–1951）（Excerpts of Documents with Commentary.）," *Research Project "The Experience of the Prague Spring 1968" Working Study* 4（1979）.

Karlsch, Rainer, „Energie-und Rohstoffpolitik," in Dierk Hoffmann hg., *Die Zentrale Wirtschaftsverwaltung in der SBZ/DDR. Akteure, Strukturen, Verwaltungspraxis*（Berlin: De Gruyter Oldenbourg, 2016）, S. 249–362.

Karlsch, Rainer und Laufer, Jochen hg., *Sowjetische Demontagen in Deutschland 1944–1949*（Berlin: Duncker und Humblot, 2002）.

Keiderling, Gerhard, *>Rosinenbomber< über Berlin. Währungsreform, Blockade, Luftbrücke, Teilung*（Berlin: Dietz, 1998）.

Kemp-Welch, Anthony, *Poland under Communism. A Cold War History*（Cambridge: Cambridge University Press, 2008）.

Koop, Volker, *Kein Kampf um Berlin? Deutsche Politik zur Zeit der Berlin-Blockade 1948/1949*（Bonn: Bouvier, 1998）.

Kramer, Mark, "The Decline in Soviet Arms Transfers to the Third World, 1986–1991. Political, Economic, and Military Dimensions," in Artemy Kalinovsky and Sergey Radchenko eds., *The End of the Cold War and the Third World. New Perspectives on Regional Conflict*（London and New York: Routledge, 2013）, pp. 46–100.

Laron, Guy, *Origins of the Suez Crisis. Postwar Development Diplomacy and the Struggle over Third World Industrialization, 1945–1956*（Washington, D.C.: Woodrow Wilson Center Press, 2013）.

Laufer, Jochen, „Die sowjetische Reparationspolitik 1946 und das Problem der alliierten Kooperationsföhigkeit," in Gerhard Schmidt hg., *Ost-West-Beziehungen. Konfrontation*

und Detente 1945–1989 (Bochum: Universitatsverlag Dr. N. Brockmeyer, 1995), S. 53–75.

———— „'Reingeschlittert'? Die UdSSR und die Ursprünge der Berlin-Blockade 1944–1948," in B. Ciesla, M. Lemke und Th. Lindenberger hg., *Sterben für Berlin? Die Berliner Krisen 1948: 1958* (Berlin: Metropol, 1999), S. 25–45.

———— „Der Friedensvertrag mit Deutschland als Problem der sowjetischen Außenpolitik. Die Stalin-Note vom 10. März 1952 im Lichte neuer Quellen," *Vierteljahrshefte für Zeitgeschichte* 52, 1 (2004), S. 99–118.

Lavigne, Marie, "The Soviet Union inside Comecon," *Soviet Studies* 35, 2 (1983), pp. 135–153.

Leffler, Melvyn, *For the Soul of Mankind. The United States, the Soviet Union, and the Cold War* (New York: Hill and Wang, 2007).

———— *Safeguarding Democratic Capitalism. U.S. Foreign Policy and National Security, 1920–2015* (Princeton: Princeton University Press, 2017).

Lemke, Michael, *Die Berlinkrise 1958 bis 1963. Interessen und Handlungsspielräume der SED im Ost-West-Konflikt* (Berlin: Akademie Verlag, 1995).

———— *Einheit oder Sozialismus? Die Deutschlandpolitik der SED 1949–1961* (Köln: Böhlau Verlag, 2001).

Lentz, Manfred, *Die Wirtschaftsbeziehungen DDR-Sowjetunion 1945–1961* (Opladen, 1979).

Loth, Wilfried, *Stalins ungeliebtes Kind. Warum Moskau die DDR nicht wollte* (Berlin: Wowohlt, 1994).

Lorenzini, Sara, "The Socialist Camp and the Challenge of Economic Modernization in the Third World," in Silvio Pons et al. eds., *The Cambridge History of Communism*, vol. 2, (Cambridge: Cambridge University Press, 2017), pp. 341–363.

Lüthi, Lorenz, "Drifting Apart. Soviet Energy and the Cohesion of the Communist Bloc in the 1970s and 1980s," in Jeronim Perović ed., *Cold War Energy. A Transnational History of Soviet Oil and Gas*, (Cham: Palgrave Macmillan, 2017), pp. 371–399.

Marrese, Michael and Vanous, Jan, "Unconventional Gains from Trade," *Journal of Comparative Economics* 7, 4 (1983), pp. 382–399.

———— *Soviet Subsidization of Trade with Eastern Europe. A Soviet Perspective* (Berkley: Institute of International Studies, University of California, 1983).

Matejka, Harriet, "More Joint Enterprises with the CMEA," in John Hardt and Carl McMillan eds., *Planned Economies Confronting the Challenges of the 1980s* (Cambridge: Cambridge University Press, 1988), pp. 171–185.

Mendershausen, Horst, "Terms of Trade between the Soviet Union and Smaller Communist

Countries, 1955–1957," *Review of Economics and Statistics* 41, 2 (1959), pp. 106–118.

Metcalf, Lee, "The Impact of Foreign Trade on the Czechoslovak Economic Reforms of the 1960s," *Europe-Asia Studies* 45, 6 (1993), pp. 1071–1090.

——— *The Council of Mutual Economic Assistance. The Failure of Reform* (Boulder: East European Monographs, 1997).

Naimark, Norman, *The Russians in Germany. A History of the Soviet Zone of Occupation, 1945–1949* (Cambridge, Mass.: Harvard University Press, 1997).

Nekrasov, Viacheslav, "Decision-Making in the Soviet Energy Sector in Post-Stalinist Times. The Failure of Khrushchev's Economic Modernization Strategy," in Jeronim Perović ed., *Cold War Energy. A Transnational History of Soviet Oil and Gas*, (Cham: Palgrave Macmillan, 2017), pp. 165–199.

Perović, Jeronim ed., *Cold War Energy. A Transnational History of Soviet Oil and Gas*, (Cham: Palgrave Macmillan, 2017).

Plumpe, Werner und Steiner, André, „Der Mythos von der postindustriellen Welt," Werner Plumpe und André Steiner hg., *Der Mythos von der postindustriellen Welt. Wirtschaftlicher Strukturwandel in Deutschland 1960–1990* (Göttingen: Wallstein, 2016), S. 7–14.

Robinson, Paul and Dixon, Jay, *Aiding Afghanistan. A History of Soviet Assistance to a Developing Country* (London: Hurst & Company, 2013).

Russel, Jeremy, *Energy as a Factor in Soviet Foreign Policy* (Lexington, Mass.: Lexington Books, 1976).

Rutland, Peter, "David Stone. 'CMEA's International Investment Bank and the Crisis of Developed Socialism'," *H-Diplo Article Reviews* 196 (2008), pp. 1–4. https://issforum.org/reviews/PDF/Rutland-Stone.pdf

Sanchez-Sibony, Oscar, *Red Globalization. The Political Economy of the Soviet Cold War from Stalin to Khrushchev* (Cambridge: Cambridge University Press, 2014).

Schaefer, Henry, *Comecon and the Politics of Integration* (New York: Praeger Publishers, 1972).

Siebs, Benno-Eide, *Die Außenpolitik der DDR, 1976–1989. Strategien und Grenzen* (Paderborn: Ferdinand Schpningh, 1999).

Smolansky, Olas with Smolansky, Bettie, *The USSR and Iraq. The Soviet Quest for Influence* (Durham: Duke University Press, 1991).

Spechler, Dina and Spechler, Martin, "A Reassessment of the Burden of Eastern Europe on the USSR," *Europe-Asia Studies* 61, 9 (2009), pp. 1645–1657.

Steiner, André, *Von Plan zu Plan. Eine Wirtschaftsgeschichte der DDR* (München: Deutsche Verlags-Anstalt, 2004).

——— „Abschied von der Industrie? Wirtschaftlicher Strukturwandel in West- und Ostdeutschland seit den 1960er Jahren," in Werner Plumpe und André Steiner hg., *Der Mythos von der postindustriellen Welt. Wirtschaftlicher Strukturwandel in Deutschland 1960–1990* (Göttingen: Wallstein, 2016), S. 15–54.

Stern, Jonathan, "Soviet Natural Gas in the World Economy," in Robert Jensen, Theodore Shabad and Arthur Wrigt eds., *Soviet Natural Resources in the World Economy* (Chicago: University of Chicago Press, 1983), pp. 363–384.

Stone, David, "CMEA's International Investment Bank and the Crisis of Developed Socialism," *Journal of Cold War Studies* 10, 3 (2008), pp. 48–77.

Stone, Randall, *Satellites and Commissars. Strategy and Conflict in the Politics of Soviet-Bloc Trade* (Princeton and Oxford: Princeton University Press, 1995).

Stöver, Bernd, *Der Kalte Krieg 1947–1991. Geschichte eines radikalen Zeitalters* (Bonn: Bundeszentrale für Politische Bildung, 2007).

Taubman, William, *Khrushchev. The Man and His Era* (New York and London: W. W. Norton, 2003).

Thomas, Mark, "Revisiting Soviet Oil Subsidies to East Europe. System Maintenance in the Soviet Hegemony, 1970–1984," Ph. D. Dissertation, University of Notre Dame (2001).

Valkenier, Elizabeth, *The Soviet Union and the Third World. An Economic Bind* (New York: Praeger, 1985).

Ward, Christopher, *Brezhnev's Folly. The Building of BAM and Late Soviet Socialism* (Pittsburgh: University of Pittsburgh Press, 2009).

Wolfe-Hunnicutt, Brandon, "The End of the Concessionary Regime. Oil and American Power in Iraq, 1958–1972," Ph. D. Dissertation, Stanford University (2011).

Yodfat, Aryeh, *The Soviet Union and Revolutionary Iran* (New York: St. Martin's Press, 1984).

Zatlin, Jonathan, *The Currency of Socialism. Money and Political Culture in East Germany* (Cambridge: Cambridge University Press, 2007).

Zloch-Christy, Iliana, *Debt Problems of Eastern Europe* (Cambridge: Cambridge University Press, 1987).

Zubok, Vladislav, *A Failed Empire. The Soviet Union in the Cold War from Stalin to Gorbachev* (Chapel Hill: The University of North Carolina Press, 2007).

——— "Soviet Foreign Policy from Détente to Gorbachev, 1975–1985," in Melvyn Leffler and Odd A. Westad eds., *The Cambridge History of the Cold War*, vol. 3 (Cambridge: Cambridge University Press, 2010), pp. 89–111.

Zwass, Adam, *The Council for Mutual Economic Assistance. The Thorny Path from Political to Economic Integration* (New York: M. E. Sharpe, 1989)

（2） ロシア語文献

Байбаков, Н. Собрание сочинений. Т.4. Москва. 2011.

Брежнев, Л. О внешней политике КПСС и Советского государства. Речи и статьи. М. 1978.

Винокуров, В. и Суходолов, А. Города Иркутской области. 2-ое изд. Иркутск. 2011.

Дашичев, В. «Неудавшиеся попытки реформирования Совета Экономической Взаимопомощи. К 60-летию создания СЭВ». Социально-гуманитарные знания. №.5. 2009.

Долголюк, А. «Создание социально-бытовой инфраструктуры города Усть-Илимска в 1960–1970–е гг.» Усть-Илимск. Вчера, сегодня, завтра. Материалы 1 региональной научно-практической конференции. Братск. 2012.

Иголкин, А. Нефтяная политика СССР в 1928–1940–м годах. Москва. 2005.

——— Советская нефтяная политика в 1940–м–1950–м годах. Москва. 2009.

Карпов, В. «Создание и развитие Западно-Сибирского нефтегазового комплекса（1948–1990 гг.）». Докторская диссертация. Тюмень. 2006.

Колева, Г. «Создание Западно-Сибирского нефтегазового комплекса в практике хозяйственного освоения Западной Сибири （1964–1989 гг.）». Докторская диссертация. Томск. 2007.

Липкин, М. Советский союз и интеграционные процессы в Европе. Середина 1940–х — конец 1960–х годов. Москва 2016.

Лукьяненков, С. «Создание территориально-производственных комплексов Сибири в контексте государственной политики размещения производительных сил в восточных районах РСФСР в 60–80–е гг. XX века». Докторская диссертация. Армавир. 2007.

Славкина, М. «Влияние нефтегазового комплекса на социально-экономическое развитие СССР в 1945–1991 гг». Кандидатская диссертация. Москва. 2006.

——— Нефтегазовый фактор отечественной модернизации. 1939–2008. Москва. 2015.

Соколов. А. Советское нефтяное хозяйство 1921–1945 гг. Москва. 2013.

Хрущев, Н. Воспоминания. Время, люди, власть. Т. 2. Москва. 1999.

Чазов, Е. Здоровье и влатсь. Воспоминания кремлевского врача. Москва. 2013.

Черняев, А. Дневники А.С.Черняева. Советская политика 1972–1991 гг. Взгляд изнутри. http://nsarchive.gwu.edu/rus/Chernyaev.html

Шмелев, Н. ред. Возможности ослабления импортной и кредитной зависимости стран СЭВ от несоциалистических государств. Москва. 1981.

Шпотов, Б. Американский бизнес и Советский Союз в 1920–1930–е годы. Лабиринты

экономического сотрудничества. Москва. 2013.

5. 邦語文献

池田嘉郎「20 世紀のヨーロッパ――ソ連史から照らし出す」近藤和彦編『ヨーロッパ史講義』山川出版社，2015 年
石井規衛『文明としてのソ連――初期現代の終焉』山川出版社，1995 年
ロバート・イーベル著，奥田英雄訳『ソビエト圏の石油と天然ガス――その将来の輸出能力を予測する』石油評論社，1971 年
上垣彰「社会主義的国際分業と社会主義的工業化（上・下）」『西南学院大学経済学論集』20 号 2・3 巻，1985 年，261-282 頁，21 号 1 巻，1986 年，49-103 頁
ヘルマン・ヴェントカー著，岡田浩平訳『東ドイツ外交史―― 1949-1989』三元社，2013 年
遠藤乾「ヨーロッパ統合の歴史――視座と構成」遠藤乾編『ヨーロッパ統合史』名古屋大学出版会，2008 年
オッド・A・ウェスタッド著，佐々木雄太監訳『グローバル冷戦史――第三世界への介入と現代世界の形成』名古屋大学出版会，2010 年
小野沢透『幻の同盟――冷戦初期アメリカの中東政策　上』名古屋大学出版会，2016 年
ハルトムート・ケルブレ著，永岑三千輝監訳『冷戦と福祉国家――ヨーロッパ 1945-89 年』日本経済評論社，2014 年
佐々木卓也『冷戦――アメリカの民主主義的生活様式を守る戦い』有斐閣，2011 年
アンソニー・サンプソン著，大原進・青木榮一訳『セブン・シスターズ――不死身の国際石油資本』日本経済新聞社，1976 年
塩川伸明「ペレストロイカからソ連解体へ――過程と帰結」『スラヴ文化研究』1 号，2013 年，10-18 頁
白鳥潤一郎『「経済大国」日本の外交――エネルギー資源外交の形成 1967-1974 年』千倉書房，2015 年
栖原学『ソ連工業の研究――長期生産指数推計の試み』御茶の水書房，2013 年
妹尾哲志『戦後西ドイツ外交の分水嶺――東方政策と分断克服の戦略　1963-1975 年』晃洋書房，2011 年
アレク・ノーヴ著，石井規衛，奥田央，村上範明訳『ソ連経済史』岩波書店，1982 年
野々村一雄『コメコン体制――社会主義的国際経済協力の研究』岩波書店，1975 年

樋口豊「デタントのなかのEC　1969-79年――ハーグから新冷戦へ」遠藤乾編『ヨーロッパ統合史』名古屋大学出版会，2008年
藤澤潤「経済開発の冷戦史――グローバル化する「対抗的近代」とその逆説」『ロシア史研究』102号，2018年，3-23頁
チコシュ-ナジ・ベーラ著，盛田常夫訳『社会主義と市場――経済改革のハンガリー・モデル』大月書店，1981年
益尾知佐子『中国政治外交の転換点――改革解放と「独立自主の対外政策」』東京大学出版会，2010年
松戸清裕『ソ連史』ちくま新書，2011年
――――「ソ連共産党第20回大会再考――1956年7月16日付中央委員会非公開書簡に注目して」，池田嘉郎，草野佳矢子編『国制史は躍動する――ヨーロッパとロシアの対話』刀水書房，2015年
――――「冷戦と平和共存・平和競争」松戸清裕、浅岡善治、池田嘉郎、宇山智彦、中嶋毅、松井康浩編『ロシア革命とソ連の世紀　第3巻――冷戦と平和共存』岩波書店、2017年、1-34頁
ダニエル・ヤーギン著，日高義樹・持田直武訳『石油の世紀――支配者たちの興亡　上・下』日本放送出版協会，1991年
吉岡潤「ソ連による東欧「解放」と「人民民主主義」」松戸清裕、浅岡善治、池田嘉郎、宇山智彦、中嶋毅、松井康浩編『ロシア革命とソ連の世紀　第2巻――スターリニズムという文明』岩波書店、2017年、289-314頁